Kölbing   Fischerprüfung
leicht gemacht

W0087686

Alexander Kölbing

Fischerprüfung
leicht gemacht

Prüfungsfragen und Antworten

Sechste, durchgesehene Auflage

Dr. Alexander Kölbing, Jahrgang 1942, promovierte 1973 nach dem Studium der Landwirtschaft über ein fischereiwissenschaftliches Thema. Von 1972 bis 1978 war er wissenschaftlicher Mitarbeiter an der Bayerischen Landesanstalt für Fischerei in Starnberg. Als Spezialist für Gewässerbewirtschaftung befaßte er sich vor allem mit den Problemen der Seen- und Flußfischerei. Von 1978 bis 1980 leitete er ein bundesdeutsches Fischereiprojekt am Assad-See in Syrien. Seit 1981 ist Dr. Kölbing selbständiger Fischereiwissenschaftler und öffentlich beeidigter Sachverständiger für Fischerei. Das Foto zeigt den Autor am Euphrat in Syrien. Der erbeutete Fisch ist ein 14 Kilogramm schwerer Rumi (Barbenart).

Die Deutsche Bibliothek – CIP-Einheitsaufnahme

Kölbing, Alexander:
Fischerprüfung leicht gemacht: Prüfungsfragen und Antworten /
Alexander Kölbing. [Zeichn.: Anina Westphalen]. – 6., durchges. Aufl. –
München; Wien; Zürich: BLV, 1991
    ISBN 3-405-13702-0

NE: HST

BLV Verlagsgesellschaft
München Wien Zürich
8000 München 40

Das Werk einschließlich aller seiner Teile ist urheberrechtlich geschützt. Jede Verwertung außerhalb der engen Grenzen des Urheberrechtsgesetzes ist ohne Zustimmung des Verlags unzulässig und strafbar. Das gilt insbesondere für Vervielfältigungen, Übersetzungen, Mikroverfilmungen und die Einspeicherung und Verarbeitung in elektronischen Systemen.

© 1979 BLV Verlagsgesellschaft mbH, München, 1991

Zeichnungen: Anina Westphalen
außer: Roland Beck auf den Seiten 44, 49
Titelbild: Horst Hansen
Lektorat: Gerhard Seilmeier

Satz und Druck: Appl, Wemding
Bindung: Ludwig Auer, Donauwörth

Printed in Germany · ISBN 3-405-13702-0

Inhaltsverzeichnis

Vorwort

Fischfang ist so alt wie die Geschichte der Menschheit. Die Entwicklung der Fanggeräte bis zum heutigen Tag zeugt von der Phantasie und dem Ideenreichtum, welche die Fische zu allen Zeiten den Menschen zu ihrer Überlistung abverlangt haben. Neben Fischspeeren zählen Reusen und Netze, aber auch die Angel zu diesen Gerätschaften. Schon die Fischer der Bronzezeit benutzten kunstvoll geschmiedete Haken, die sich in ihrer Form von den heute gebräuchlichen kaum unterschieden.

Früher diente die Angelfischerei dem Lebensunterhalt, in unserer Gesellschaft ist sie zu einem Hobby geworden. Noch um das Jahr 1900 waren es in Deutschland nur einige wenige, die sich einer solchen Fischerei verschrieben hatten. Den eigentlichen Aufschwung erlebte das Angeln erst in den 50er Jahren. Das stille Vergnügen früherer Zeiten wandelte sich im wesentlichen zu einer sportlichen Disziplin. Der »Sportfischer« ist an die Stelle des geruhsamen Feierabendanglers getreten. Preisfischen und Wettkampfangeln haben an jedem Gewässer hohen Stellenwert. Angeln versteht sich leider zusehends als eine Jagd nach Rekorden, wobei die Fische nur noch nach Zentimetern und Pfunden gezählt werden.

Hierdurch werden aber wesentliche Merkmale des Angelns in den Hintergrund gedrängt – etwa die intensive Beschäftigung mit den Fischen und ihren Gewohnheiten, das bewußte Erleben der Natur sowie das Gefühl innerer Ruhe und Entspannung.

Mit diesem Buch verbindet sich nicht nur der Wunsch, Ihnen, liebe Leser, durch die Kenntnisse von den Fischen und der Fischerei zum Bestehen der Prüfung zu verhelfen, sondern in erster Linie auch die Hoffnung, daß Sie in unserer hektischen Zeit der beschaulichen Seite der Fischerei wieder mehr Beachtung schenken.

Die 5./6. Auflage wurde notwendig durch die Novellierung des Bayerischen Fischereigesetzes vom 29. Juli 1986 und die neue Verordnung zur Ausführung des Fischereigesetzes (AVFiG) vom 4. November 1987. Auch in anderen Bundesländern wurden die gesetzlichen Bestimmungen umgestaltet. Der Fragenkatalog mußte daher überarbeitet und ergänzt werden.

Prüfung und Prüfungsfragen

Sie haben sich entschlossen, Fischer zu werden. Sie widmen damit Ihre Freizeit einer herrlichen Beschäftigung, in dessen Mittelpunkt nicht nur die Faszination des Fischfanges, sondern auch die Begegnung mit der Natur, mit Gleichgesinnten, vielleicht sogar mit sich selbst steht. Vor das Erlebnis eines aufregenden Drills hat der Gesetzgeber jedoch die Staatliche Fischerprüfung gestellt. Erst nach deren Bestehen kann der Staatliche Fischereischein erteilt werden. Dessen Bedeutung liegt zum einen darin, eine wirksame Kontrolle des Fischereiausübenden zu ermöglichen, zum anderen dient er als Unbedenklichkeitsbescheinigung. Die zuständige Behörde hat nämlich die Möglichkeit, Personen den Fischereischein zu versagen, wenn Zweifel an der Eignung des Bewerbers im Hinblick auf ordnungsgemäße Ausübung des Fischfanges begründet sind. Ist keine Gewähr für die Einhaltung fischereilicher Schutzbestimmungen gegeben, können auch bereits vergebene Fischereischeine für ungültig erklärt und eingezogen werden. Mit bestandener Fischerprüfung wird schließlich ein Befähigungsnachweis erteilt.

Als erstes Bundesland hat Bayern für die Erteilung des Fischereischeines 1971 das Bestehen der Staatlichen Fischerprüfung zur Voraussetzung gemacht. Auch die Länder Nordrhein-Westfalen (1972), Rheinland-Pfalz (1974), Baden-Württemberg (1981) und Schleswig-Holstein (1983) haben auf Grund ihrer Landesfischereigesetze die Fischerprüfung eingeführt. Gleiches gilt für das Saarland (1985) und Hamburg (1986). Hier allerdings liegen bis jetzt Verordnungen zur Durchführung der Prüfung nicht vor. Derzeit bedient man sich Übergangsregelungen, indem man die von den Fischereiorganisationen abgenommenen Prüfungen anerkennt. Im niedersächsischen Fischereigesetz ist die Staatliche Fischerprüfung nicht verankert worden. Die Landesregierung hat jedoch 1978 ihren Landesfischereiverband mit der Durchführung der Fischerprüfungen beauftragt. In den übrigen Bundesländern werden ebenfalls Fischerprüfungen abgehalten, jedoch auf freiwilliger Basis.

Sie werden sich fragen, was der ganze Aufwand soll, wo es doch früher auch ohne Prüfung gegangen ist. Zur Begründung für die Notwendigkeit einer Fischerprüfung wird von den zuständigen staatlichen Stellen in Bayern ausgeführt:

»Mit Rücksicht auf die ständig wachsende Zahl von Angelfischern wird deren gründliche Ausbildung in allen einschlägigen Fragen mit abschließender Prüfung nicht nur von der Praxis, sondern auch von behördlicher Seite immer stärker gefordert. Viele Fischer sind den Anforderungen des modernen Fischfanges nicht mehr gewachsen. Die bedenkliche Schädigung und Verminderung der Fischbestände durch wasserbauliche Maßnahmen, durch den wach-

senden Verkehr (Schiffahrt, Wassersport, Camping u. a.) und durch zunehmende Verunreinigung der Gewässer machen es immer notwendiger, die
vorhandenen Fischgewässer ordnungsgemäß zu bewirtschaften und ausreichende Hege- und Pflegemaßnahmen für die Fischbestände durchzuführen.
Der Fischereischeinbewerber soll daher künftig durch eine erfolgreich abge-
legte Fischerprüfung nachweisen müssen, daß er für die Bewirtschaftung eines Gewässers geeignet ist, daß er den Fischfang ordnungsgemäß ausüben
kann und die notwendigen Kenntnisse für die Überwachung der Reinhaltung
der Gewässer und der Erhaltung der Fischbestände besitzt.«
In der Bundesrepublik gibt es derzeit weit mehr als eine Million Inhaber staat-
licher Fischereischeine. Vor dem Hintergrund einer rapid anwachsenden Zahl
von Anglern und dem damit verbundenen Druck auf die fischereilich zu nut-
zenden Gewässer müssen unsere Seen, Flüsse und Bäche im Zustand hoher Ertragsfähigkeit sein. Um die Fangerwartungen des einzelnen auch nur
einigermaßen befriedigen und dabei gleichzeitig die Gewässer vor Überfischung schützen zu können, bedarf es fachgerechter und zielbewußter Maßnahmen. Darunter fallen nicht nur waidgerechter Fischfang, sondern auch an-
gemessener Besatz, dauernde Gewässerpflege oder die Vorbeuge gegen
Fischkrankheiten. Jeder Fischer ist aufgefordert, zur ordnungsgemäßen Gewässerbewirtschaftung beizutragen und in diesem Sinne auch Verantwortung
zu übernehmen. Eine qualifizierte Ausbildung ist Voraussetzung, diesen fachlichen Ansprüchen gerecht werden zu können. Die intensive Beschäftigung
mit dem gesamten Fischereiwesen ist unerläßlich, und Sie werden später sehen, daß Ihnen das Verständnis für manches fachliche Problem im wesentlichen durch Ihre Ausbildung ermöglicht wurde. Außerdem sollten Sie die An-
eignung des Prüfungsstoffes nicht als lästige Pflicht ansehen, sondern als
eine Sache, die Spaß macht. Je mehr Sie sich mit den einzelnen Prüfungsgebieten auseinandersetzen, desto reizvoller bietet sich die anfänglich als un-
überwindbar angesehene Menge des Lernstoffes dar. Es werden Ihnen dann
Zusammenhänge klar, die vielleicht beim ersten Überlesen als Widersprüche
erschienen sind. Schneller als erwartet wird für Sie der Lernstoff überschau-
bar, so daß Sie unbesorgt in die Prüfung gehen können und diese mit Erfolg
ablegen.

Der Prüfungsstoff umfaßt bundeseinheitlich die Disziplinen

1. Fischkunde und -hege,
2. Pflege der Fischwasser,
3. Fanggeräte und ihr Gebrauch,
4. Fischereiliche Praxis und Behandlung der Fische einschließlich des Tierschutzes,
5. Rechtsvorschriften, welche die Ausübung der Fischerei, den Schutz und
   die Erhaltung der Fischbestände sowie die Pflege und Sicherung standort-
   gerechter Lebensgemeinschaften regeln, einschließlich des Naturschutz-
   rechtes.

Was **Bayern** anlangt so trat am 1.Januar 1988 die »Verordnung zur Ausführung des Fischereigesetzes für Bayern« (AVFiG) in Kraft. Damit wurde neben anderem auch die bisher gültige Fischereischeinverordnung aufgehoben. Die bisherige Vorschrift bleibt bestehen, daß ein Bewerber dann durchgefallen ist, wenn er 16 der 60 gestellten Prüfungsfragen falsch oder nicht beantwortet hat. Neu hinzu kommt, daß auch jener Kandidat nicht besteht, der in einer der 5 Prüfungsdisziplinen mehr als die Hälfte der Fragen nicht oder falsch beantwortet hat. Dies bedeutet, daß ein Bewerber nicht besteht, wenn in einer Prüfungsdisziplin 7 falsche Antworten gegeben werden – und dies unabhängig davon, daß die restlichen 53 Fragen richtig beantwortet sind.

Für die Fischerprüfungen ab 1989 ist eine zusätzliche Bestimmung in Kraft getreten. Bewerber werden nicht mehr zur Prüfung zugelassen, wenn sie vorher nicht einen Vorbereitungslehrgang besucht und daran nicht mindestens 15 Stunden teilgenommen haben.

In **Nordrhein-Westfalen** sind ebenfalls 60 Prüfungsfragen zu lösen. Aus den Disziplinen 1, 2 und 3 werden jeweils mindestens 12, aus 4 und 5 jeweils mindestens 7 Fragen vom Prüfungsausschuß vorgelegt. In einem zusätzlichen praktischen Teil sind Angelgeräte für den Fischfang waidgerecht zusammenzustellen. Die Prüfung ist bestanden, wenn 31 der 60 Fragen richtig beantwortet und die Aufgaben des praktischen Teils korrekt erfüllt worden sind.

In **Rheinland-Pfalz** besteht die Prüfung wie in Nordrhein-Westfalen aus einem theoretischen und einem praktischen Prüfungsabschnitt. Aus den 5 Disziplinen werden jeweils 10 Fragen gestellt – insgesamt gibt es also nur 50 Prüfungsfragen. Eine Disziplin des theoretischen Prüfungsteils ist bestanden, wenn mindestens 7 Fragen richtig beantwortet wurden. Es ist also ein wenig anders als in den beiden anderen Bundesländern. Hier muß die Qualifikation für jedes einzelne Fach erbracht werden. Wird in nur einem Prüfungsgebiet nicht bestanden, kann noch während des Prüfungstermins mündlich nachgeprüft werden. Der praktische Teil ist bestanden, wenn der Prüfling ausreichende Fähigkeiten in der Herrichtung und Benutzung von Fanggeräten gezeigt hat. Die Prüfung ist mit Erfolg abgelegt, wenn der zu Prüfende in allen theoretischen Prüfungsgebieten und im praktischen Teil bestanden hat.

In **Baden-Württemberg** muß der Bewerber innerhalb von 2 Stunden 60 Fragen aus allen Gebieten schriftlich beantworten (mündliche Prüfung nur im Ausnahmefall). Bestanden ist die Prüfung, wenn mindestens 45 der gestellten Fragen richtig beantwortet wurden.

In **Schleswig-Holstein** werden 60 Prüfungsfragen gestellt. Zum Bestehen der Prüfung müssen mindestens 45 Fragen richtig beantwortet sein.

Was die Durchführung der theoretischen Prüfung anbelangt, ist es vielfach so, daß zu jeder Frage 3 mögliche Antworten vorgegeben werden, wobei Sie sich für jeweils eine zu entscheiden haben. Da die Ergebnisse z. B. in Bayern über

Fischerprüfung in Bayern 1983

25. Welche Fischart legt ihre Eier in langen netzartigen Laichschnüren ab? 25. · 13. · 1.
a) Schleie
b) Flußbarsch
c) Rotauge

26. Welche Fischart bezeichnet man als „hochrückig"? 26. · 14. · 2.
a) Brachse
b) Aitel (Döbel)
c) Barbe

27. Welche Fischart besitzt zwei Rückenflossen? 27. · 15. · 3.
a) Wels (Waller)
b) Schlammpeitzger
c) Rutte

28. Wie kann man gleichgroße Hasel und Aitel (Döbel) bereits in der Jugend zuverlässig unterscheiden? 28. · 16. · 4.
a) Der Hasel hat dunkelumrandete Schuppen, der Aitel nicht
b) Der Aitel hat einen auswärts gebogenen Afterflossenrand
c) Der Hasel hat einen auswärts gebogenen Afterflossenrand

29. Welche Fischart besitzt keine Schuppen? 29. · 17. · 5.
a) Schleie
b) Wels (Waller)
c) Seesaibling

30. Welche Fische haben kehlständige Bauchflossen? 30. · 18. · 6.
a) Forellen
b) Rutten
c) Barsche

31. Welche Fischart besitzt Schlundknochen (Schlundzähne)? 31. · 19. · 7.
a) Flußbarsch
b) Hasel
c) Äsche

32. Welche Fischarten gehören zu den Karpfenartigen? 32. · 20. · 8.
a) Zingel und Streber
b) Schlammpeitzger, Bartgrundel und Steinbeißer
c) Gründling und Elritze

33. Wo nehmen Fische mit unterständigem Maul hauptsächlich Nahrung auf? 33. · 21. · 9.
a) An der Wasseroberfläche
b) Im Freiwasser
c) In der Bodenzone

34. Wieviele Barteln hat der Wels (Waller)? 34. · 22. · 10.
a) vier
b) sechs
c) acht

35. Wie unterscheidet man Huchen und Bachforellen? 35. · 23. · 11.
a) Der Huchen hat rote Tupfen am Körper
b) Der Huchen hat keine roten Tupfen am Körper
c) Der Huchen hat keine schwarzen Tupfen am Körper

36. Welche Fischart hat ein rüsselartig vorstülpbares Maul? 36. · 24. · 12.
a) Aitel (Döbel)
b) Aal
c) Karpfen

Hätten Sie die richtigen Antworten gewußt? Die Lösungen können Sie selbst finden, wenn Sie die Prüfungsfragen 201, 10, 33, 47, 68, 23, 101, 366, 106, 121, 80, 94 in diesem Buch studieren.

Computer ausgewertet werden, haben Sie beim Ausfüllen der Prüfungsbogen unbedingt folgendes zu beachten:

1. Verwenden Sie in jedem Fall nur einen *Bleistift*. Dieser soll weich (2 b) und ungespitzt sein. Nur so entsteht eine Markierung, die der Computer zweifelsfrei lesen kann.
2. Die Antwort Ihrer Wahl muß mit *Querstrich* im Markierungsfeld gekennzeichnet sein.
3. Falsche Markierungen dürfen *nicht* ausgestrichen, sondern müssen sorgfältig *radiert* werden (Radiergummi!)

Daß Bewerber während der Prüfung keine Fühlung miteinander aufnehmen und keine Hilfsmittel verwenden dürfen, sei hier nur am Rande vermerkt.

Mit Durchführung der Fischerprüfungen im Bundesgebiet ist eine erhebliche Anzahl von Prüfungsfragen bekannt geworden, so daß die Schwierigkeit der Prüfung in etwa abgeschätzt werden kann. So gut wie alle bisher tatsächlich gestellten als auch jene Fragen, welche durch einschlägige Fragensammlungen in Umlauf gebracht wurden, sind nicht buchstabengetreu aber vom Inhalt her in dem hier vorgelegten Fragenkatalog enthalten (Seite 201). Die Sammlung ist mit 690 Fragen sehr umfassend angelegt. Es besteht von daher hohe Wahrscheinlichkeit, daß auch die Fragen zukünftiger Fischerprüfungen in dieser Fragensammlung enthalten sind. Naturlich ist nicht auszuschließen, daß die Fragen in etwas anderen Formulierungen gestellt werden. Das Wesentliche der einzelnen Fragen wird aber dadurch nicht verändert. Die im Text mit einer Klammer versehenen Zahlen weisen auf die jeweilige Fragennummer hin. Für Sie bedeutet dies:

Achtung Prüfungsstoff!

Alles, was nicht mit Nummern versehen ist, dient entweder der Einstimmung in ein neues Fachgebiet oder ist als weiterführende Information gedacht. Wer darüber hinaus zusätzliche Aufklärung, insbesondere im Hinblick auf spezielle Fragen der Fischerei, wünscht, kann dieses Wissen in den Vorbereitungskursen zur Fischerprüfung erwerben, wie sie alljährlich von den Fischereiorganisationen abgehalten werden. Auch wird in diesem Zusammenhang auf das Literaturverzeichnis am Ende des Buches verwiesen. Ihm ist ein Teil weiterführender Literatur zu entnehmen. Bei bundeseinheitlicher Vorbereitung auf die Fischerprüfung besteht nach wie vor das Problem mit der Gesetzeskunde. Trotz Neufassung der Fischereigesetze in einigen Bundesländern kann von einheitlicher Gesetzgebung in der Bundesrepublik nicht gesprochen werden. Dies wird besonders an den Ausführungsbestimmungen deutlich. Während in allen Gesetzen beispielsweise die Schutzwürdigkeit der Fische durch Erlaß von Schonmaßen und Schonzeiten dokumentiert ist und damit im großen sogar von einem einheitlichen Rahmen gesprochen werden kann, weichen die genannten Ausführungsbestimmungen häufig voneinander ab. Vergleichen Sie hierzu nur einmal die unterschiedlichen Schonmaße in Bayern, Nordrhein-Westfalen und Rheinland-Pfalz. Vor allem im Bestreben einer stärkeren Berücksichtigung tier- und naturschützerischer Zielsetzungen sind in verschiedenen Bundesländern Neufassungen der rechtlichen Bestimmungen notwendig geworden. Weil für Bayern bisher die meisten Prüfungsfragen aus der Gesetzeskunde bekannt geworden sind, ist das Bayerische Fischereirecht in diesem Buch exemplarisch abgehandelt. In gesonderten Kapiteln sind die von den bayerischen Ausführungen abweichenden Daten der fischereilichen Gesetzgebung von Nordrhein-Westfalen, Rheinland-Pfalz, Baden-Württemberg und Schleswig-Holstein aufgelistet. Die Fischerei-Juristen unter Ihnen werden bei Studium der Gesetzestexte unschwer eine ganze Reihe zusätzlicher Abweichungen feststellen können. Wir wollen es jedoch damit bewenden lassen, nur das ausdrücklich zu erwähnen, was im Hinblick auf die Fischerprüfung von Bedeutung ist.

Allgemeine Fischkunde

Bevor wir die einzelnen Fachgebiete behandeln, machen Sie sich bitte folgendes zur Angewohnheit: Jedesmal, wenn ein Fischname fällt, schlagen Sie bitte *sofort* im Bildteil nach und schauen Sie sich den Fisch genauestens an. Fische zu kennen, ist die halbe Prüfung! Beachten Sie den Körperbau. Ist ein Fisch hochrückig oder torpedoförmig? Was ist charakteristisch an seiner Gestalt? Ordnen Sie desweiteren den Fisch auf Grund seiner äußeren Merkmale den einzelnen Familien zu, z. B. die Fische mit der Fettflosse den Salmoniden, jene mit den brustständigen Bauchflossen den Barschartigen. Auch Färbung und körperliche Besonderheiten wie die Zahl der Barteln oder die Stellung des Maules prägen Sie sich bitte genau ein. Schauen Sie die Fische solange immer wieder an, bis Sie sich jede einzelne Fischart mit all ihren Eigentümlichkeiten jederzeit vorstellen können. Soweit Sie Ausdrücke der Fischersprache nicht verstehen, sollten Sie unter »Fachausdrücke« die Erläuterungen studieren. Auf die Prüfung stimmen Sie sich am besten dadurch ein, daß Sie nach jeweils etwa 50 im Text abgehandelten Prüfungsfragen, den Fragenkatalog zur Hand nehmen und sozusagen eine persönliche Fischerprüfung durchführen. Der Erfolg Ihrer Lernvorbereitung wird für Sie über die Anzahl richtig beantworteter Fragen jederzeit sichtbar.

Körperbau und Lebensfunktionen

Fische gehören zu den Wirbeltieren. Es gibt rund 20000 Arten. Davon leben etwa 5000 im Süßwasser. Circa 70 Arten gehören in unsere heimischen Bäche, Flüsse und Seen. Eine sehr große Artenmannigfaltigkeit findet sich z. B. im Wassereinzugsgebiet der Donau. Hier sind rund 50 Arten zu Hause. Dieses sog. Donaueinzugsgebiet umfaßt jenen Bereich, in dem alle Fließgewässer der Donau zustreben. Zu den typischen Fischarten, die nur im Donaueinzugsgebiet heimisch sind, gehören z. B. Huchen, Perlfisch und Frauennerfling (1), aber auch Streber, Zingel und Schrätzer (2).

Die in unserem Zusammenhang interessierenden Fischarten können wie folgt eingeteilt werden:
- Rundmäuler (Neunaugen)
- Störe
- Knochenfische (alle übrigen Arten).

Neunaugen werden als *Rundmäuler* bezeichnet. Ihr rundes Saugmaul ist mit Hornzähnen bewaffnet (102). Charakteristisch für alle Neunaugen ist ihr knorpeliges Skelett (139).

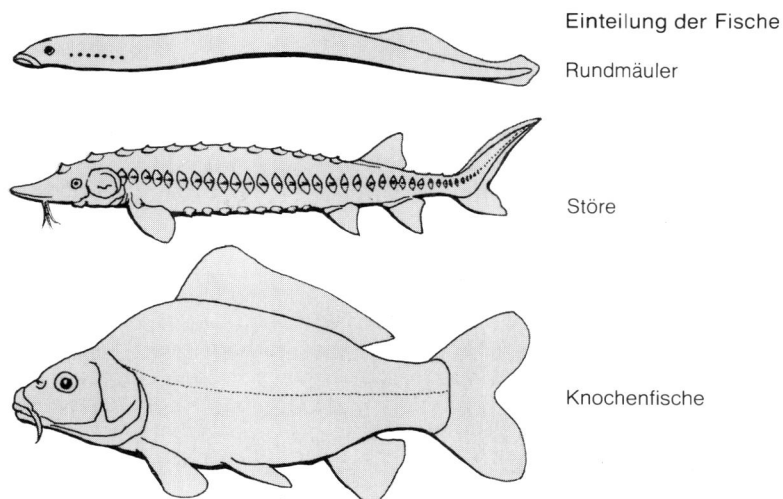

Einteilung der Fische

Rundmäuler

Störe

Knochenfische

Neben den Rundmäulern gibt es die sog. Knochenfische: Diese Gruppe umfaßt u. a. die »Störartigen« und die »Echten Knochenfische«. Störe besitzen, obwohl, vor allem in älterer Fachliteratur, »Schmelzschupper« genannt, keine Schuppen (72). Sie haben als Schutzvorrichtung Seiten- und Bauchschilde am Körper (73). Von dem Material, aus dem diese Knochenplättchen sind, glaubte man eine Zeitlang, daß es dem des Zahnschmelzes ähnlich sei.
Die für uns wichtigen Arten sind die *Echten Knochenfische* (3). Ihr Skelett ist knöchern. Sie lassen sich in 4 große Gruppen einteilen. Wenn Sie in der Aufzählung manche Ihnen bekannte Art vermissen, so liegt dies daran, daß hier nur auf jene Fische näher eingegangen wird, die Gegenstand Ihrer Lernvorbereitung sein müssen.

Salmoniden
Bachforelle, Regenbogenforelle, Seeforelle, Seesaibling, Bachsaibling, Huchen, Lachs, Stint, Äsche, Renke (Felchen, Maräne)*.
Unter Salmoniden versteht man die Forellen- oder Lachsartigen. Alle sind Edelfische und Gegenstand intensiver Fischereiausübung. Ihr untrügliches äußeres Kennzeichen ist die *Fettflosse.* Bis auf Renke, Äsche und Stint sind sie Raubfische, d. h. sie fressen andere Fische – sogar kleinere Artgenossen.

Cypriniden
Karpfen, Schleie, Karausche, Brachse, Güster, Zobel, Barbe, Nase, Zährte, Perlfisch, Nerfling (Aland)*, Frauennerfling, Aitel (Döbel)*, Schied (Rapfen)*,

* Regional unterschiedliche Benennung.

Rotfeder, Rotauge (Plötze)*, Giebel, Gründling, Schneider, Mairenke, Laube, Hasel, Bitterling, Elritze, Grasfische.

Cypriniden sind die Karpfenartigen. Sie werden auch unter dem Begriff der Weißfische zusammengefaßt. Viele Arten werden wegen ihres Grätenreichtums – oftmals zu Unrecht – verschmäht. Daher rührt auch die Bezeichnung »Minderfische«. Karpfen und Schleie nehmen als wertvolle Speisefische eine Sonderstellung ein. Manche der Cypriniden bilden Stammformen für weitere Arten. So der Nerfling für die rotgoldgefärbte Goldorfe (4) und der Giebel für den Goldfisch (5). In diesem Zusammenhang ist wissenswert, daß der Schuppenkarpfen (6) die Urform aller anderen Karpfen wie z. B. Spiegel- oder Lederkarpfen ist.

Bis auf Aitel und Schied (7), die ausgewachsen Raubfische sind, gelten die Cypriniden als Friedfische. Sie sind Kleintier- und Pflanzenfresser. Typisch für sie ist: sie sind *magenlos* (162) und haben keine Fettflossen. Sozusagen als Widerlager zu den Schlundknochen im Unterkiefer besitzen sie eine *Kauplatte im Oberkiefer* (101). Sie weisen damit ganz spezielle Kauwerkzeuge auf. Für die Cypriniden sind die Schlundknochen von daher wichtige Bestimmungsmerkmale (562). Alle anderen heimischen Fischarten haben keine Kauplatte (Ausnahme: Schmerlen).

Barschartige
Barsch (Flußbarsch)*, Zander, Zingel, Schrätzer, Streber, Kaulbarsch, Forellenbarsch, Schwarzbarsch.

Die Barschartigen werden ihrer rauhen, kammartigen Schuppen wegen auch Kammschupper genannt. Diese sog. *Kammschuppen* sowie die Tatsache, daß alle diese Fische *brustständige Bauchflossen* haben, macht die Zuordnung zu dieser Gruppe einfach. Alle Barschartigen sind Raubfische. Besonders Zander und Barsch werden von Feinschmeckern hoch geschätzt.

Übrige
Wels, Zwergwels, Aal, Rutte (Quappe, Trüsche)*, Hecht, Stichling, Koppe (Mühlkoppe)*, Schmerle, Schlammpeitzger, Steinbeißer.
Unter Übrige sind Vertreter verschiedener Familien zusammengefaßt.

Bitte, prägen Sie sich die Hauptmerkmale besonders gut ein, denn auf diese ist ein Großteil der Prüfungsfragen zugeschnitten. Durch rasches Zuordnen einzelner Fische in ihre Familien, haben Sie typische Eigenschaften der jeweiligen Fische parat. Stören Sie sich auch nicht an den lateinischen Bezeichnungen Salmoniden und Cypriniden. Es ist müßig, darüber zu diskutieren, ob Fremdworte zu verwenden sinnvoll ist. In diesem Buch werden nur dann Fremdworte angeführt, wenn sie feste Begriffe der Fischersprache sind.

Auf dem schwierigen Weg, die Vielzahl der Fische geordnet vor Ihr geistiges Auge zu bekommen, orientieren Sie sich zu Beginn am besten an den besonders auffälligen Körpermerkmalen. Wir wissen ja schon auf Grund von Fettflos-

Körperform	Beispiel	Querschnitt
Spindelform	Forelle	
Hochrückige Form	Brachse	
Bodenform	Wels	
Schlangenform	Aal	
Pfeilform	Hecht	Längsschnitt

sen, Kammschuppen oder Kauplatten von der Familienzugehörigkeit der Fische. Indem wir nun anderen, nicht minder wichtigen Erscheinungsformen unsere Aufmerksamkeit zuwenden, dringen wir weiter in die Materie ein.

Körperform Wenn Sie einzelne Fische miteinander vergleichen, fällt Ihnen sicher auf, von welch unterschiedlicher Gestalt sie sind. Schon im Volkslied wird dem jungen, schlanken und damit attraktiven Harung (Hering) die olle, plattgedrückte Flunder gegenübergestellt. Solche voneinander abweichenden

Körperformen ergeben sich aus der Anpassung an unterschiedliche Lebensräume. Fast alle Fische, die in erster Linie im freien Wasser unserer Fließgewässer leben, besitzen die *Spindel- oder Torpedoform*. Sie sind gute und gewandte Schwimmer. Zu ihnen zählen alle Salmoniden, besonders aber der stets starker Strömung ausgesetzte Bachsaibling (8). Auch der Aitel, dessen Körper im Querschnitt annähernd drehrund ist (9), hat diese strömungsgünstige Gestalt.

Die *hochrückige Form* ist an das Leben zwischen Unterwasserpflanzen angeglichen. Fische mit dieser Körperform halten sich mit ihren bedächtigen Schwimmbewegungen meist in der Uferregion stehender oder langsamfließender Gewässer auf. Charakteristisch ist die seitliche Abplattung. Typische Vertreter sind Güster (10) und Brachse. Bemerkenswert ist, daß die Jungfische dieser hochrückigen Arten meist noch spindelförmig sind.

Eine besondere Form ist auch den sich bevorzugt in Bodennähe aufhaltenden Fischen eigen. Bei ihnen ist vor allem der Kopf, seltener der Körper, von oben nach unten zusammengedrückt. Gute Beispiele für diese *Bodenform* sind Wels, Rutte und Barbe.

Bei der *Schlangenform* ist die Körperachse stark verlängert. Aale und Neunaugen fristen ihr Dasein am oder im Gewässerboden. Beide Arten sind gute Schwimmer.

Beim Hecht, dem typischen Vertreter der *Pfeilform,* ist die Schnauze nach vorne zugespitzt. Dadurch, daß Rücken- und Afterflosse deutlich nach hinten versetzt sind, wird zielsicheres Vorwärtsschießen ermöglicht.

Viele Fischarten stellen *Übergangsformen* durch Anpassung an unterschiedliche Lebensräume dar. So etwa der Nerfling (11), der sich sowohl im schnellfließenden Wasser wohlfühlt als auch gleichermaßen auf krautbestandenen Uferbänken zu Hause ist. Er ist hochrückiger als die strömungsliebenden Arten Aitel und Hasel, aber eben nicht so hochrückig wie Brachse und Güster. In manchen Fällen ist Kleinwüchsigkeit charakteristisch. Der sogenannte Schwarzreuter des Königssees ist eine Zwergform des dort heimischen Seesaiblings (12). Auffallende Körpermerkmale erleichtern auch die Artbestimmung von Krebsen. Der Sumpfkrebs zum Beispiel, der etwa gleichgroß wird wie der Edelkrebs, kann von diesem jedoch seiner auffallend schmalen Scheren wegen ohne weiteres unterschieden werden (13).

Flossen   Ähnliche Bedeutung wie die Flossen für den Fisch muß dieses Kapitel für Ihre Prüfungsvorbereitung haben. Dem Thema Flossen wird nämlich bei der Prüfung erfahrungsgemäß viel Platz eingeräumt. So waren in den zurückliegenden Fischerprüfungen regelmäßig vier bis fünf Fragen aus diesem Gebiet zu beantworten. Die Wichtigkeit der Flossen als Prüfungsstoff wird auch beim Studium der Fragensammlung deutlich.

Um die Flossen am Fisch richtig ansprechen zu können, kurz etwas zur Gliederung des Fischkörpers. Wir unterscheiden 3 Abschnitte: Der Kopf reicht von

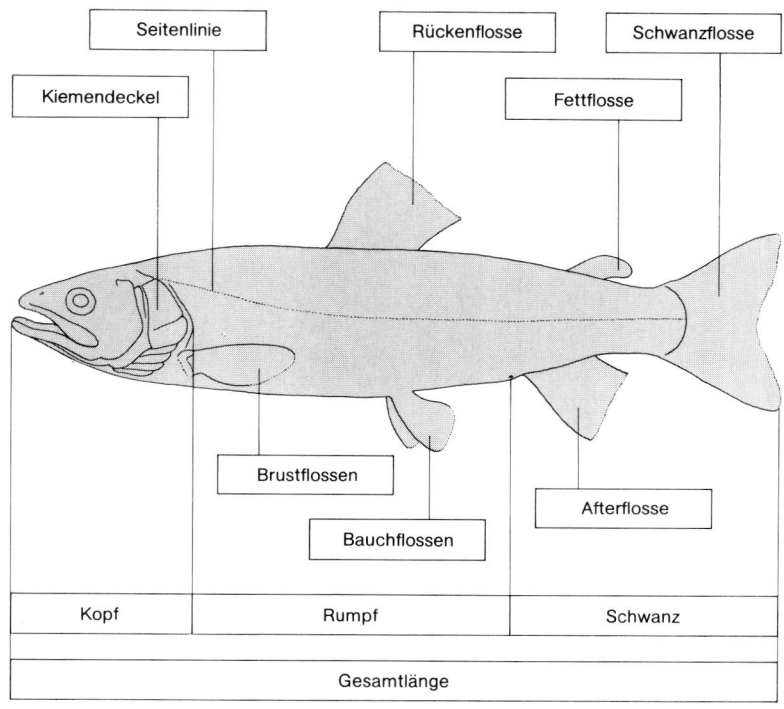

Seitenlinie | Rückenflosse | Schwanzflosse | Kiemendeckel | Fettflosse | Brustflossen | Bauchflossen | Afterflosse | Kopf | Rumpf | Schwanz | Gesamtlänge

der Schnauzenspitze bis zum Ende des Kiemendeckels, der Rumpf vom Kiemendeckel bis zum After. Dahinter liegt der Schwanz.

Wie Sie sehen, kommen Rücken-, Fett-, Schwanz- und Afterflossen jeweils nur einzeln vor. Sie werden daher als unpaar bezeichnet. Bei manchen Arten sind zwei Rückenflossen vorhanden. Sie sind sich aber von Form und Aufbau her unähnlich, so daß die Rückenflosse zurecht als unpaar bezeichnet wird. Paarig angelegt sind dagegen Brust- und Bauchflossen. Nicht alle Fischarten zeigen vollständige Beflossung. Den Neunaugen fehlen alle paarigen Flossen (14). Der Aal besitzt keine Bauchflossen (15). Rücken-, Schwanz- und Afterflossen gehen ineinander über und bilden so einen Flossensaum (16).

Flossenstrahlen Alle Flossen mit Ausnahme der Fettflosse werden durch sogenannte Flossenstrahlen gestützt. Man unterscheidet hierbei die spitzen und meist verknöcherten Stachelstrahlen und die Gliederstrahlen, die am oberen Ende entweder spitz zulaufen oder gefiedert sind. Gliederstrahlen sind normalerweise weich, können aber verknöchern, so daß sie kaum noch biegsam sind, wie etwa bei alten Karpfen. Beim Barsch wird die erste Rückenflosse durch Stachelstrahlen (17), die zweite dagegen durch weiche Gliederstrahlen gestützt. Flossenstrahlen sind meistens durch Flossenhäute verbunden, Stachelstrahlen können jedoch einzeln stehen, Während bei den Barscharten und der Koppe (18) die Strahlen in der ersten Rückenflosse mit Flossenhäuten verbunden sind, stehen z. B. bei den Stichlingsarten die Rückenstacheln ohne Flossenhäute (19). Jedoch ist es nicht immer so, daß alle Fische mit zwei Rückenflossen in der ersten jeweils Stacheln haben. Die Rutte beispielsweise ist frei von Stachelstrahlen (20).

Brust- und Bauchflossen Brust- und Bauchflossen sind Steuerorgane. Die Ständigkeit der Bauchflossen am Körper ist ein wichtiges Merkmal für die Artbestimmung.

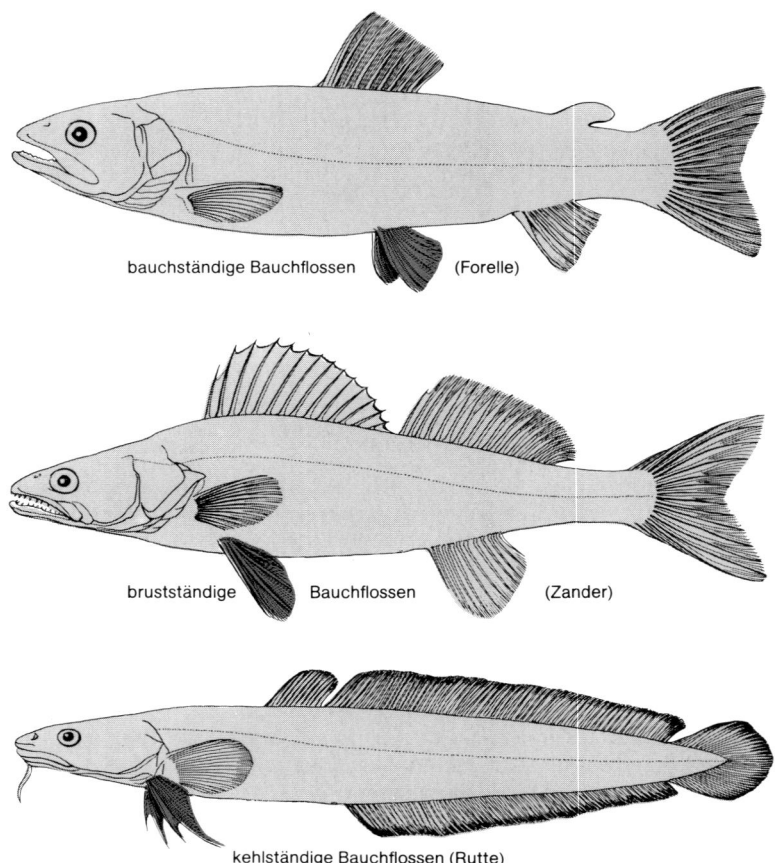

bauchständige Bauchflossen   (Forelle)

brustständige   Bauchflossen   (Zander)

kehlständige Bauchflossen (Rutte)

Flossen und ihre Ständigkeit

Normalerweise stehen die Bauchflossen »bauchständig«, d. h. hinter den Brustflossen wie etwa bei den Salmoniden und Cypriniden. Es gibt aber auch Arten, bei denen die Bauchflossen am Körper nach vorne in die Nähe der Brustflosse gerückt sind. Man bezeichnet sie dann als »brustständig«. Dies gilt für alle Barschartigen wie etwa den Zander (21). Auch Koppen (22) haben brustständige Bauchflossen. Befinden sich die Bauchflossen noch vor den Brustflossen wie etwa bei der Rutte (23), bezeichnet man sie als »kehlständig« (24).

Neben der Ständigkeit der Flossen ist die Flossenlänge für gewisse Arten charakteristisch und erleichtert die Bestimmung äußerlich sehr ähnlicher Fische. So unterscheidet sich die Brachse von der Güster dadurch, daß bei ihr die Brustflossen bis zum Ansatz der Bauchflossen reichen. (25). Die Güster besitzt demgegenüber wesentlich kürzere Brustflossen.

Schwanzflosse Mit Schwanz und Schwanzflosse bewegen sich die Fische fort (26). Bei Fischen mit symmetrischer Schwanzflosse wie etwa dem Zander (27) sind beide Schwanzflossenlappen gleich lang. Bei den Stören und dem Zobel (28) dagegen sind beide Schwanzflossenlappen ungleich lang. Bei der Schleie ist die Schwanzflosse überhaupt nicht eingebuchtet (29). Bei der Rutte ist sie gerundet (30).

Rückenflossen Rücken- und Afterflossen dienen in erster Linie der Stabilisation der Körperhaltung (31). Zur Verstärkung dieses Effektes ist beim Hecht die Rückenflosse weit nach hinten versetzt (32). Die meisten Fische besitzen nur eine Rückenflosse. Barschartige, Rutten und Koppen (33) haben jedoch zwei Rückenflossen. Diese können deutlich voneinander getrennt sein wie etwa bei Barsch (34) und Rutte; oder sie gehen ineinander über, wie man das bei einigen Barschartigen – z. B. Kaulbarsch und Schrätzer – beobachten kann. Bei den Bachneunaugen sind die beiden unterschiedlich großen Rückenflossen miteinander verbunden (35). Manchmal sind die Rückenflossen auffallend gezeichnet. So hat der Barsch auf der ersten Rückenflosse einen großen dunklen Punkt (36), während der Schrätzer an gleicher Stelle regelmäßig angeordnete dunkle Flecke aufweist (37). Der Jungzander unterscheidet sich vom Barsch dadurch, daß er auf Rücken- und Schwanzflosse dunkle, in Reihen angeordnete Punkte hat, die dem Barsch fehlen (38). Auch die Regenbogenforelle zeigt schwarze Bepunktung an Rücken- und Schwanzflosse. Sie hebt sich damit deutlich gegenüber Bachforelle (39) und Huchen (40) ab. Eine Besonderheit weist die Karausche auf. Der freie Rand ihrer Rückenflosse ist leicht nach außen gebogen (41).

Ebenfalls ungewöhnlich ist die auffallend kleine Rückenflosse des Welses (42). Bei der Rotfeder liegt das Vorderende der Rückenflosse hinter dem Anfang der Bauchflossen. Beim Rotauge befindet sich der Ansatz der Rückenflosse dagegen senkrecht über dem Ansatz der Bauchflossen (43). Man kann beide Arten dadurch gut voneinander unterscheiden.

Afterflosse Bei einigen Fischarten fällt besonders die lange Afterflosse auf. Hierzu zählen neben Aal und Rutte der Zobel (44), Brachse und Güster (45) sowie der Wels (46). Anhand der Afterflosse können Aitel und Hasel bereits im Jugendstadium zuverlässig unterschieden werden. Der Aitel hat nämlich im Gegensatz zum Hasel einen nach außen gebogenen Afterflossenrand (47).

Fettflosse Fettflossen sind charakteristisch für alle forellenartigen Fische (48). Aber auch der Zwergwels (49) besitzt eine Fettflosse. Ihre Aufgabe ist unbekannt (50). Mairenken haben zwar einen Namen, der auf Zugehörigkeit zu den Salmoniden schließen läßt, sie gehören aber zu den Cypriniden und tragen daher keine Fettflosse (51).

Färbung der Flossen Oftmals sind die Flossen gefärbt. Während die Flossen der Brachse auffallend dunkelgrau sind (52), zeigen die paarigen Flossen und die Afterflosse des Bachsaiblings einen weißen Vorderrand mit anschließendem schwarzen Streifen (53).

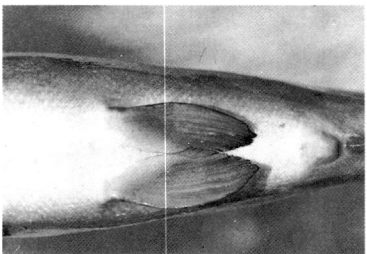

Bauchflossen der Schleie: Milchner links, Rogner rechts.

In manchen Fällen taugen die Flossen zur Geschlechtsunterscheidung. Schleien-Milchner erkennt man an den deutlich größeren Bauchflossen. Der Hauptstrahl dieser Flossen ist überdies stark verdickt (54). Äschen haben als wichtigstes Erkennungsmerkmal eine große, hohe und lange Rückenflosse (55). Beim Milchner ist diese sogenannte Fahne sehr viel größer als beim Rogner, so daß das Geschlecht jederzeit unterschieden werden kann (56). Und weil wir gerade bei der Äsche sind; für sie ist auch ihr eigentümlicher Geschmack nach Thymian charakteristisch (57).

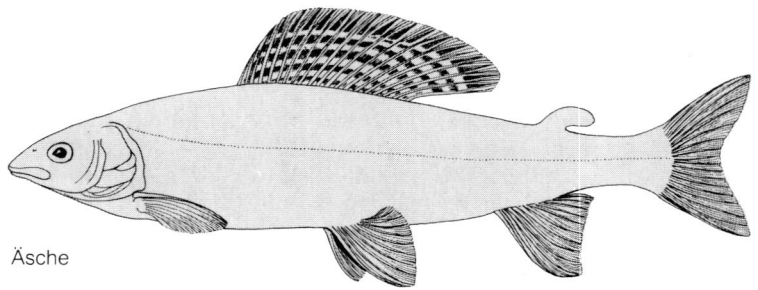

Äsche

Haut Der Fischkörper besitzt mit der Haut und den Schuppen zwei sehr wirksame Schutzeinrichtungen, deren Besonderheiten wir im weiteren Verlauf betrachten wollen. Die Haut besteht aus der Oberhaut und der darunterliegenden Lederhaut. Unsere Aufmerksamkeit gilt besonders der Oberhaut. Sie bedeckt die Außenseite der Schuppen (58). Da sie von stark schleimabsondernden Zellen durchsetzt ist, wird sie oft irrtümlich als Schleimhaut bezeichnet. Der Schleim verringert zum einen den Reibungswiderstand bei der Fortbewegung im Wasser, zum anderen wehrt er die Ansiedlung unerwünschter Parasiten und Bakterien ab. Gegen Giftstoffe aller Art bildet er einen wirksamen Schutz. Eine Verletzung der Oberhaut ist sorgfältig zu vermeiden. Ihr folgt sehr schnell eine Verpilzung der Wunde (59). Der Fisch kann daran zugrundegehen. Als Fischer hat man deshalb darauf zu achten, lebende Fische niemals (!) mit trockenen Händen oder gar mit einem Tuch anzufassen, weil dadurch die empfindlichen Schleimzellen abgelöst werden. Vor allem beim Fischbesatz kommt es immer wieder zur Schädigung der Oberhaut im genannten Sinn. Entweder werden die Fische nicht schonend genug behandelt (60), oder es wird vor dem Einsetzen kein Wassertemperaturausgleich durchgeführt (61). Werden Fische übergangslos großen Temperaturunterschieden ausgesetzt, beeinträchtigt dies besonders die Schleimzellen in der Oberhaut.

Schuppen Unter der Oberhaut liegen die Schuppen. Sie sind dachziegelartig aneinandergereiht und in taschenförmigen Vertiefungen der Lederhaut verankert. Wenn einzelne Schuppen verlorengehen, können sie nachwachsen (563). Schuppen, bei denen der in die Oberhaut hineinragende Schuppenrand glatt und rund ist, bezeichnet man als *Rundschuppen.* Die Mehrzahl der heimischen Süßwasserfische sind Rundschupper (62).

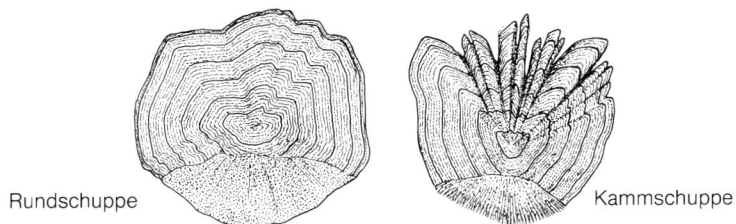

Rundschuppe   Kammschuppe

Typische Vertreter sind beispielsweise Brachse und Hecht (63). Ist dagegen der Rand wie ein feines Sägeblatt gezahnt, wird von *Kammschuppen* gesprochen. Alle barschartigen Fische sind Kammschupper (64). Man soll unter keinen Umständen Kamm- und Rundschupper in einem Gefäß *hältern* (65). Die rauhen Kammschuppen verletzen die empfindliche Oberhaut anderer Fische nur zu leicht.

Cypriniden haben in der Regel große Schuppen – z. B. die Brachse (66) oder der Spiegelkarpfen mit seinen sogar übergroßen Schuppen. Kleine Schuppen haben Forellen, Saiblinge und Huchen – sehr kleine, ja man kann sagen verkümmerte, der Aal und die Rutte (67). Je kleiner die Schuppen, desto mehr Schleim wird als zusätzlicher Schutz von der Oberhaut abgesondert. Es gibt auch schuppenlose Arten. Zu ihnen zählen Wels, Koppe (68), Lederkarpfen und Neunaugen. Ihre Schutzeinrichtungen bestehen in der verstärkt ausgebildeten zähen Lederhaut und zusätzlicher, besonders starker Schleimabsonderung. Auch der Körper der Stichlinge ist unbeschuppt. Anstelle von Schuppen sind Körperflanken und Schwanzstiel mit Knochenplättchen bestückt (69).

Einige Besonderheiten verdienen noch erwähnt zu werden: Beim Aitel sind die Schuppen im Alter dunkel umrandet (70), der Stint hat Schuppen ohne Silberglanz (71). Die sog. *Schmelzschuppen* der Störe (72) sind in Wahrheit keine Schuppen, sondern in Längsstreifen verlaufende Seiten- und Bauchschilde (73). Die Schuppensträube ist eine Fischkrankheit, in deren Verlauf die Schuppen unnatürlich aufgerichtet sind (74). Bei der Rotfeder sind die Schuppen im Bereich zwischen Bauchflossen und der Afterflosse so angeordnet, daß der Bauch als gekielt bezeichnet werden kann (75).

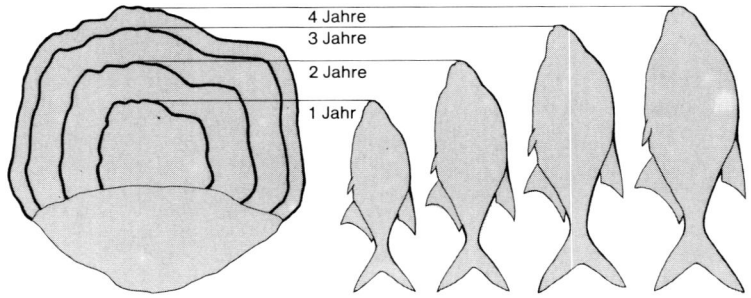

Altersbestimmung Mit Hilfe der Schuppen ist das Alter von Fischen festzustellen (76). Schuppen haben, bei geeigneter Vergrößerung betrachtet, Ähnlichkeit mit dem Querschnitt von Baumstämmen und den darauf erkennbaren Jahresringen. Werden die Ringe auf der Schuppe richtig »gelesen«, kann das Alter zweifelsfrei bestimmt werden. Mühsam dagegen ist die Altersbestimmung bei Fischen, die keine oder nur sehr kleine Schuppen aufweisen wie etwa der Wels. Hier ist man gezwungen, die Altersbestimmung mit Hilfe von Wirbel- oder Kiemendeckelknochen sowie der Gehörsteinchen vorzunehmen (77, 78). Anhand von Altersbestimmungen sind Rückschlüsse auf das Fischwachstum möglich. Dies ist für eine ordnungsgemäße Gewässerbewirtschaftung sehr wichtig. Welches Höchstalter Fische erreichen können, ist schwer zu sagen. Unsere bewirtschafteten Arten werden selten älter als zwanzig Jahre, weil sie meist vorher gefangen werden. Manche Fischereibiologen halten es jedoch für möglich, daß Fische hundert Jahre alt werden.

Färbung Für diejenigen unter Ihnen, die Sinn für Farben haben und damit die Fische von ihrer Färbung her zu unterscheiden vermögen, bietet sich ein breites Betätigungsfeld. Manche Fische besitzen die Fähigkeit, ihre Haut farblich auf die jeweilige Umgebung abzustimmen. Diese Schutztracht kann so ausgeprägt sein, daß die Tiere dann wegen ihrer vollständigen Anpassung an die Umwelt als »Grashecht« oder »Steinforelle« bezeichnet werden. Starke natürliche Färbung zeigt an, daß sich die Fische im Gewässer wohlfühlen. Sie ist gleichermaßen ein Indiz für die Gesundheit der Tiere.

Besonders auffallend tritt die Färbung bei bestimmten Fischarten während der Laichzeit in Erscheinung, wobei der Farbe Rot vorrangige Bedeutung zukommt (79).

Neben grell gefärbten Körperpartien treten häufig leuchtende Punkte und Tupfen oder große dunkle Flecke in Erscheinung. Rote Tupfen am Körper hat die Bachforelle (80). Sie wird deshalb auch die »Rotgetupfte« genannt. Schwarze Bepunktung des Körpers, vor allem an Rücken- und Schwanzflosse, ist das typische Kennzeichen der Regenbogenforelle (81). Bach- und Regenbogenforelle sind durch die Farbe der Punkte recht eindeutig zu unterscheiden und können auch leicht gegenüber dem Huchen abgegrenzt werden, dem die rote Bepunktung des Körpers und die schwarze Bepunktung der Flossen fehlt (82). Der Körper der Seeforelle ist ebenfalls von schwarzen Tupfen bedeckt. Diese Tupfen sind aber nicht rund. Man bezeichnet sie gewöhnlich als x-förmig (83).

Punkte sind gleichermaßen bedeutsam für die Unterscheidung von Zander und Barsch. Beide sind, vor allem wenn es sich um kleinere Exemplare handelt, nicht immer leicht auseinanderzuhalten. Den Zander erkennt man an einer Vielzahl dunkler Punkte auf der Rücken- und Schwanzflosse (38). Der Barsch hingegen besitzt nur auf der ersten Rückenflosse einen großen, dunklen Fleck (36). Andere Kammschupper sind ebenfalls sehr charakteristisch gefärbt. Beim Zingel sind Rücken und Seiten mit dunkelbraunen Partien bedeckt (84). Der Streber hat am Körper vier bis fünf dunkle, scharf abgegrenzte, unregelmäßig angeordnete Querbinden (85). Beim Schrätzer verlaufen am Körper drei bis vier schmale, unterbrochene, schwarze Längsstreifen (86).

Auch bei Krebsen eignet sich die Farbe als Unterscheidungsmerkmal. Beim Edelkrebs sind, im Gegensatz zum Sumpfkrebs, die Unterseiten der Scheren auffallend rot (87). Beide Krebsarten können sich von ihrer Gestalt her sehr ähnlich sein, so daß manchmal nur die Farbe der Scheren ein sicheres Erkennen ermöglicht. Dies gilt z.B. für den Steinkrebs. Charakteristisch für ihn sind sein schmutzigweißer Bauch und die Dunkelfärbung sowohl der Körperoberseite als auch der Scheren (564). Zudem ist er ziemlich klein. Schließlich kann eine Veränderung der Färbung die Diagnose von Fischkrankheiten erleichtern. Die Drehkrankheit bei Forellen äußert sich u.a. durch die sogenannte Schwarzschwänzigkeit (316), bei der sich der hintere Teil des Körpers schwarz verfärbt (vgl. S.143).

Maul   Nachdem wir uns bis jetzt mit dem Fischkörper als Ganzes beschäftigt haben, wenden wir uns nun einzelnen Körperteilen zu. Deren Kenntnis ist ein weiterer Schritt, die Fischarten besser auseinanderhalten zu können.

Wir beginnen mit dem Kopf. Hier sind außer Augen und Barteln oftmals vor allem Maul und Maulstellung für einzelne Fische charakteristisch. Es gibt kleine und große Mäuler. Vergleichen Sie Rotauge und Wels! Unter den Salmoniden stehen den sogenannten kleinmäuligen Fischen, Renke und Äsche, die großmäuligen Forellen und Saiblinge gegenüber. Die Größe des Mauls richtet sich weitgehend nach der Nahrung, die aufgenommen wird. Es ist ein Unterschied, ob Beutefische unzerkleinert verschlungen werden, oder ob lediglich winzig kleines Plankton gefressen wird. Es gibt Fische, die sich durch ein besonders großes Maul hervortun, um damit wohl ihrer Unersättlichkeit Ausdruck zu geben. Allen voran steht hier der Hecht (88), dessen entenschnabelförmiges Maul (89) diesen Eindruck noch verstärkt. Von Großmäuligkeit spricht man, wenn die Maulspalte bis zu den Augen, manchmal sogar bis hinter die Augen reicht. Sehen Sie sich daraufhin Forellenbarsch (90), Schied (91), Aitel (92) und die großmäuligen Salmoniden an. Beim Rotauge verläuft die Maulspalte im Gegensatz zur Rotfeder fast horizontal (93), so daß neben der Kielung des Bauches (75) ein weiteres Unterscheidungskriterium für die beiden Fischarten vorliegt. Die Maulform selber ist sehr vielgestaltig. Den Entenschnabel des Hechtes kennen wir bereits. Der Karpfen hat ein rüsselartig vorstülpbares Maul (94). Die Zährte verdankt ihre Bezeichnung Rußnase oder Blaunase der nasenförmig hervorragenden dunklen Schnauze (95). Das Maul der Nase hebt sich von dem anderer Fische durch die hornigen Lippen mit den scharfkantigen Rändern ab (96). Sie kann damit Algen und Moose, die sich auf Steinen gebildet haben, abweiden, weshalb sie im Volksmund auch als Steineschrubber bezeichnet wird. Bei ihr ist als zusätzliche Eigenart das unterständige Maul quergespalten (97). Um »quergespalten« richtig zu verstehen, vergleichen Sie das Maul der Nase mit dem der Barbe!

Bezahnung   Zum Maul gehört die Bezahnung. Sie ist bei unseren heimischen Fischarten recht verschiedenartig. Forellen, Saiblinge, Lachse und Huchen haben nicht nur auf den Ober- und Unterkieferknochen Zähne, sondern darüber hinaus sind mehrere Knochen der Mundhöhle bezahnt. Erwähnenswert ist in diesem Zusammenhang das Pflugscharbein, weil bei dessen Bezahnung zwischen den genannten Arten Unterschiede auftreten. So ist das Pflugscharbein etwa von Forellen anders bezahnt als das von Saiblingen. Die Bezahnung des Pflugscharbeins kann daher zur Artbestimmung nah verwandter Salmoniden herangezogen werden. Es gibt große, sehr deutlich in Erscheinung tretende Zähne – die Hunds- oder Fangzähne (s. S. 87). Man findet sie bei typischen Raubfischen wie Hecht und Zander (98). Im Gegensatz dazu sind die Bürsten- oder Hechelzähne sehr klein (s. S. 141). Es ist sicherlich eine Besonderheit der Natur, daß ein so gefährlicher Raubfisch wie der Wels nur Hechelzähne besitzt (99). Schied und Aitel besitzen keine auffallende Zahnbewaffnung (100), obwohl sie Raubfische sind. Cypriniden sind generell unbezahnt. Anstelle von Zähnen haben sie im Unterkiefer zahnartige Gebilde – sogenannte Schlundknochen (101). Mit Hilfe dieser Schlundknochen und

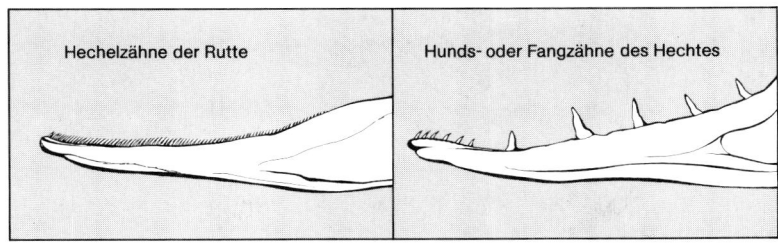

Hechelzähne der Rutte

Hunds- oder Fangzähne des Hechtes

einer Kauplatte im Oberkiefer wird die Nahrung zerquetscht und für die Verdauung vorbereitet. Das runde Saugmaul der Neunaugen ist mit Hornzähnen bewaffnet (102). Der Name Neunauge erklärt sich im übrigen daher, daß von gleich welcher Seite her betrachtet jeweils das unpaare Nasenloch, 1 Auge und 7 Kiemenöffnungen zu erkennen sind (103).

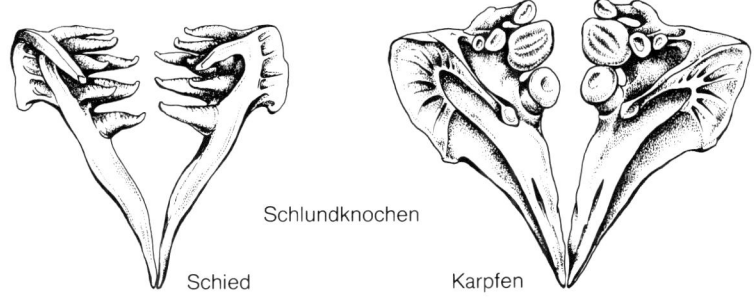

Schlundknochen

Schied

Karpfen

Maulstellung   Es gibt drei grundsätzlich voneinander zu unterscheidende Maulstellungen:

Beim *endständigen* Maul sind Ober- und Unterkiefer gleichlang. Die Nahrungsaufnahme erfolgt meist im freien Wasser. Fische mit endständigem Maul sind z.B. Forellen, Flußbarsch, Zander, Aitel und Nerfling (104).

Beim *oberständigen* Maul ist der Oberkiefer kürzer als der Unterkiefer. Die Nahrungsaufnahme erfolgt entweder unmittelbar an der Wasseroberfläche oder zumindest nach oben gerichtet. So schießt der Hecht beim Beutefang meist vorwärts aufwärts. Ein oberständiges Maul hat neben dem Hecht u. a. der Schied (105).

Beim *unterständigen* Maul ist der Oberkiefer länger ausgebildet. Die Nahrung wird meistens am Boden aufgenommen. Typische Vertreter sind Zährte, Gründling, Frauennerfling, Nase und Barbe (106). Bei der Maulstellung gibt es Übergangsformen, so haben Äsche (565) und Perlfisch (107) ein halbunterständiges, die Rotfeder ein halboberständiges Maul (108).

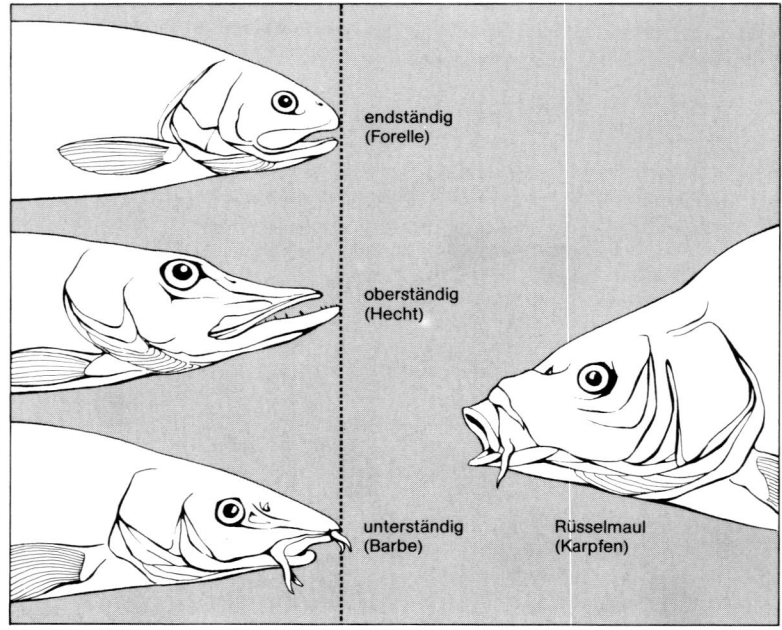

endständig
(Forelle)

oberständig
(Hecht)

unterständig
(Barbe)

Rüsselmaul
(Karpfen)

Barteln Bevor wir uns mit den Barteln beschäftigen, sehen Sie sich bitte Fische an, die typische Bartelträger sind, wie z. B. Wels, Zwergwels oder Barbe. Barteln sind Organe des Tast- und Geschmackssinns (109). Letzterer ist bei Fischen allgemein gut ausgeprägt (110). Allerdings sind nicht nur Barteln Träger von Geschmacksnerven (111), sondern auch andere Stellen des Körpers, hauptsächlich die Mund- und Kiemenhöhle (112). Daß auch Cypriniden Barteln tragen, hat für uns einen nützlichen Zusatzeffekt. Es erleichtert die Artbestimmung (113). Schuppenkarpfen und Giebel z. B. sind sich äußerlich sehr ähnlich. Die Unterscheidung ist jedoch einfach, weil der Karpfen 4, der Giebel keine Barteln hat (114). Die meisten Barteln hat der Schlammpeitzger. 6 längere befinden sich am Oberkiefer, 4 kürzere am Unterkiefer (115). Für die Prüfung kommt es darauf an, die Gesamtzahl der Barteln zu kennen. Weniger wichtig ist, wieviele sich an Ober- oder Unterkiefer befinden. In der Fragensammlung beziehen sich die Fragen 116–124 auf die einzelnen Fischarten und die Anzahl ihrer Barteln. Hiernach sollten Sie folgende Zahlen im Gedächtnis behalten: Zwergwels 8, Wels und Steinbeißer 6, Karpfen und Barbe 4, Schleie 2, Rutte 1, Nase und Giebel keine.

Augen Bei fast allen heimischen Fischarten spielt das Sehvermögen für die Nahrungssuche und Orientierung eine wichtige Rolle. Jedes Auge für sich hat

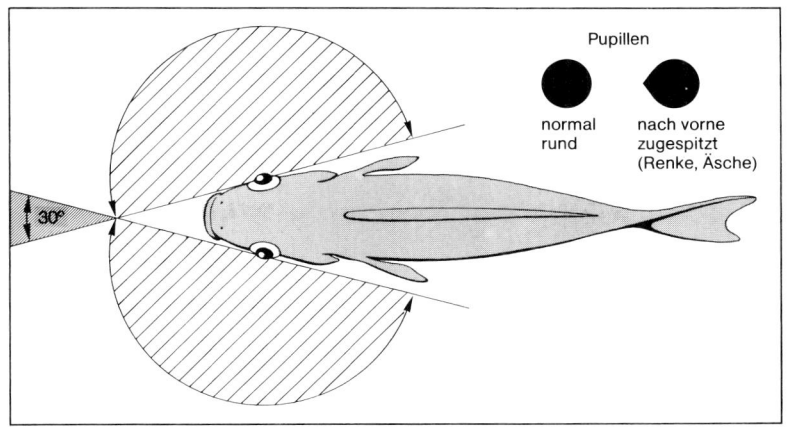

Pupillen

normal
rund

nach vorne
zugespitzt
(Renke, Äsche)

ein Gesichtsfeld von etwa 160°. Vor dem Fisch überlagern sich beide Gesichtsfelder. In diesem Bereich (ca. 30°) werden die Gegenstände am deutlichsten wahrgenommen (125).
Es gibt Fischarten mit sehr großen und solche mit sehr kleinen Augen. Vor allem der Wels hat, bezogen auf seine Körpergröße, auffallend kleine Augen (126). Auch der Aal ist sehr kleinäugig. Beide Arten rauben hauptsächlich nachts (127), zu einer Zeit also, wo das Sehvermögen eine nicht so bedeutsame Rolle spielt (128). Die Leistungsfähigkeit der Augen ist den jeweiligen Erfordernissen angepaßt. Dies bedeutet: Fische, die gut sehen müssen, haben große Augen, solche, für die der Gesichtssinn nicht so entscheidend ist, haben kleine Augen. Bei letzteren sind zum Ausgleich Tast-, Geruchs- und Geschmackssinn (Seitenlinie, Nase, Barteln) besser entwickelt.
Die eigentliche Sehöffnung – die Pupille – ist bei den meisten Fischen kreisrund. Bei Renken und Äschen ist die Pupille dagegen nach vorne zugespitzt (129).

Seitenlinie   Organ für den Ferntastsinn, mit dem die Fische z. B. Strömungen und Schwingungen des Wassers wahrnehmen, ist das Seitenliniensystem (130) oder einfach die Seitenlinie (Abb. S.19). Sie verläuft entlang den Körperseiten. Die in der Seitenlinie endenden, äußerst empfindlichen Nerven ermöglichen den Fischen, die Bewegungen eines Beutetieres auch aus größerer Distanz auszumachen. Das Seitenliniensystem ist so fein ausgebildet, daß Temperaturschwankungen von 1/20° C noch wahrgenommen werden. Am Kopf verzweigt sich die Seitenlinie vor allem bei Raubfischen in mehrere Äste (131). Die gekrümmte Seitenlinie des Schneiders weist eine schwarze Einfassung auf (132), beim Stint ist sie nur in verkürzter Form vorhanden (133). Menschen und Landwirbeltieren fehlt ein vergleichbares Sinnesorgan völlig.

Körperbewaffnung Im Zuge Ihrer zukünftigen Fischereibetätigung werden Sie des öfteren recht unsanft mit Stachelstrahlen, Körperdornen oder spitzen Zähnen in Berührung kommen. Hüten Sie sich! Die Wunden heilen schlecht (134). Es gibt zwei Möglichkeiten, die Gefährlichkeit dieser Abwehrmechanismen kennenzulernen. Entweder Sie lassen sich erst einmal verletzen, um zu wissen, woher Gefahr droht, oder aber Sie lernen jetzt schon, wo Vorsicht geboten ist. In acht nehmen sollten Sie sich vor allen Fischen mit Stachelstrahlen in den Flossen – also besonders vor den Barschartigen (17).

Die Gefahr, die vom stacheligen Stichling ausgeht, ist offenkundiger. Bei ihm stehen die Stacheln frei auf dem Rücken und sind damit, wenn sie aufgestellt sind, gut zu erkennen. Je nach Anzahl dieser Stacheln unterscheidet man im übrigen den dreistacheligen und den neunstacheligen Stichling. Weitere Waffen hat der Stichling nicht (135). Steinbeißer und Koppe können zur Abwehr von Feinden die Bedornung ihrer Kopfregion einsetzen. Die Koppe hat ähnlich wie der Barsch (136) einen Dorn im Kiemendeckel. Der Steinbeißer besitzt unter den Augen einen jederzeit aufzurichtenden zweispitzigen Dorn. Deshalb wird er im Volksmund auch »Dorngrundel« genannt (137). Zuletzt ist noch die Bezahnung zu erwähnen, die uns in ihrer Gefährlichkeit besonders durch Haifische und Piranyas bekannt ist. Die Zähne unserer einheimischen Süßwasserfische sind nicht von so furchterregender Natur. Und doch kann einem der Anblick einer Hecht- oder Zanderbezahnung vor allem der hervorstehenden Hunds- und Fangzähne wegen (98) mit Respekt erfüllen.

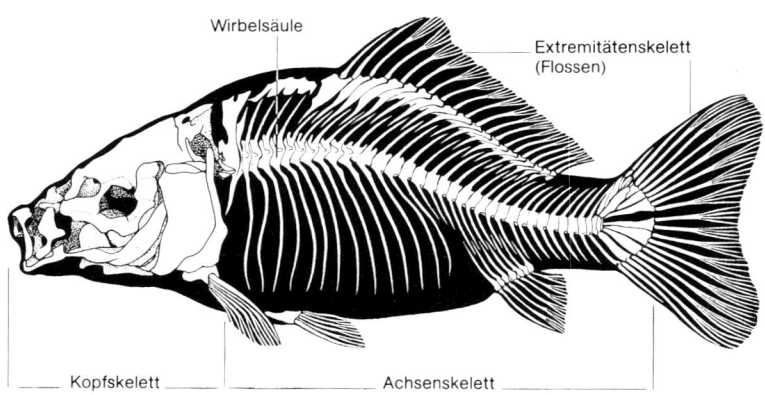

Wirbelsäule

Extremitätenskelett
(Flossen)

Kopfskelett

Achsenskelett

Skelett Das Skelett ist das Stützorgan des Körpers. Indem einzelne Knochen und Knorpel miteinander in Verbindung treten, bilden sie ein Gerüst, das den Körper trägt und Hohlräume, die den in ihnen liegenden Organen Schutz gewähren. Beim Fischverzehr kommt man durch die Gräten immer wieder unliebsam mit Teilen des Skeletts in Berührung. Hohe Grätenzahl wird durch sog. Zwischenmuskelgräten bedingt. Diese fehlen z. B. dem Aal (138) und fast allen anderen Edelfischen. Das Charakteristische der Neunaugen ist, daß sie ein knorpeliges Skelett besitzen (139).

Gehirn Das Gehirn der Fische ist sehr klein. Die Lage des Fischgehirns muß man kennen, um den Fisch nach dem Tierschutzgesetz vorschriftsmäßig betäuben bzw. abschlagen zu können (140). Das Betäuben der Fische erfolgt durch einen Schlag auf den Kopf knapp hinter den Augen. Der Hauptnervenstrang verläuft oberhalb der Wirbelsäule (141). Diese zentrale Nervenbahn muß z. B. beim Töten von Aalen durchschnitten werden (142).

Gehör Fische besitzen kein äußerlich sichtbares Gehörorgan (143). Sie können aber trotzdem Töne wahrnehmen (144), denn sie haben ein inneres Gehörorgan (145). Die Schwimmblase wirkt hierbei als Resonanzmembran. Sie nimmt die Schallschwingungen auf und leitet sie zum inneren Ohr, dem Labyrinth, weiter. Das innere Ohr stellt ein kompliziertes anatomisches Gebilde dar, das durch die in ihm liegenden Gehörsteinchen nicht nur das Hören sondern auch eine Gleichgewichtsorientierung ermöglicht. Gute Hörer sind Karpfen und besonders Welse (146).

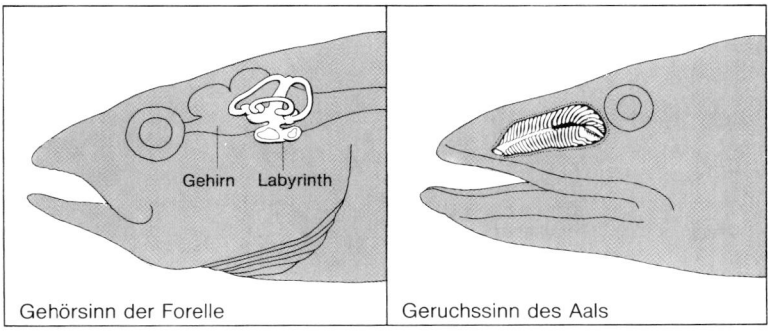

Gehirn Labyrinth

Gehörsinn der Forelle | Geruchssinn des Aals

Geruch Das Riechvermögen ist bei fast allen Fischen außerordentlich gut ausgeprägt. Die Geruchsorgane liegen im Bereich zwischen den Augen und der Maulspitze (147). Knochenfische haben paarige Riechgruben (148), Neunaugen besitzen hingegen eine unpaare Nasengrube (149). Mit dem Geruchssinn werden einerseits die Nahrung, andererseits Geschlechtspartner wahrgenommen. Er spielt auch bei der Orientierung der Fische auf ihren Laichwanderungen eine wichtige Rolle. Versuche haben gezeigt, daß Lachse ihre Heimatgewässer nicht erreichen, wenn ihr Riechvermögen ausgeschaltet worden ist. Einige Fischarten haben einen Schreckstoff in der Haut, der bei Verletzungen frei wird und dessen Geruch andere Artgenossen warnt. Die empfindlichste Nase besitzt der Aal (150).

Ein Beispiel verdeutlicht dies: Würde man 1 cm³ Rosenöl mit der sechzigfachen Wassermenge des Bodensees vermischen, könnte der Aal den Duftstoff auch in dieser Verdünnung noch wahrnehmen.

Atmung Das Atmungsorgan unserer heimischen Fische sind die Kiemen (151). Sie liegen hinter den Kiemendeckeln in der Kiemenhöhle verborgen. Alle Knochenfische besitzen 4 Paar Kiemenbögen (152). In den Kiemen erfolgt die Anreicherung des Blutes mit Sauerstoff (153). Das Wasser wird vom Maul aufgenommen, infolge der Atembewegung an den Kiemen vorbeigeführt und durch die Kiemendeckelöffnung aus der Kiemenhöhle hinausgepreßt. Dem Atemwasser wird beim Vorbeifließen an den Kiemenplättchen ein Teil des im Wasser gelösten Sauerstoffs entzogen. Bei diesem Vorgang werden gleichzeitig Stoffwechselprodukte wie Kohlendioxid und Ammoniak an den Kiemen ausgeschieden und ins Wasser abgegeben. Fische haben ein sehr unterschiedliches Sauerstoffbedürfnis. Salmoniden benötigen mindestens 7 mg/l (154), Cypriniden dagegen kommen noch mit 3 mg/l aus. Atemnot ist an schnellen Kiemendeckelbewegungen zu erkennen. Bei akutem Sauerstoffmangel kommen z. B. die Cypriniden an die Wasseroberfläche und schnappen nach Luft (155). Dieser Vorgang heißt Notatmung.

Als Atmungsorgan spielt neben den Kiemen auch die Haut eine Rolle. Vom Schlammpeitzger ist bekannt, daß er mehr als die Hälfte seines Sauerstoffbedarfs über die Haut deckt. Er besitzt darüber hinaus die Fähigkeit zur Darmatmung (156). Bei Sauerstoffmangel schluckt er an der Wasseroberfläche Luft, die in den Darmkanal gepreßt wird. Der Gasaustausch findet an der Schleimhaut des Darmes statt.

Der Transport des mit Sauerstoff angereicherten Blutes wird durch das Herz vorgenommen. Es befindet sich direkt unterhalb der Kiemen (157). Die Körpertemperatur von Fischen ist etwa gleich der Temperatur des umgebenden Wassers (158). Da bei höheren Wassertemperaturen auch die Stoffwechsel-

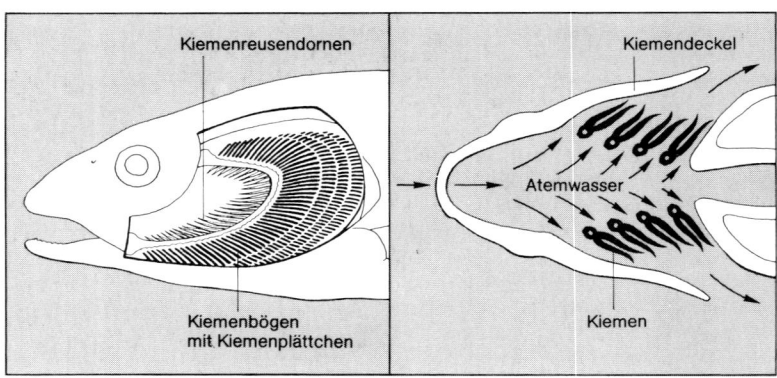

vorgänge im Fisch beschleunigt werden, wachsen die meisten Fische am besten während der warmen Jahreszeit (159). Rohes Blut von Aal und Wels verursacht im menschlichen Auge Entzündungen (160).

Nochmals zurück zu den Kiemen. An ihrer Innenseite sind sie mit dornartigen Fortsätzen versehen – den Kiemenreusendornen. Sie stellen eine Art Filter für die Nahrung dar (161). U. a. wird hier das Plankton gesiebt. Die Kiemenreusendornen von Planktonfressern (z. B. Renken) sind besonders lang und zahlreich ausgebildet.

Verdauung Die Nahrung wird im Fischkörper in Energie für Muskeln und Organe umgesetzt, der Überschuß dient dem Körperaufbau. Die Wände von Speiseröhre, Magen und Darm sind äußerst dehnfähig. Dies ist eine Voraussetzung dafür, daß auch große Nahrungsbrocken ohne weiteres verschlungen werden können. Die eigentliche Verdauung erfolgt bei Raubfischen im Magen und bei den magenlosen Cypriniden im Darm (162). Bei den Karpfenartigen ist der Darm sehr viel länger als bei den Raubfischen – beim Karpfen besitzt er mindestens doppelte Körperlänge (163). Raubfische wie Hecht, Zander, aber auch die Salmoniden haben einen sehr kurzen Darm (164), dafür aber einen langen und kräftigen Magensack. Am Magenausgang befinden sich bei vielen Fischarten sog. Blindsäcke (Pylorusschläuche), deren Funktion nur teilweise bekannt ist. Der Enddarm hat hauptsächlich ableitende Funktion. Am After vereinigen sich die Ausscheidungsorgane für Kot und Harn sowie die Geschlechtsöffnung.

Die meist große und fettreiche Leber, die sehr deutlich z. B. bei der Rutte in Erscheinung tritt (165), erzeugt die Gallenflüssigkeit, die vor allem die Verdauung fettreicher Substanzen fördert. Bei den meisten Fischarten ist die Leber braunrot. Ausnahmen bilden Hecht, Wels, Rutte sowie Zander und Barsch. Hier ist die Leberfärbung auffallend hell (Ocker, Lehmfarben). Direkt an der

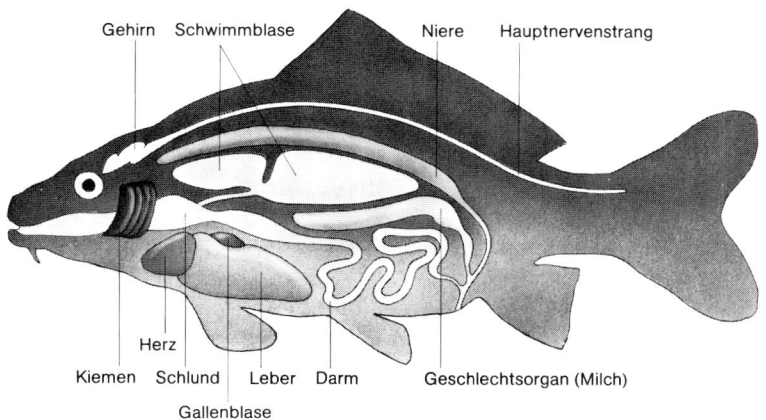

Gehirn Schwimmblase   Niere   Hauptnervenstrang

Herz

Kiemen Schlund Leber Darm   Geschlechtsorgan (Milch)

Gallenblase

Leber befindet sich die Gallenblase (166). Ist sie prall gefüllt, kann im Regelfall daraus geschlossen werden, daß der Fisch längere Zeit nicht gefressen hat (167). Die Nieren, in denen die Harnabsonderung vollzogen wird, liegen unter der Wirbelsäule vom Kopfansatz bis zur Höhe des Afters (168). Da wir uns gerade so intensiv mit den Innereien beschäftigen, sei an dieser Stelle auf eine Besonderheit der Nase hingewiesen: sie besitzt ein schwarzes Bauchfell (169); es fällt Ihnen sofort auf, wenn Sie den Fisch aufschneiden.

Schwimmblase Eines der auffallendsten inneren Organe ist die Schwimmblase. Fast jedes Kind zeigt beim ersten Anblick der geöffneten Leibeshöhle eines Fisches großes Interesse an diesem Organ. Die Schwimmblase ist mit

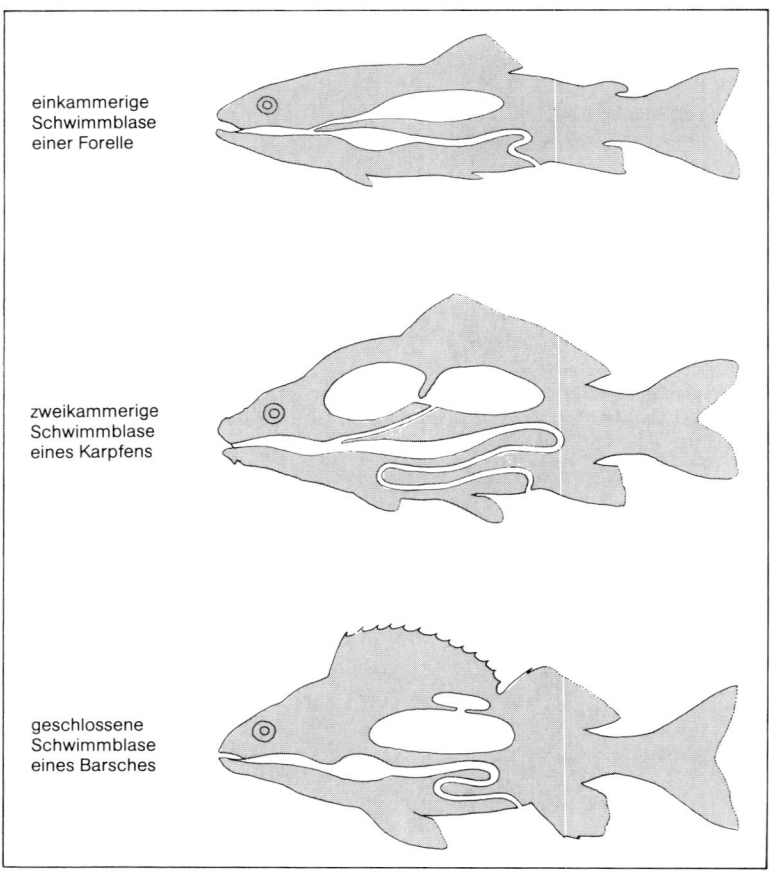

einkammerige
Schwimmblase
einer Forelle

zweikammerige
Schwimmblase
eines Karpfens

geschlossene
Schwimmblase
eines Barsches

einem Gasgemisch gefüllt (170). Der dadurch hervorgerufene Auftrieb ermöglicht das schwerelose Schwimmen (171). Achten Sie beim Fischausnehmen auf den verschiedenartigen Bau der Schwimmblase. Bei Hechten und Salmoniden (172) ist sie sackförmig ausgebildet und einteilig, bei Cypriniden stets zweigeteilt (173). Bei beiden Schwimmblasentypen ist ein Verbindungsgang zum Vorderdarm vorhanden (174). Über diesen Luftgang erfolgt die Füllung nach dem Schlüpfen der Fische. Dies geschieht durch mehrmaliges Luftabschlucken. Der Luftgang dient auch dem Druckausgleich, wenn die Fische aus größerer Tiefe an die Oberfläche schwimmen. Das überschüssige Gas kann dann über den Luftgang entweichen. Werden Fische allerdings sehr schnell aus größeren Tiefen an die Wasseroberfläche geholt, etwa durch rasches Aufziehen von Netzen, erfolgt der Druckausgleich nicht genügend schnell. Die Schwimmblase dehnt sich dann so weit aus, daß es zu einer kräftigen Wölbung des Leibes kommt. Nicht selten wird hierbei der Vorderdarm wie eine Blase zum Maul herausgepreßt. Man bezeichnet diesen Zustand als Trommelsucht (175). Besonders gefährdet sind in dieser Hinsicht die Tiefenbewohner unserer Gewässer wie Rutte und Seesaibling. Die Barschartigen haben eine Schwimmblase ohne Schwimmblasengang (176). Hier spricht man von einer sog. geschlossenen Schwimmblase. Der Druckausgleich wird bei diesem System über intensive Gasaustauschvorgänge bewerkstelligt, die an der Schwimmblasenwand ablaufen.

Beim Wels, dessen Schwimmblase fest mit dem Bauchfell verwachsen ist (177), besteht eine spezielle Verbindung zwischen Schwimmblase und Innenohr (178). Dies ist der Grund dafür, daß beim Wels die Gehörleistung so außerordentlich gut ist.

Es gibt auch Fischarten ohne Schwimmblase wie Koppe und Streber (179). Beide sind Grundfische und keine ausdauernden Schwimmer. Sie bewegen sich wie hüpfend über den Boden. Eine Zwischenstellung nimmt die Schmerle (Bartgrundel) ein. Sie besitzt eine rückgebildete Schwimmblase (180).

Geschlechtsorgane   Wenn Sie einen Fisch aufschneiden und sich die Eingeweide ansehen, erkennen Sie bei einem weiblichen Fisch die Eierstöcke, bei einem Männchen den Hoden als paarig angelegtes Organ. Die mehr oder weniger langen, sackartigen Geschlechtsorgane verlaufen symmetrisch zu beiden Seiten der Bauchhöhle. Eine Ausnahme bildet das Barschweibchen. Seine Eierstöcke sind unpaar angelegt (181). Je nach dem Reifegrad sind die Geschlechtsorgane verschieden groß. Während der meisten Zeit des Jahres sind sie klein und unauffällig, so daß es zuweilen schwerfällt, nach dem Öffnen der Leibeshöhle das Geschlecht schnell und eindeutig zu bestimmen. An dieser Stelle ist anzumerken, daß die Geschlechtsbestimmung beim Aal außerordentlich schwierig ist. Bei ihm wird sie überhaupt erst ab einer Körpergröße von 50 cm möglich (182). Zur Laichzeit (Fortpflanzungsperiode) vergrößern sich die Gonaden aller Fische derart, daß vor allem die weiblichen Fische ihres stattlichen Körperumfanges wegen gut zu erkennen sind.

Der Samen der männlichen Tiere besitzt während der Vollreife milchiges Aussehen, weshalb das Sperma auch Milch und männliche Tiere *Milchner* genannt werden (183). Fischeier werden als Rogen bezeichnet. Die Fischersprache gibt den weiblichen Tieren daher den Namen *Rogner* (184). In welchem Alter Fische geschlechtsreif werden, kann für keine wildlebende Fischart mit Sicherheit gesagt werden. Entscheidend sind in erster Linie die Lebensbedingungen, unter denen die Fische aufwachsen. Man kann davon ausgehen, daß Milchner im allgemeinen jünger geschlechtsreif werden als Rogner. Milchner werden darüber hinaus auch eher laichreif als Rogner (185), d. h. daß sie schon laichbereit sind, noch ehe die Rogner volle Reife erlangt haben.

Deutlich sind die orangefarbenen Geschlechtsorgane bei einer weiblichen Renke zu erkennen.

Eizahlen   Wieviele Eier sind in vollreifen Rognern vorhanden? Zuerst müssen Sie wissen, daß die Eizahlen stets in Relation zum Körpergewicht der Fische ausgedrückt werden. Es heißt daher z. B. bei der Bachforelle (186) 1500–2500 Eier pro Kilogramm Körpergewicht. Der Karpfenrogner dagegen hat sehr viel kleinere Eier als die Salmoniden. Bei ihm liegt die Eizahl pro kg Körpergewicht zwischen 100- und 300tausend (187). Die Eizahlen beider Arten stellen Grenzwerte dar. Die meisten Fischarten liegen mit ihren Eimengen dazwischen.
Der Rogen vieler Fischarten wird von Feinschmeckern gern gegessen. Denken Sie nur an den Kaviar des Störs. Der Rogen von Barben bildet eine Ausnahme. Barben besitzen speziell zur Laichzeit giftigen Rogen (188).

Fortpflanzung

Durch das Kapitel über die *Färbung* wissen wir bereits, daß sich sehr viele unserer heimischen Fische besonders zur Laichzeit prächtig färben. Aber nicht nur die Färbung allein macht das Hochzeitskleid der Fische aus. Manche Fischarten verändern ihr Äußeres zusätzlich durch den sog. *Laichausschlag*

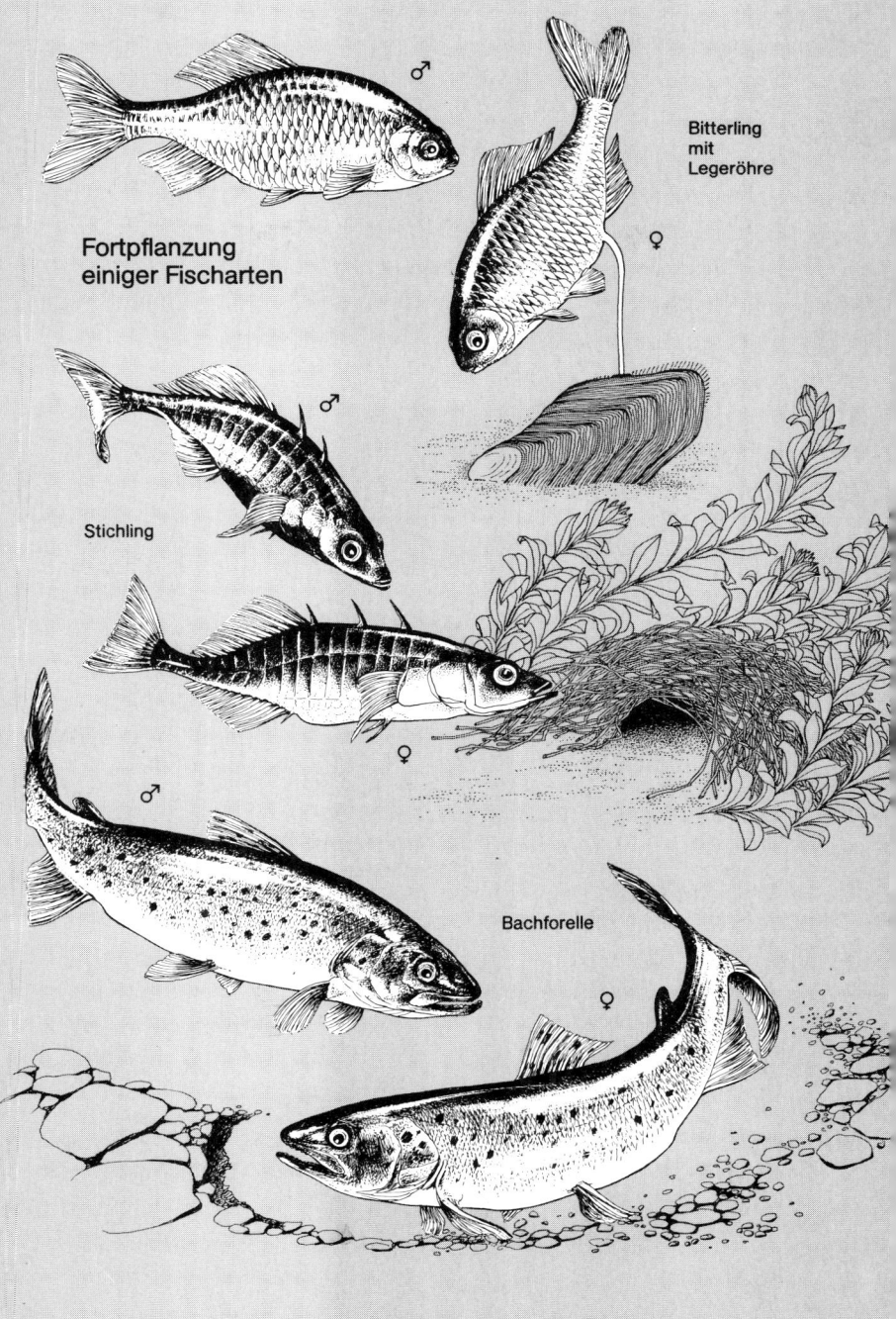

Fortpflanzung
einiger Fischarten

Bitterling
mit
Legeröhre

♂

♀

Stichling

♂

♀

Bachforelle

♂

♀

Laichausschlag einer Brachse – Laichhaken eines Bachforellen-Milchners

(189). Auf der Körperoberfläche erscheinen dann noppenartige, harte, meist weißliche Gebilde. Die Fische fassen sich dann sehr rauh an, sie sind mühelos festzuhalten. Da sich manche Fischarten während ihres Liebesspiels intensiv aneinander reiben, liegt die Vermutung nahe, daß der Laichausschlag der Erhöhung sexueller Reize dient. Vor allem Weißfischarten besitzen diesen Laichausschlag (190). Sehr deutlich tritt er etwa bei der Brachse zutage (191). Alle Barschartigen sind ohne Laichausschlag (192). Während der Laichzeit besitzen die Milchner einiger großmäuliger Salmoniden (z. B. Forellen, Lachse) am Unterkiefer einen *Laichhaken* (193, 194). Nach der Laichzeit bildet sich dieser weitgehend zurück. Was die Geschlechtsunterscheidung beim Aal anlangt, so kann man davon ausgehen, daß weibliche Aale bedeutend größer werden als männliche (566).

An dieser Stelle eine Bemerkung zur Geschlechtsunterscheidung von Krebsen: Männliche Krebse haben als Geschlechtsorgane sog. Griffelpaare (195). Das sind deutlich erkennbare Begattungsorgane an der Unterseite des 1. Schwanzsegmentes. Weibliche Krebse lassen sich besonders leicht daran erkennen, daß sie die Eier unter ihrem Hinterleib tragen. Dort entwickelt sich die Nachkommenschaft vom Ei bis zum Jungkrebs (567).

Befruchtung   Bei Fischen findet kein Begattungsvorgang statt. Während ihres Liebesspiels wird Rogen und Milch ins Wasser abgegeben. Hier dringt dann das Sperma augenblicklich in die Eier ein, so daß die Befruchtung erfolgen kann. Die Befruchtungserfolge liegen selbst in schnellfließenden Gewässern in der Regel noch zwischen 80 und 90%.

Laichplätze   Was den Ort anbelangt, an dem die einzelnen Fischarten ihre Laichprodukte ablegen, unterscheidet man zwischen Kies- und Krautlaichern sowie Ufer- und Freiwasserlaichern. Alle Salmoniden sind gemäß ihrem bevorzugten Aufenthaltsbereich Kieslaicher (196). Die Eier werden in kiesigem Gewässerboden abgelegt, wobei z. B. die Bachforelle mit Hilfe von Brust- und

Laichgewinnung von Renken

Bauchflossen sowie der Schwanzflosse in den Kies eine Laichgrube schlägt (197). Eine Ausnahme unter den Salmoniden bilden die Renken. Sie geben ihre Laichprodukte in der Regel mitten im See, meist an der Oberfläche und z. T. über der größten Tiefe ab. Sie werden deshalb als Freiwasserlaicher bezeichnet (198). Unter sog. Krautlaichern versteht man Fische, die ihre Laichprodukte vorrangig an Wasserpflanzen meist in Ufernähe ablegen. Hierzu gehören die Mehrzahl der Cypriniden, vor allem Karpfen und Schleien (199). Manche Fischarten haben besondere Gewohnheiten. So kleben Zander

Schlüpfende Renken

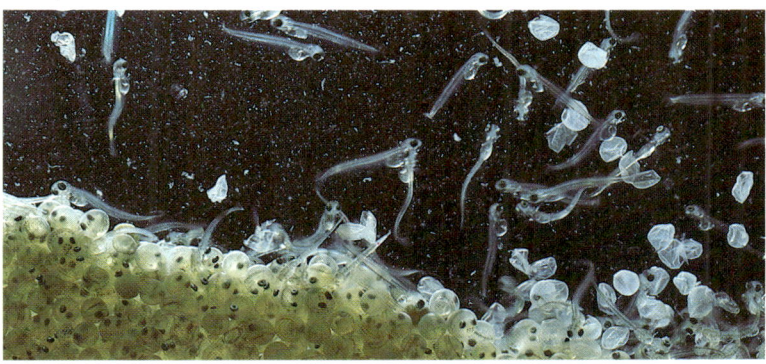

8 Wochen alte Seeforellen

die Eier an Wurzelwerk und Steine (200). Barsche heften die Laichprodukte in langen, netzartigen Gallertschnüren an Wasserpflanzen (201). Bei Bitterlingen erfolgt die Laichablage in Muscheln (202).

Brutpflege Die meisten Süßwasserfische überlassen ihre Geschlechtsprodukte und die sich daraus entwickelnde Brut ihrem Schicksal. Es gibt aber auch Arten, die Brutpflege betreiben, d. h. den Laich und manchmal zusätzlich die Brut beschützen. Beim Stichling baut das Männchen ein Nest, in welches das Weibchen die Eier ablegt (203). Anschließend bewacht das Männchen erst die Eier, dann die Brut. Auch die Barschartigen und die Koppe (204) sorgen sich um ihre Nachkommenschaft. Sie passen allerdings nur auf das Nest mit den darin abgelegten Eiern auf. Den Schutz der Brut übernehmen sie nicht.

Laichwanderungen Oftmals müssen Fische lange Strecken zurücklegen, um zu den für die Eiablage geeigneten Plätzen zu gelangen. Man spricht dann von Wanderfischen (205) und Laichwanderungen. Lachse, Meerforellen und Stinte wandern zur Laichabgabe vom Meer ins Süßwasser (206). Der Aal

Glasaale

dagegen wandert vom Süßwasser ins Meer. Seine Laichplätze liegen im Bereich des Sargassomeeres im Westatlantik (207). Ein zum Laichen abwandernder Aal heißt Blankaal (208). Unter einem Glasaal versteht man hingegen das Jugendstadium eines Aales, wenn sein Körper annähernd durchsichtig ist (209). Als Gelbaale bezeichnet man die Tiere dann, wenn sie sich im sogenannten Freßstadium befinden (210).

Laichzeiten Bevor wir das Kapitel abschließen, müssen wir uns noch mit den Laichzeiten vertraut machen. Man unterscheidet Frühjahrs-, Sommer- und Winterlaicher.

Die Laichzeiten einiger wichtiger Fischarten sind in nachstehender Tabelle wiedergegeben:

Frühjahr	Sommer	Winter
März–April	Mai–Juli	Oktober–Februar
Hecht	Karpfen	Bachforelle
Zander (214)	Schleie (215)	Seeforelle
Barsch	Barbe (215)	Bachsaibling
Huchen	Brachse	Seesaibling
Äsche	Aitel	Rutte (217)
Regenbogenforelle	Grasfische (216)	Renke

Damit die Fische trotz der vielen Hindernisse in den Flüssen ihre Laichwanderungen durchführen können, hat man vielerorts sog. Fischtreppen oder Fischwege (Fischpäße) angelegt (568). Mit ihrer Hilfe können die Fische Wehre oder Kraftwerke passieren (211). Der Fischfang in solchen Fischpässen ist verboten (212). Ausnahmegenehmigungen kann die Regierung erteilen (213).

Da die jeweiligen Laichzeiten zu einem Gutteil von der Großwetterlage abhängig sind, kommt es manchmal zu zeitlichen Verschiebungen im Fortpflanzungsgeschehen.

Ernährung

Nährtiere   Haben Sie sich schon einmal überlegt, wie sich Fische ernähren? Sicher wissen Sie, daß der Hecht als sog. Raubfisch andere Fische frißt, wobei er diese unzerkleinert herunterschlingt. Anders die Friedfische. Sie nehmen kleine tierische und pflanzliche Lebewesen auf. Die Nahrung wird mit Hilfe der Kauwerkzeuge zerquetscht. Soweit es sich hierbei um Kleintiere wie Schnecken, Muscheln und Würmer, Insekten und deren Larven sowie das tierische Plankton handelt, faßt man diese unter dem Sammelbegriff *Fischnährtiere* zusammen. Die Größe der einzelnen, für die Fischnahrung tauglichen Lebewesen schwankt zwischen einigen Zentimetern und nur wenigen Zehntelmillimetern.

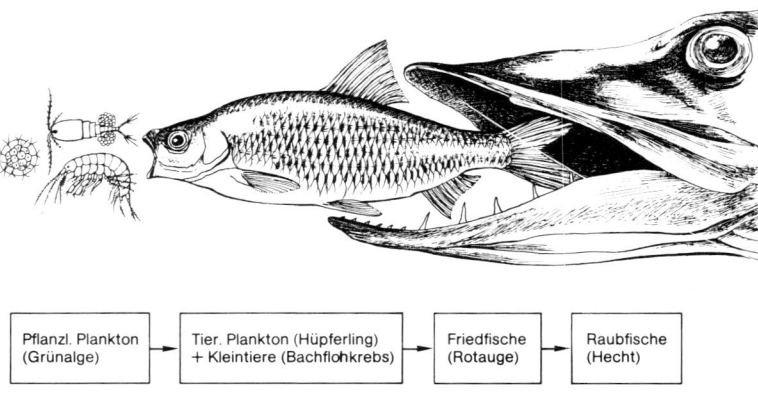

| Pflanzl. Plankton (Grünalge) | Tier. Plankton (Hüpferling) + Kleintiere (Bachflohkrebs) | Friedfische (Rotauge) | Raubfische (Hecht) |

Nahrungskette nach dem Prinzip: Die Großen fressen die Kleinen.

Futterbereiche   Die Nahrungsaufnahme erfolgt in drei Bereichen:

1. Bodenzone
Hier sind die *bodensiedelnden Lebewesen* zu Hause. Typische Fischnährtiere sind, um nur einige wenige zu nennen, Köcherfliegenlarven (569), auch Sprockwürmer genannt (218), Kriebelmückenlarven (570), die rote Zuckmückenlarve (219) sowie die Schlammröhrenwürmer (220). Auch gehören die Lar-

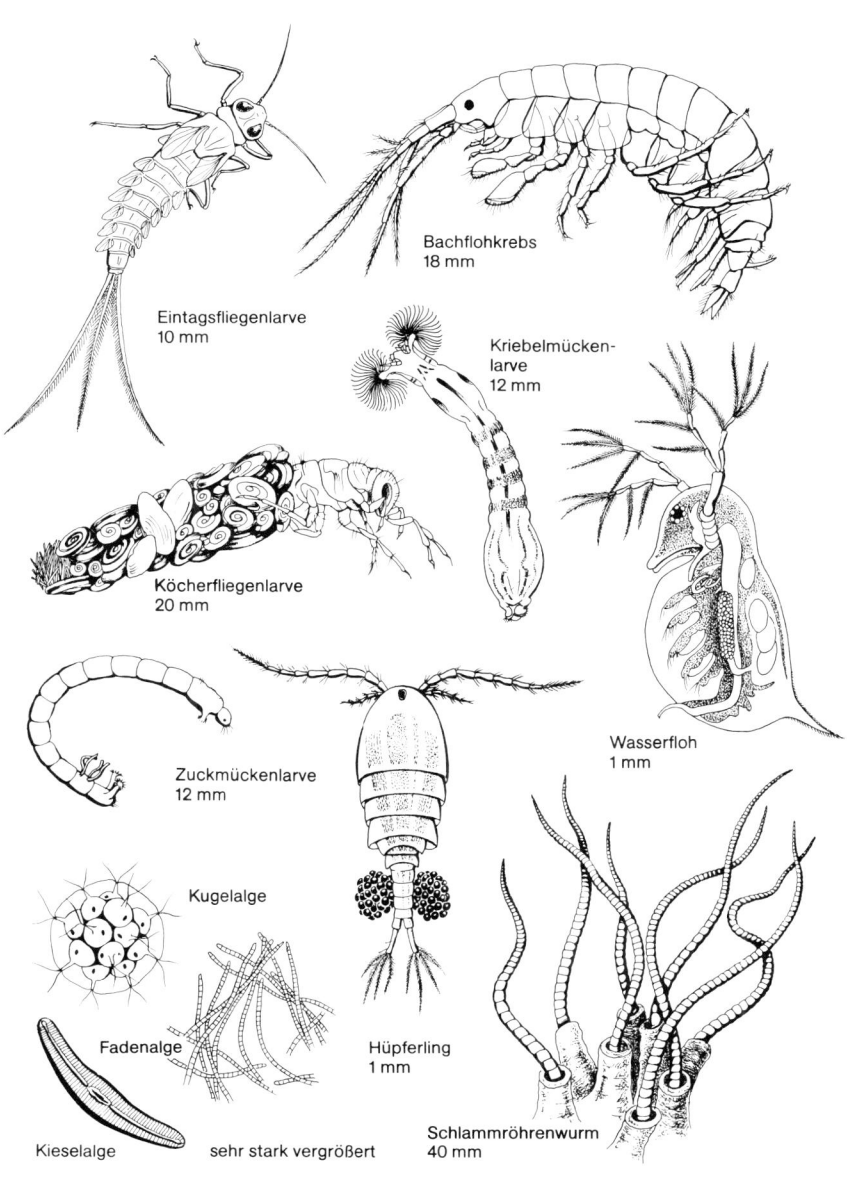

Eintagsfliegenlarve
10 mm

Bachflohkrebs
18 mm

Kriebelmücken-
larve
12 mm

Köcherfliegenlarve
20 mm

Wasserfloh
1 mm

Zuckmückenlarve
12 mm

Kugelalge

Fadenalge

Hüpferling
1 mm

Kieselalge   sehr stark vergrößert

Schlammröhrenwurm
40 mm

Glieder der Nahrungskette: Algen und Fischnährtiere

43

1 Eintagsfliegenlarve, Länge ca. 10 mm
2 Steinfliegenlarve, Länge ca. 30 mm
3 Köcherfliegenlarve im Gehäuse, etwa
  20 mm
4 Köcherfliegenlarve (gehäuselos) auf
  dem Rücken liegend, etwa 30 mm
5 Wasserfloh und Hüpferling (6) gehören zum tierischen Plankton, Länge
  ca. 1 mm

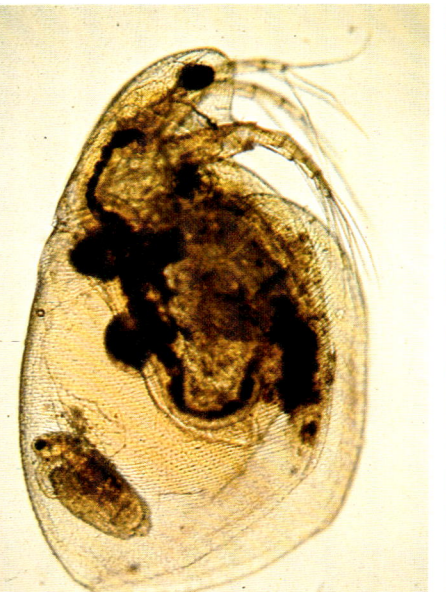

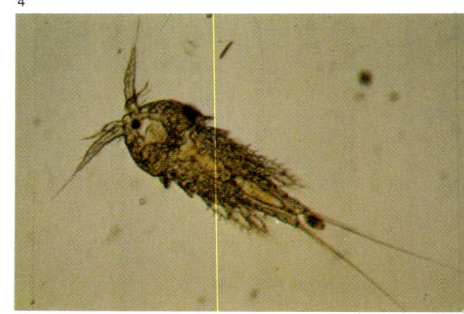

ven der Stein- und Eintagsfliegen dazu (571). Obwohl körperlich sehr ähnlich, gibt es für beide ein gutes Unterscheidungsmerkmal. Die Steinfliegenlarven besitzen immer nur 2 Schwanzfäden, die Eintagsfliegen mit einer Ausnahme 3 (572). Am Gewässerboden oder an Wasserpflanzen lebt ein besonders für den Forellenbach typisches Nährtier – der Bachflohkrebs (221). Wenn Forellen viele Bachflohkrebse fressen, färbt sich ihr Fleisch rosarot, was ihnen die Bezeichnung Lachsforelle eingebracht hat. Vom Auftreten bestimmter Nährtiere kann auf den wasserchemischen Zustand des Gewässers geschlossen

Futterbereiche in einem See

werden. Steinfliegen etwa leben gewöhnlich nur in sauberem, unbelastetem Wasser (573). Bodenschlamm stellt den Siedlungsbereich von Larven der Roten Zuckmücke und der Wasserasseln (574) dar. Das Massenvorkommen von Schlammröhrenwürmern deutet auf eine stärkere Belastung mit fäulnisfähigen Stoffen hin (222). Für die Nahrungsaufnahme am Gewässerboden eignen sich besonders Fische mit unterständigem Maul. Zusätzlichen Vorteil bringt die rüsselartig, vorstülpbare Schnauze etwa des Karpfens. Ein typischer Bodenfisch ist die Barbe (223). Auch Brachse (224) und Schleie (225) sammeln mit Vorliebe Kleintiere vom Boden auf.

Fischnährtiere sind Gegenstand des Fischereirechts (576). Die gesetzliche Unterschutzstellung ist deshalb erforderlich, damit eine Schmälerung der natürlichen Nahrungsgrundlage der Fische durch Eingriffe Unbefugter unterbleibt. Es sollen möglichst naturnahe Lebensbedingungen für die Fische erhalten bleiben (575). Nur unter bestimmten Bedingungen können einheimische Fischnährtiere daher aus einem Gewässer entnommen werden (577). Dagegen können einheimische Fischnährtiere, wenn es dem Hegerecht nicht entgegensteht, durchaus in geeignete Gewässer eingesetzt werden (578). Für den Fang von Fischnährtieren ist ein Fischereischein nicht erforderlich (579).

2. Freiwasserzone

Der Bereich zwischen Gewässerboden und Wasseroberfläche ist der Lebensraum des *Planktons* – winzig kleinen, pflanzlichen und tierischen Organismen, die infolge ihres geringen spezifischen Gewichtes im Wasser schweben. Tierisches Plankton ist nicht nur für viele Jungfische die Hauptnahrung (226). Es gibt Fischarten, die sich ihr ganzes Leben fast ausschließlich von Plankton ernähren. Besonders Renken, die in der Freiwasserzone von Seen leben (227), gehören dazu (228). Aber auch die aus China eingeführten Marmorfische fressen bevorzugt tierisches Plankton (229). Die wohl bekanntesten Vertreter tierischen Planktons sind Wasserflöhe und Hüpferlinge (230).

Das pflanzliche Plankton baut seine Körpersubstanz vermittels der im Wasser gelösten Nährstoffe und des Sonnenlichtes auf (Photosynthese). Unter günstigen Umständen kann es hierbei zur Massenentwicklung kommen. Man spricht dann von sog. Wasser- oder Algenblüten (231). Diese können so intensiv sein, daß ganze Gewässerteile je nach Algenart auffallend rot oder grün gefärbt sind.

3. Wasseroberfläche

Auf der Wasseroberfläche niedergegangene Insekten bilden den sog. *Anflug*. Die gesamte Fischerei mit Fliegen als Köder gründet sich zum großen Teil auf die Eigenschaft vieler Fischarten, zu bestimmten Zeiten ihre Nahrung an der Wasseroberfläche aufzunehmen. Man spricht dann vom »Steigen« etwa der Forellen oder Äschen. Auch Lauben halten sich meist dicht unter der Wasseroberfläche auf (232).

Pflanzenfresser Es gibt aber auch Pflanzenfresser unter den Fischen. Diese ernähren sich von pflanzlichem Plankton – kleinen einzelligen Algen – oder von größeren Wasserpflanzen. Man denke hier im besonderen an die aus China stammenden, den Cypriniden zugehörenden (233) Pflanzenfresser: Silberfisch (234) und Grasfisch (235). Aber auch unsere heimischen Fische fressen Algen. Das Mooseln von Fischen, welches leider oftmals den Genuß des Silvesterkarpfens beeinträchtigt, wird durch die Aufnahme von Blaualgen hervorgerufen (236).

Aufwuchs Über eine bestimmte Form der Fischnahrung muß hier gesondert gesprochen werden, weil sie sich nicht so ohne weiteres in unser Schema einpaßt. Es ist der *Aufwuchs* (237). Er setzt sich aus mikroskopisch kleinen Organismen zusammen, die besonders auf den Blättern der Unterwasserpflanzen siedeln. Zu ihnen rechnet man neben einzelligen Algen auch tierische Einzeller und Bakterien. Oftmals bildet der Aufwuchs einen schlierigen Belag. Von den Fischen wird der Aufwuchs oft ganz systematisch abgeweidet, was häufig an Fraßspuren zu erkennen ist.

Spezielle Fischkunde

Nach der Beschäftigung mit anatomischen und biologischen Zusammenhängen geht es jetzt um die Einzelbeschreibung der Fische. Sie sollten sich mit den Arten und all ihren Besonderheiten so lange beschäftigen, bis Sie die erworbenen Kenntnisse jederzeit aus Ihrem Gedächtnis abrufen können. So lernen Sie nicht nur im Hinblick auf die Fischerprüfung, sondern vor allem im Interesse Ihrer zukünftigen Fischereiausübung.

Betrachten Sie die Fische immer wieder!

Sämtliche Tiere wurden lebend fotografiert. Es liegen damit naturgetreue Abbildungen vor. Ihr Ziel haben Sie erreicht, wenn Sie die Fische so gut kennen, daß Ihnen die schnelle Unterscheidung sehr ähnlicher Arten wie Zingel und Streber nicht mehr schwerfällt.

Unter den Bildern sind die jeweils dazugehörenden Prüfungsfragen aufgeführt. Die sich an die Prüfungsfragen anschließenden Informationen enthalten in drei Fällen (Karpfen, Barbe, Schmerle) Prüfungsstoff! Sie sollen darüber hinaus dazu beitragen, Ihr Wissen von Fisch und Fischerei zu vertiefen.

Nicht einzeln aufgeführt sind Meerforelle, Strömer, Moderlieschen, Zope und Ziege. Diese Arten sind für die Vorbereitung auf die Prüfung bisher ohne Belang.

Neunaugen *Lampetra planeri* (Bloch)

- Ihr Maul ist mit Hornzähnen bewaffnet (102).
- Sie haben keine paarigen Flossen (14).
- Beim Bachneunauge sind die beiden unterschiedlich großen Rückenflossen miteinander verbunden (35)

- ganzjährig geschützt (250).
- Das Maul besitzt eine unpaare Nasengrube (149).
- Neunaugen haben ein knorpeliges Skelett (139).
- Namensgebung: 1 Nasenloch und an jeder Seite 1 Auge und 7 sichtbare Kiemenöffnungen (103).

Es gibt Bach-, Fluß- und Meerneunaugen. Sie ernähren sich von Kleintieren oder schmarotzen an Fischen (Meer- und Flußneunauge). Meerneunaugen, die im Zuge ihrer Laichwanderungen in die nordamerikanischen Seen aufsteigen, haben dort großen Schaden angerichtet, weil sie die Namaycushbestände (Amerikanischer Seesaibling) durch ihr Schmarotzertum fast gänzlich vernichtet haben.
Noch vor 20 Jahren beherbergte die Donau ansehnliche Neunaugenpopulationen. Die Gewässerverschmutzung hat sie aber nicht nur in der Donau, sondern auch über weite Bereiche fast gänzlich zum Verschwinden gebracht. Mittlerweile sind die Tiere ganzjährig unter Schutz gestellt. Die Jungfische der Neunaugen heißen Querder. Der sogenannte Neunaugenzopf zum Fang besonders von Huchen besteht aus kleinen Gummischläuchen, Lederstreifen oder Metallkettchen.

Stör *Acipenser sturio* Linné

- Alle Störarten besitzen eine auffallend unsymmetrische Schwanzflosse (28).
- ganzjährig geschützt (584)

- Schmelzschupper (72).
- Er hat Seiten- und Bauchschilde am Körper (73).

Zu den Stören zählen neben dem Stör selbst u. a. Sterlet, Hausen, Sternhausen und Waxdick. Die meisten der insgesamt 26 Arten kommen in russischen und asiatischen Gewässern vor. Die Jahresfänge im Bereich des Schwarzen und Kaspischen Meeres betragen derzeit etwa 25 000 Tonnen. Die Störbestände sind stark zurückgegangen. Schuld ist die Überfischung, vor allem das schonungslose Wegfangen während der Laichzeit. Sehr geschadet hat den Stören auch die Gewässerverschmutzung. In letzter Zeit wurde besonders in Rußland die Störzucht intensiviert. Das durch künstliche Erbrütung gewonnene Besatzmaterial findet sowohl in der Teichwirtschaft als auch in Staubecken Verwendung. Noch um die Jahrhundertwende schwammen Störe vereinzelt donauaufwärts bis nach Regensburg. Störe werden bis zu 400 kg schwer. Sie können angeblich über 100 Jahre alt werden. Der Rogen von Stören ist der von Feinschmeckern geschätzte Kaviar. Für die Angelfischerei haben Störe keine Bedeutung.

Bachforelle   *Salmo trutta* f. *fario*

- Sie legt die Eier in eine selbstgeschlagene Laichgrube (197).
- Kieslaicher (196).
- Sie besitzt wie alle Salmoniden eine sackförmige einteilige Schwimmblase (172).
- Zur Laichzeit hat sie etwa 1500–2500 Eier pro kg Körpergewicht (186).
- Für sog. Steinforellen kann das Schonmaß bis auf 22 cm herabgesetzt werden (582).

- Die *Bach*forelle hat die gleiche Schonzeit wie der *Bach*saibling (268).
- Zum Fang mit der Grundangel ist eine Schnurstärke um 0.30 mm gut geeignet (392).
- Schonzeit: 1. 10.–28. 2.; Schonmaß: 26 cm (258).
- rotgetupft (80).

Die Bachforelle ist einer der verbreitetsten und attraktivsten Angelfische. Ihre Farbenvielfalt ist schier unerschöpflich. Selbst im gleichen Gewässer gibt es keine farbgleichen Exemplare. Die Farbe des Rückens setzt sich aus Grün- und Brauntönen zusammen. Die Seiten sind messingfarben, die Unterseite meist goldgelb. Vor allem die Seiten sind mit auffallenden schwarzen und roten Tupfen übersät. Dies hat ihr den Namen »Rotgetupfte« eingebracht. Die Tupfen selbst sind von hellblauen oder orangefarbenen Höfen umsäumt. Die Verwandtschaftsbeziehungen von Bach- und Seeforellen sind in der fischereilichen Fachliteratur immer wieder Gegenstand heftiger Diskussionen. Allgemein anerkannt ist die gemeinsame Abstammung. Der Streit unter den Gelehrten bezieht sich auf die Beantwortung der Frage, ob Bach- und Seeforelle verschiedene Arten sind oder ob es sich um umweltbedingte Modifikationen nur einer Art handelt. Bachforellen sind sehr standorttreu und verteidigen ihre Reviere gegenüber Eindringlingen ganz entschieden. Bachforellen werden in bestimmten Fällen auch Steinforellen genannt. Man versteht darunter Tiere, die aufgrund ungünstiger Lebensbedingungen (z.B. Gebirgsbach) zur Kümmerform neigen. Für Steinforellen kann das Schonmaß durch Verordnung bis auf 22 cm herabgesetzt werden.

In nahrungsreichen Bächen können Bachforellen in 3–4 Jahren Gewichte von 500–700 Gramm erreichen. In Seen oder Stauhaltungen zeigen die Fische oft enorme Wachstumsleistungen. Im Starnberger See ergaben Versuche mit markierten Bachforellen, daß sie nach 3 Jahren bereits 2 Kilogramm wogen. In Ausnahmefällen werden sie 10 Kilogramm schwer. Allgemein läßt sich sagen, daß Wachstumstempo und Endgewicht von der Art und Menge der Nahrung zum einen und den Ausmaßen des Lebensraumes zum anderen abhängt. Dies gilt nicht nur für Forellen, sondern auch für alle anderen Fischarten gleichermaßen. In ausschließlich angelfischereilich genutzten Gewässern bringt das oft ungünstige Geschlechterverhältnis Probleme für die natürliche Vermehrung mit sich. Es tritt nämlich häufig ein Mangel an Rognern auf. Rogner gehen vor allem zu Saisonbeginn häufiger an die Angel. Fischereibiologische Untersuchungen zeigen, daß Milchner dagegen wesentlich besser gegen Ende der Saison beißen. Weil aber die sportlichen Aktivitäten im Vergleich zum Saisonbeginn in den Monaten August, September und durch den Beginn der Schonzeit im Oktober nachlassen, bleiben die Milchner im Gewässer. So kommt es zu den ungünstigsten Bedingungen auf den Laichplätzen. Viele Gewässerbewirtschafter tragen diesem Zustand Rechnung, indem sie die Schonzeit über den 28. Februar hinaus oft bis in den Mai hinein verlängern.

In Fließgewässern sollten Bachforellen mit der Fliege gefangen werden. Das Fischen mit der Fliege, auch Flugangeln genannt, ist für viele die ranghöchste Disziplin der Angelfischerei. Es stellt eine besonders elegante Methode des Fischfanges dar. Künstliche Fliegen werden unter effektvollen Bewegungen ausgeworfen und den Fischen als Köder entweder auf der Wasseroberfläche (Trockenfliege) oder unter Wasser (Naßfliege) in unterschiedlichen Tiefen angeboten. Die Technik des Fliegenfischens ist schwierig zu erlernen und es bedarf dauernder Übung, die Würfe richtig zu placieren. Die Beschreibung der Fangtechnik selber sowie der speziellen Gerätschaften füllt mittlerweile Bibliotheken. Besonders Engländer haben sich in der Entwicklung fängiger Fliegen, schwimmender oder rasch sinkender Fliegenschnüre und der Konstruktion anderer für die Fliegenfischer tauglichen Geräte einen Namen gemacht. Dies erklärt, warum z. B. so viele Fliegentypen englische Namen tragen (Streamer, Sedge, Palmer). Die Fliege kann vom Ufer aus oder auch im Wasser watend angeboten werden. Die ständigen Wurfbewegungen führen, vor allem wenn sie watend ausgeführt werden, zu großer körperlicher Belastung. Darüber hinaus zeichnet sich der erfolgreiche Fliegenfischer durch stete Wachsamkeit, gute Beobachtungsgabe und schnelles Reaktionsvermögen aus. Vielleicht ist es gerade dieses Zusammenspiel von Körper und Geist, welches das Fliegenfischen so beliebt gemacht hat.

Regenbogenforelle *Salmo gairdneri* Richardson

- Ihre schwarze Bepunktung von Rücken- und Schwanzflosse macht die Unterscheidung von der Bachforelle leicht (39, 81).

- Bei Besatz von Fließgewässern ist besonders die Gefahr des Abwanderns zu beachten (284).
- Schonzeit: 15. 12.–15. 4., Schonmaß: 26 cm (259).

Die Regenbogenforelle stammt aus Nordamerika und ist seit 1880 eingebürgert. Sie ist raschwüchsig und erreicht nicht selten Gewichte bis zu 8 kg. Gegenüber Gewässerverschmutzung und höheren Wassertemperaturen ist sie wesentlich unempfindlicher als andere Forellenarten. Regenbogenforellen sind mit allen in der Salmonidenfischerei verwendeten Ködern gleichermaßen gut zu fangen, weil sie stets gierig und wenig wählerisch sind und dadurch leicht an die Angel gehen. Mit ihrem Besatz verbindet sich immer ein hohes Risiko der Einschleppung von Fischkrankheiten. Man sollte auch berücksichtigen, daß es Regenbogenforellen, vor allem, wenn sie im Überschuß besetzt werden, oftmals gelingt, Bachforellen aus den angestammten Revieren zu vertreiben. Bevor man Gewässer mit Regenbogenforellen besetzt, ist es ratsam, einen Fachmann zu Rate zu ziehen.

Seeforelle   *Salmo trutta* f. *lacustris* Linné

- Ihr Körper ist mit x-förmigen, schwarzen Tupfen bedeckt (83).

- Schonzeit: 1.10.–28.2.; Schonmaß: 60 cm (255).

Ohne auf die Frage der Artenzugehörigkeit (vgl. Bachforelle) weiter einzugehen, wird die Seeforelle als selbständige Form abgehandelt, weil sie in der Fischerei meist als solche angesehen wird. Seeforellen sind sehr frohwüchsige Fische, die erst bei einem Gewicht von 3 bis 4 kg geschlechtsreif werden. Deshalb beträgt das Schonmaß auch 60 cm. In manchen Seen werden Seeforellen bis zu 30 kg schwer (Königssee 1975: 28,5 kg). Sie stellen hohe Ansprüche an die Wasserqualität. Die Bestände sind wegen der heutzutage ungünstigen wasserchemischen Bedingungen gefährdet. An den bayerischen Seen werden große Anstrengungen unternommen, den Seeforellen durch Besatz wieder zu ansehnlichen Bestandsdichten zu verhelfen. So werden allein in der Staatlichen Fischbrutanstalt Nonnenhorn/Bodensee jährlich 1 000 000 junge Seeforellen aufgezogen und dann verschiedene Gewässer damit besetzt. Ein gutes Seeforellengewässer ist in Bayern der Walchensee. Zum Fang der Seeforellen können keine speziellen Hinweise gegeben werden, da die wirklich kapitalen Exemplare völlig unberechenbar, an den verschiedensten Plätzen und auf die unterschiedlichsten Köder an den Haken gehen.

Seesaibling   *Salvelinus alpinus salvelinus* (Linné)

- Eine Zwergform des Seesaiblings ist der Schwarzreuter (12).

- Schonzeit: 1.10.–28.2.; Schonmaß: 30 cm (257).

Seesaiblinge haben die Eigenschaft, je nach Lebensraum sehr unterschiedlich auszusehen. Neben frohwüchsigen sind auch kleinwüchsige Formen nicht selten. Der im Königsee vorhandene Schwarzreuter wird kaum schwerer als 100 g. Als raschwüchsiger Vertreter gilt der Wildfangsaibling, der bis zu 10 kg schwer werden kann. Am Starnberger See wurde 1975 von einem Berufsfischer ein solcher Saibling mit 9,5 kg gefangen. Als guter Köder zum Fang von Seesaiblingen hat sich das sog. Planseesystem erwiesen. Der Köder besteht aus einer toten Elritze, die an einem Bleikopf-System geführt wird. Der Bleikopf wird dem Köderfisch dabei über den Kopf gestülpt. Mit diesem System kann gleichermaßen gut gezupft wie auch geworfen werden, so daß bei geänderter Fangsituation auf den Umbau des Gerätes verzichtet werden kann. Bekannte Seesaiblingsgewässer sind der Walchensee und der Hintersee bei Berchtesgaden. Am Walchensee stellt sich der Saiblingssegen mit seinen mehrpfündigen Prachtexemplaren meistens in der Zeit um Ende Mai ein. Man erkennt dies an den sprunghaft ansteigenden Bootszahlen auf den Fangplätzen. Am Hintersee werden Seesaiblinge in der Regel nur bis Mitte Mai gut gefangen. Sie werden dort selten schwerer als ein Pfund.

Bachsaibling   *Salvelinus fontinalis* (Mitchill)

- Seine paarigen Flossen und die Afterflosse haben einen weißen Vorderrand mit anschließendem
schwarzen Streifen (53).
- Der Körper hat Torpedoform (8).
- Besatz erfolgt am besten in der
Quellregion des Gewässers (282).

- Der *Bach*saibling hat die gleiche
Schonzeit wie die *Bach*forelle
(268).
- Schonzeit: 1. 10.–28. 2.; Schonmaß: 20 cm (256).

Die Heimat des Bachsaiblings ist Nordamerika. Er wurde 1884 in Europa eingebürgert. Das wahrscheinlich größte zusammenhängende Verbreitungsgebiet in der
Bundesrepublik befindet sich im nördlichen und östlichen Oberfranken, in den
Naturparks Fichtelgebirge und Frankenwald sowie den südlichen Ausläufern des
Thüringerwaldes. Kreuzen sich Bachsaibling und Bachforelle, entstehen »Tigerfi-
sche«. Diese sind steril. Die Nachkommen einer künstlichen Kreuzung von Bachsaibling und Seesaibling heißen »Elsässer Saibling«. Entgegen der überkomme-
nen Meinung besitzen Bachsaiblinge hohe Anpassungsfähigkeiten an extreme
Umweltbedingungen. Niedrige Sauerstoff- und pH-Werte werden gut vertragen.
Sie können deshalb noch in jenen Gewässern gut eingebürgert werden, die keinen
geeigneten Lebensraum mehr für Bachforellen bieten.

Huchen   *Hucho hucho* (Linné)

- Der Huchen hat keine roten Tupfen am Körper und keine schwarzen Tupfen auf der Schwanzflosse (40, 82).
- Er ist im Donaueinzugsgebiet heimisch (1).
- Der Januar wird allgemein als die beste Fangzeit angesehen (307).

- Bei der Hakenwahl ist der Drilling dem einfachen Haken vorzuziehen (422).
- Als einer der besten Köder gilt der Neunaugenzopf (450).
- Schonzeit: 15.2.–31.5.; Schonmaß: 70 cm (254).

Ursprünglich war der Huchen nur im Donaueinzugsgebiet zu Hause, in Deutschland in der Donau selbst, in allen rechtsseitigen Zuflüssen wie Iller, Lech, Isar, Inn und in einigen linksseitigen Zuflüssen wie Regen und Ilz. Seine Verbreitung ist durch Besatz größer geworden. Es gibt ihn in Österreich, Jugoslawien, der Tschechoslowakei und neuerdings auch in Polen. Einbürgerungsversuche in Belgien, Schottland und einigen anderen Ländern waren bisher erfolglos – in der Schweiz und in Marokko konnten dagegen in geeigneten Gewässern größere Bestände aufgebaut werden.

Als Fisch des Fließgewässers ist der Huchen auffallend langgestreckt, der Körper ist dabei fast drehrund. Er ist standorttreu. Huchen bevorzugen tiefe Flußbereiche, wie ausgespülte Uferpartien oder die Gumpen hinter Wehren. Zur Laichzeit unternimmt er kurze Wanderungen flußaufwärts in flache, kiesbedeckte Gebiete. Hier

schlagen die Rogner Laichgruben, in die die Eiablage erfolgt. Von alten Donaufischern ist zu erfahren, daß es in der Donau früher große Huchenbestände gab. Es wurden damals angeblich Tiere mit Gewichten bis zu 50 kg gefangen. In der heutigen Zeit sind Huchen selten geworden. Nur noch vereinzelt gehen schwere Exemplare an die Angel. Ausschlaggebend für den Rückgang sind die gleichen Mißstände, die für das Verschwinden anderer Edelfische verantwortlich sind: zunehmende Verschmutzung der Flüsse durch Abwassereinleitung, Vernichtung des ursprünglichen Lebensraumes durch Regulierung und Verbauung und nicht zuletzt das häufige Fehlen intakter Fischtreppen, so daß den Huchen der Zugang zu ihren Laichplätzen verwehrt ist. Man hat im bayerischen Raum große Anstrengungen unternommen, Huchen wieder in größeren Mengen heimisch zu machen. 1977 wurden im Münchener Stadtgebiet von Freizeitfischern 1000 Huchensetzlinge in die Isar eingesetzt.

Den Huchen wird meistens mit der Spinnangel nachgestellt, wobei die oft bekannten Einstände systematisch angeworfen werden. Neben Wobblern und größeren Heintz-Blinkern hat sich vor allem der tote Köderfisch am System bewährt. Fischt man mit dem Neunaugenzopf, muß dieser durch andauerndes Heben und Senken den Huchen zum Biß verleiten. Erfahrene, kapitale Exemplare sind oftmals nur noch mit einer Maus oder Ratte als Köder zu überlisten. Als geeignetes Fanggerät sind eine kräftige, dabei aber elastische Rute, mindestens eine 50er Schnur und nadelspitz geschliffene Drillinge zu empfehlen.

Eine alte Fischerregel besagt, daß Huchen am besten zu fangen sind, wenn es schneit, kurz vor und während der Abenddämmerung.

Atlantischer Lachs   *Salmo salar* Linné

● Lachse laichen im Süßwasser. Sie führen lange Laichwanderungen vom Meer flußaufwärts in die Quellbereiche der Flüsse durch (206).

Lachse werden auf dem Weg vom Meer flußaufwärts zu ihren Laichplätzen gefangen. Sie nehmen im Süßwasser keine Nahrung zu sich. Wenn sie trotzdem beißen, beruht dies nach Meinung von Fachleuten auf Reflexen (Reflextheorie). Diese werden ausgelöst, wenn der Lachs im Süßwasser Beutetieren begegnet, an die er sich durch frühere Begegnungen erinnert. Der Einsatz des jeweiligen Köders muß genau überlegt und einigen wichtigen äußeren Umständen angepaßt sein. Beim Flugangeln hat man sich bei der Wahl der anzubietenden Fliege am besten nach der Wassertemperatur zu richten. Erfahrungsgemäß nehmen die Lachse bei kaltem Wasser (bis 9 °C) lieber größere bis große, in der warmen Jahreszeit bei höheren Wassertemperaturen eher kleine bis kleinste Fliegen. Bei plötzlichen Wasserstandsschwankungen wenden die Fische ihre Aufmerksamkeit augenblicklich völlig anderen Ködern zu. Oftmals ist man erst dann erfolgreich, wenn einem der Rat einheimischer Spezialisten zuteil geworden ist.
Aus unseren heimischen Flußsystemen sind die Lachse verschwunden. Früher waren sie reichlich vorhanden. So soll es am Hochrhein eine Gesindeordnung gegeben haben, nach der es verboten war, dem Personal öfters als zweimal in der Woche Lachs (Rheinsalm) vorzusetzen.

Stint   *Osmerus eperlanus* (Linné)

- Den Stintschuppen fehlt der Silberglanz (71).
- Stinte haben eine verkürzte Seitenlinie (133).

Stinte kommen in zwei großen Formenkreisen vor. Die Binnenstinte leben im Süßwasser, wobei sie als Lebensraum größere und tiefe Seen mit sommertrübem Wasser bevorzugen. Ihr Verbreitungsgebiet erstreckt sich auf Norddeutschland, England, Schweden und Finnland. Wanderstinte dagegen leben in den Küstengewässern Europas von Nordspanien bis Südnorwegen und in der Ostsee. Meistens halten sie sich im Brackwasser der Flußmündungen auf. Hier bilden sie oft große Schwärme. Die Größe der Stintschwärme ist nicht alle Jahre gleich. Bei günstigen Bedingungen für Laich- und Jungfische kommt es zur Ausbildung starker Jahrgänge. Man spricht dann von sog. Stintjahren. Die Fische sind wenig anfällig gegen Gewässerverunreinigung. Stinte sind klein. Sie werden maximal 30 cm lang. Charakteristisch an ihnen ist ihr gurkenähnlicher Geruch. Sie neigen zur Zwittrigkeit. Ihre Laichzeit ist im März. Dann finden bei den Wanderstinten Laichwanderungen aus dem Küstengebiet in die Unterläufe der Flüsse statt.
Obwohl die Tiere kaum schwerer als 150 g werden, haben sie doch wirtschaftliche Bedeutung. Allein in der Unterelbe werden alljährlich ca. 300 Tonnen durch die Berufsfischerei angelandet. Von Anglern werden Stinte meist mit Paternosterangeln gefangen.

Äsche *Thymallus thymallus* (Linné)

- Der Äschenmilchner besitzt eine sehr lange Fahne (56).
- Typische Kieslaicher (196).
- Die Pupille ist nach vorne zugespitzt (129).
- Die hohe und lange Rückenflosse ist ein wichtiges Erkennungsmerkmal (55).
- Halbunterständiges Maul (565).
- Als Nahrung werden Köcherfliegenlarven bevorzugt (569).
- Äschen haben einen arteigentümlichen Geschmack. Sie schmecken nach Thymian (57).
- Zur Befischung verwendet man meistens eine Schnurstärke von 0.20–0.30 mm (391).
- Schonzeit: 1.1.–30.4.; Schonmaß: 35 cm (260).

Äschen sind echte Fließwasserfische. Ihr Fang ist fast ausschließlich Anglern vorbehalten. Am waidgerechtesten fängt man Äschen mit der Fliege. Für den Äschenfang erfordert die ohnedies schwierige Fliegenfischerei zusätzlich die Handhabung sehr feinen Gerätes. Wichtig ist eine leichte Fliegenrute mit weicher Aktion. Beim Äschenfang kommen die kleinsten Fliegen zum Einsatz (Hakengröße 14–20). Als fängig gelten morgens dunkle oder schwarze, mittags braune und während der Dämmerung weiße Fliegen. Bei häufig beangelten Äschengewässern tritt erfahrungsgemäß eine Verschiebung des Geschlechterverhältnisses zu ungunsten der Rogner auf. Angler, die besonders vor der Laichzeit gefangene weibliche Tiere ins Gewässer zurücksetzen, tragen diesem Umstand Rechnung und bezeigen auf diese Weise große biologische Einsicht.
Äschen erreichen Längen bis zu 60 cm und können 3 kg schwer werden.

Renke *Coregonus*-Arten

- Die Pupille ist wie bei den Äschen nach vorne zugespitzt (129).
- Renken ernähren sich vorwiegend von tierischem Plankton (228).
- Renken sind Fische der Freiwasserzone (227).

- Der Laichvorgang findet in der Freiwasserzone statt (198).
- Schonzeit: 15.10.–31.12.; Schonmaß: 35 cm (261).

Renken haben viele Namen. Hinter der Bezeichnung Felchen und Maränen (Deutschland), Reinanken (Österreich), Albock, Albeli, Bondelle und Palée (alle Schweiz) verbirgt sich immer die gleiche Fischart. Die Renken zeigen in ihren verschiedenen Wohngewässern unterschiedliche Erscheinungsformen. Die einzelnen Populationen systematisch voneinander abzugrenzen, ist der Wissenschaft bisher nicht gelungen. Die Renken sind im Bereich der meisten Alpen- und Voralpenseen die sogenannten Brotfische der Berufsfischer. Sie sind in der Regel nur mit Netzen zu fangen. Mit der Angel wird ihnen in nur wenigen Seen erfolgreich nachgestellt. Als Fanggerät eignet sich vor allem die Hegene. Sie besteht aus einer Hauptleine mit Vorfach, an dessen Ende ein ca. 30 Gramm schweres Bleigewicht angebracht ist. Vom Vorfach gehen gewöhnlich 3–5 Seitenarme ab, deren Haken mit künstlichen Fliegen oder auch Naturködern bestückt sind. Mit der Hegene wird vom Boot aus gefischt. Die Köder werden durch regelmäßiges Heben und Senken angeboten. Dies geschieht meist von Hand, selten mit der Rute.

Hecht   *Esox lucius* Linné

- Größere Maulspalte als der Zander (88).
- Weit zurückgesetzte Rückenflosse (32).
- Rundschupper (63).
- Sehr kurzer Darm (164).
- Entenschnabelförmiges Maul (89).
- Er lebt bevorzugt in flachen Ufergebieten (293).
- Zum Fang sehr gut geeignet ist Drillingsgröße 1–3 (424).

- Drillinge sind einfachen Haken vorzuziehen (422).
- Hechte werden vorzugsweise mit der Spinnangel gefangen (423, 429).
- Schonzeit: 15.2.–15.4.; Schonmaß: 50 cm (263).
- Hunds- oder Fangzähne (98).
- oberständiges Maul (105).

Der Hecht ist zweifelsohne in Deutschland der Angelfisch Nummer eins. Dies liegt in erster Linie daran, daß er sich in fast allen Lebensräumen wohlfühlt und daher große Verbreitung gefunden hat. Er bevölkert unsere Gewässer von der Brackwasserregion der Flußmündungen bis hinauf in die Gebirgsseen, wo er noch in 1500 Meter Höhe leben kann. In Salmonidengewässern ist er so kurz wie möglich zu halten. Wenn er sich breitmachen kann, verschwinden Äschen und Forellen. Hechte erreichen nicht selten Gewichte um die 20 Kilogramm. Der präparierte Kopf solcher »Kapitaler« ist eine vielbegehrte Trophäe. Bei geöffnetem Maul läßt sich neben den deutlich hervortretenden Hunds- oder Fangzähnen eine Unzahl weiterer kleinerer Zähne erkennen. Diese kleiden praktisch das ganze Maul aus. Die verknöcherten Fangzähne machen einen periodischen Zahnwechsel durch. Alte Zähne werden abgebaut, neue richten sich auf. Oftmals lassen sich Auf- und Ab- baustadium im Hechtgebiß gleichzeitig erkennen. Die spitzen Fangzähne sorgen dafür, daß der einmal geschnappte Beutefisch nur selten wieder entkommt. Bei der Nahrungsaufnahme werden die Fische in der Regel seitlich gefaßt, im Maul gedreht und mit dem Kopf voran abgeschluckt. Der ausgeprägte Raubfischcharakter tritt schon bei Junghechten nach den ersten zwei Wochen ihres Daseins zutage. Sie nehmen bereits zu dieser Zeit Fischbrut als Nahrung auf und fressen sich sogar gegenseitig, vor allem, wenn sie sehr dicht beieinanderstehen.

Für erfolgreiche Hechtfischerei spielt die Fangmethode eine entscheidende Rolle – weniger wichtig ist z. B. der Fangzeitpunkt. Die Fangtechnik hat sich in letzter Zeit geändert. Waren noch vor zehn Jahren alle möglichen Arten von Blinkern ein stets fängiger Köder, ist jetzt in vielen Gewässern schon das Benutzen von Stahlvorfä- chern ein sicherer Garant für Erfolglosigkeit. Die Fische sind vorsichtiger gewor- den. Ihr Sinn für Gefahren, die von einer intensiven Befischung ausgehen, ist geschärft worden. Heutzutage bedarf es teilweise ausgeklügelter Angelmethoden, um die Fische zu überlisten. Es ist daher bei anhaltenden »Schneiderfahrten« geraten, die bisherige Fangtechnik zu überprüfen und gegebenenfalls auf moderne Angelmethoden umzurüsten. So erklärt sich die wachsende Beliebtheit des Stok- kersystems (vgl. S. 174).

Schuppen-/Spiegelkarpfen *Cyprinus carpio* (Linné)

- Vorteilhaft für die Nahrungsaufnahme am Boden ist das rüsselartig vorstülpbare Maul (94).
- Spiegelkarpfen haben große Schuppen (66).
- Karpfen haben 4 Barteln (116).
- Sie sind typische Krautlaicher (199).
- Karpfen hören gut (146).
- Der Darm ist mindestens doppelt so lang wie der Körper (163).
- Die Urform aller Karpfen ist der Schuppenkarpfen (6).
- 100–300 Tausend Eier je Kilogramm Körpergewicht (187).
- Zum Fang: lange, mittelstarke Rute, Schnurstärke mindestens 0.35 mm (393).
- Die geeigneten Hakengrößen sind 1–4 (421).
- Die Haken sollen starkdrähtig sein und einen kurzen Schaft besitzen (417).
- Zum Fang ist Anfüttern zweckmäßig (432).
- Als gute Köder gelten gekochte Kartoffeln (431).
- Das Schonmaß des Schuppenkarpfens beträgt 30 cm (269).

Karpfen gedeihen besonders gut in warmen, stehenden oder langsam fließenden Gewässern. Hinter überhängenden Wurzeln, unter hohlen Ufern, in dichten Krautbetten und unter Seerosen halten sie sich vorzugsweise auf. Ihre Anwesenheit verrät meist eine auffallende Trübung des Wassers, die sich aus dem Wühlen nach Nahrung im Bodenschlamm ergibt. Sie fressen in der Hauptsache jene Nährtiere, die im weichen Untergrund versteckt sind. Tagsüber scheu und vorsichtig, werden

Karpfen besonders zur Dämmerung und Nachtzeit aktiv. Karpfen werden in weiten Teilen der Welt als Nutzfische in Teichwirtschaften gehalten. Die Weltproduktion beläuft sich derzeit auf weit über 200 000 Tonnen. Auch in Bayern spielt die Karpfenteichwirtschaft im Rahmen landwirtschaftlicher Erzeugung eine große Rolle. Bayerische Fischbauern produzieren bis zu 4000 Tonnen Speisefische jährlich. Hinsichtlich der Beschuppung unterscheidet man vier Formen:

1. Schuppenkarpfen mit vollständiger Beschuppung.
2. Spiegelkarpfen mit unregelmäßig angeordneten, übergroßen Schuppen.
3. Zeilkarpfen mit einer Schuppenreihe entlang der Seitenlinie.
4. Leder- oder Nacktkarpfen ohne Beschuppung.

In der Angelfischerei spielen Karpfen eine außerordentlich wichtige Rolle. Ihnen wird in vielen Gewässern sehr intensiv nachgestellt. Ihre hohen Stückgewichte (bis 20 kg) und die Schwierigkeit, die schlauen Tiere zu überlisten, machen sie so attraktiv. Der gehakte Karpfen kämpft mit Zähigkeit und Ausdauer. Schon bei der ersten Flucht versucht er, Verstecke und Hindernisse irgendwelcher Art zu erreichen. Fangplätze müssen hiervon frei sein! Erfolgreiche Karpfenfischerei ist mit Anfüttern fast möchte man sagen untrennbar verbunden (432). Man füttert am zweckmäßigsten an mehreren Stellen an, um nicht auf einen Fangplatz beschränkt zu sein. Es sollte mindestens acht Tage angefüttert werden, wobei Tageszeit und Art der Futtergabe auf die in Aussicht genommene Angelzeit und die zum Einsatz kommenden Köder abgestimmt werden müssen. Im Gesetzestext heißt es dazu »Das Einbringen von Fischfutter ist wasserrechtlich nur insoweit erlaubnisfrei, als dadurch nicht das Gewässer in seinen Eigenschaften nachteilig beeinflußt wird.« (336)

Schleie   *Tinca tinca* (Linné)

- Beim Milchner ist der Hauptstrahl der Bauchflossen stark verdickt (54).
- Die Schwanzflosse ist nicht eingebuchtet (29).
- Schonmaß: 26 cm (585).

- Schleien haben zwei kurze Barteln (119).
- Keine Winterlaicher (216).
- Typische Krautlaicher (199).
- Sie nehmen in der Hauptsache Bodennahrung zu sich (225).

Die Wohngewässer der Schleien sind stehende oder langsamfließende, nicht zu kalte Seen und Flüsse. Sie suchen meistens Schutz in großen Wasserpflanzenfeldern, halten sich hier aber am liebsten inmitten pflanzenfreier Stellen auf. Während der kalten Jahreszeit verbringen sie in schlammigem Boden eingewühlt ihren Winterschlaf. Im Sommer verfallen sie bei zu hohen Wassertemperaturen in eine Art Wärmestarre, während der sie unbeweglich an einem Platze stehen und keine Nahrung zu sich nehmen. Unter günstigen Umständen können Schleien bis zu 70 cm lang und 6 Kilogramm schwer werden. 1961 wurde mit der Angel ein Rekordexemplar mit etwas über 10 Kilogramm gefangen.
Die günstigste Zeit für den Schleienfang sind die Sommermonate. Am besten versucht man es dann in den Stunden nach Sonnenaufgang oder vor Sonnenuntergang. Bei seinem Verhalten am Wasser muß der Angler besonders das gute Wahrnehmungsvermögen der Schleien berücksichtigen. Schleien halten sich meist in Ufernähe auf, sie haben einen ausgeprägten Sinn für das, was um sie herum

vorgeht. Bei Gefahr ziehen sie sich fluchtartig in die Pflanzen zurück und kommen so schnell nicht wieder hervor. Am Angelplatz ist daher äußerste Ruhe wichtigste Vorbedingung für Fangerfolge. Keine hastigen Bewegungen, keine Bodenerschütterungen! Man bleibe stets in Deckung und vermeide, daß der eigene Schatten aufs Wasser fällt. Schleienspezialisten verwenden feines Angelzeug. Die Ruten haben leichte bis mittlere Aktion, die Schnurstärke ist den im Wasser vorhandenen Hindernissen angepaßt. Ein leichter Schwimmer mit Bleischrot vervollständigt die Ausrüstung. Zu Beginn der Fangsaison eignen sich für den Fang eher lebhafte Köder wie Mist- und Rotwürmer, gegen Ende sind Schleien leichter mit Teig zu überlisten. Teig entsteht, indem Weißbrot flüchtig in Wasser eingeweicht und anschließend ausgepreßt wird. Man kann ihn ohne oder mit Zusätzen (z. B. Kartoffeln, Käse, Honig) verwenden. Die Köder werden am Boden oder zumindest in Bodennähe angeboten. Bei Grundködern vergewissere man sich, daß sie nicht im Schlamm versinken. Schleien sind mißtrauisch, sie beißen vorsichtig. Der Anhieb ist erst dann zu setzen, wenn der Schwimmer fortgesetzt kreisende Bewegungen vollführt oder längere Zeit unter Wasser bleibt. Das Fleisch von Schleien ist sehr wohlschmeckend. Sie sind deshalb neben den Karpfen die einzigen Cypriniden, die zu Speisezwecken gezüchtet werden. Ein Aberglaube besagt, daß Schleien von Hechten und Welsen bei deren Beutezügen verschont bleiben, weil sie mit ihrem Körperschleim die Wunden der Raubfische heilen können.

Karausche/Goldkarausche   *Carassius carassius* (Linné)

- Der freie Rand der Rückenflosse ist leicht nach außen gebogen (41).

Die Heimat der Karauschen ist der Osten. Ihre Hauptwohngewässer liegen im
östlichen Deutschland, in Rußland und Sibirien. Westlich der Elbe gab es ursprünglich nur kleine Bestände, westlich des Rheines kamen sie lediglich vereinzelt vor.
Der sich ständig ausweitende Fischhandel und die zunehmende Besatzwirtschaft
haben jedoch dafür gesorgt, daß Karauschen heutzutage in fast keinem Gewässer
fehlen. Sie gedeihen in pflanzenreichen Seen und Altwassern gleichermaßen wie
in der Brachsenregion der Flüsse. Gemieden werden sommerkalte Gewässer. Karauschen sind unübertroffen in ihrer Zählebigkeit und ihrem Anpassungsvermögen.
Sie entwickeln sich noch dort, wo viele andere Arten schon nicht mehr fortkommen, sind unempfindlich gegen Wasserverschmutzung und Sauerstoffmangel. Ihre
Winterfestigkeit ist sprichwörtlich. So sagt man ihnen nach, daß sie im Eis einfrieren
und später weiterleben können. Wie keine zweite Fischart fühlen sie sich in Moor-
gewässern noch bei sehr niedrigen pH-Werten wohl. Dies hat den Karauschen den
Namen Moorkarpfen eingebracht. Für solche Gewässer ist Karauschen-Besatz gerade dann von Vorteil, wenn sie mit Raubfischen bewirtschaftet werden. So kann
man einen an und für sich unfruchtbaren Moorsee fischereilich nutzen. Unter ungünstigen Ernährungsbedingungen bleiben Karauschen klein und flachrückig. Bei
guten Verhältnissen werden sie hochrückig und können Gewichte bis zu 2 Kilogramm erreichen. Zwischen beiden Körperformen gibt es fließende Übergänge.

Gefangen werden Karauschen am besten mit der Floßangel, wobei der Köder dicht über Grund angeboten wird. Kartoffelstückchen, Regenwürmer und Maden erweisen sich als fängig. Bei entsprechender Vorsicht gelingt es, aus Schwärmen viele Fische herauszufangen. Das Fleisch ist grätenreich, aber wohlschmeckend.

In den neunziger Jahren des vorigen Jahrhunderts kam es in einer Allgäuer Teichwirtschaft zu folgender Erscheinung: Völlig unvermittelt zeigten sich unter normalfarbigen Karauschen intensivgefärbte Goldkarauschen. Diese Fische waren zur damaligen Zeit eine absolute Rarität. Man bemühte sich daher intensiv um ihre Weiterzucht. Dabei stellte sich heraus, daß die Goldfarbe in den Folgegenerationen erhalten blieb. Auch an anderen Fischarten ist die Goldfärbung inzwischen weitverbreitet. Besonders bekannt geworden sind Goldorfen, Goldbarben, Goldschleien, Goldrotfedern und Goldforellen. Die gefärbten Fische erfreuen sich mittlerweile besonders bei Aquarianern großer Beliebtheit.

Brachse (Blei) *Abramis brama* (Linné)

- Die Färbung aller Flossen ist dunkelgrau (52).
- Auffallend ist die lange Afterflosse (45).
- Charakteristisch sind die relativ großen Schuppen (66).
- Typische Rundschuppen (63).
- Brachsen zeigen zur Laichzeit deutlichen Laichausschlag (191).
- Die Schwimmblase ist wie bei allen Cypriniden stets zweigeteilt (173).
- Die Brustflossen reichen bei Brachsen im Gegensatz zu Güstern bis zum Ansatz der Bauchflossen (25).
- Die Nahrung besteht überwiegend aus Kleintieren (224).
- Am besten fängt man Brachsen mit der Grundangel (430).

Brachsen leben meist gesellig in der Bodenregion, wo sie sich von den dort siedelnden Zuckmückenlarven ernähren. Mit ihrem Rüsselmaul dringen sie bis zu 10 cm in den Bodenschlamm ein und sortieren dort alles Brauchbare aus. In großen, nährstoffreichen Seen gedeihen sie oft ausgezeichnet und können Gewichte bis zu 10 kg bei Längen von 90 cm erreichen. Sehr schwere Brachsen gibt es zum Beispiel im Bodensee und im Forggensee bei Füssen. Brachsen haben zwar wohlschmeckendes, aber grätenreiches Fleisch. Im Donauraum werden die Fische gebraten auf Volksfesten angeboten. In anderen Teilen Bayerns sind sie als Räucherfische gefragt. Über den Fang von Brachsen siehe unter Güster.

Güster   *Blicca björkna* (Linné)

- Güstern haben lange Afterflossen (45).
- Sie sind ziemlich hochrückig und seitlich stark zusammengedrückt (10).
- Güstern leben bevorzugt in der Brachsenregion (363).

Güstern sind den Brachsen ähnlich. Noch am ehesten sichtbar unterscheiden sich beide Arten durch die verschiedene Brustflossenlänge und die Flossenfarbe. Während bei Brachsen alle Flossen dunkelgrau sind, haben Güstern rötliche Flossen mit grauen Spitzen. Güstern zeigen geringeres Wachstum als die Brachsen. Sie werden nur bis 30 cm lang und kaum über 1 Pfund schwer. Güstern haben für den Fischer nicht die gleiche Bedeutung wie die Brachsen. Güstern und Brachsen gleichen sich auch in ihrem Verhalten, deshalb gelten die fangtechnischen Hinweise für beide Arten. Der Fang größerer, erfahrener Exemplare ist eine Kunst, denn die Tiere sind dem Köder gegenüber außerordentlich mißtrauisch. Da die Fische meist zahlreich auf den Fangplätzen erscheinen, muß man sie nach dem Biß äußerst vorsichtig aus dem Schwarm herausholen. Überstürzte Aktionen und heftige Bewegungen im Wasser vertreiben die Fische augenblicklich. Die Haken sollen vom Köder ganz bedeckt sein, so daß sie auch argwöhnischster Betrachtung standhalten. Ist der Köder einmal ausgeworfen, lasse man ihn im Wasser und schaffe nicht zusätzliche Unruhe durch ständiges Einziehen und erneutes Auswerfen. Brachsen wie Güstern werden mit der Floß- oder Grundangel gefangen. Entscheidend ist, den Köder in Bodennähe anzubieten.

Zobel *Abramis sapa* (Pallas)

- Die Afterflosse und der untere Lappen der Schwanzflosse sind sehr lang (28, 44).

Zobel sehen Brachsen sehr ähnlich. Ihre Körper sind gleichermaßen stark zusammengedrückt, jedoch werden sie nicht ganz so hochrückig. Außerdem besitzen sie eine noch längere Afterflosse. Ein unverwechselbares Körpermerkmal ist darüber hinaus der auffallend verlängerte untere Schwanzflossenlappen. Die Schwanzflosse ist dadurch ausgesprochen asymmetrisch. Zobel sind Flußfische. Sie bevorzugen schnellfließende Gewässer. Ihr Verbreitungsgebiet wird durch die Donau und deren Nebenflüsse, durch den Ural und das Kaspische Meer geographisch eingegrenzt. Im Kaspischen Meer leben die Fische in der Brackwasserregion und ziehen nur zum Laichen in die Flüsse. Die meist gesellig in Bodennähe lebenden Tiere ernähren sich vorwiegend von im Flußgrund siedelnden Lebewesen – von Würmern, Insektenlarven, kleinen Schnecken und Muscheln. Die Fische werden nur bis 40 cm lang. Gewichte von einem Pfund sind möglich, aber selten. Seit 1987 sind Zobel ganzjährig unter Schutz gestellt.

Zährte   *Vimba vimba* (Linné)

- Charakteristisch ist das unterständige Maul (106).
- Zährten besitzen eine kegelförmig hervorragende, dunkle Schnauze (95).

Zährten oder Rußnasen, wie die Tiere auch genannt werden, sind Flußfische. Sie kommen in den Unterläufen größerer Fließgewässer vor, wobei das Hauptverbreitungsgebiet östlich der Elbe zu suchen ist. Namhafte Bestände gibt es in Bayern in der Donau bis in Höhe Regensburg. Flußaufwärts werden die Zährten dann zusehends seltener. Als »Steckerlfische« sind sie auf Volksfesten trotz ihres Grätenreichtums begehrt. Die Tiere werden kaum schwerer als 1 kg und länger als 60 cm. Zur Laichzeit zeigt vor allem das Männchen eine ungewöhnlich intensive Färbung. Das normale Graublau des Rückens wird zum Tiefschwarz. Die Körperunterseite und die paarigen Flossen sowie die Basis der Afterflosse nehmen einen intensiven, orangeroten Farbton an. Rußnasenmilchner zählen in dieser Periode zu den am schönsten gefärbten Fischen überhaupt. Zum Fang wird eine leichte Grundangel mit oder ohne Schwimmer verwendet. Als Köder dienen kleine Würmer.
Den Zährten nahe verwandt ist der in einigen bayerischen und österreichischen Seen vorkommende Seerüßling. Sein Körper ist nicht ganz so hochrückig. Er besitzt eine kürzere Schnauze und größere Augen, außerdem fehlt ihm die prächtige Färbung zur Laichzeit.

Nase *Chondrostoma nasus* (Linné)

- Maul unterständig (106) und quergespalten (97).
- Das Maul hat hornige Lippen mit scharfkantigen Rändern (96).
- Nasen haben keine Barteln (120).
- Schonmaß: 30 cm (592).

- Typisch für sie ist das schwarze Bauchfell (169).
- Die beste Fangzeit erstreckt sich von Oktober bis Dezember (306).
- Geeignete Schnurstärke: 0.20 mm (390).

Nasen sind Fische der Äschen- und Barbenregion. Sie lieben schnellfließende Gewässer. In Deutschland kommen sie in Donau, Rhein und deren Einzugsgebieten vor. Dagegen fehlen sie z. B. in der Elbe. Nasen werden immer in größerer Zahl angetroffen. Sie halten sich meist in Bodennähe auf und bevorzugen als Standplätze Flachwasserbereiche mit kiesigem Untergrund. Nachts gehen sie auf Beutesuche. Ihre Hauptnahrung bildet der Aufwuchs, den sie mit ihrem unterständigen Maul von Steinen abweiden. Die dabei entstehenden Fraßspuren sind oftmals gut zu erkennen. An ihrem torpedoförmigen Körper fällt zweierlei besonders auf: Die wulstige, polsterartige Oberlippe und das schwarze Bauchfell, das beim Ausnehmen sichtbar wird. Nasen werden bis zu 60 cm lang und 2,5 kg schwer. Zur Laichzeit ziehen sie in großen Schwärmen flußaufwärts, in flachere, sauerstoffreiche Seitengewässer und legen unter lautem Geplätscher meist auf kiesigem Boden ihre Eier ab. Männchen und Weibchen haben Laichausschlag. Die Fische sind während der Fortpflanzungsperiode wesentlich lebhafter gefärbt. Nasen haben fettes, eiweißreiches Fleisch, leider aber viele Gräten. Für den Nasenfang bestehen während der Dämmerung und nachts die günstigsten Aussichten auf Erfolg. Die Angelmethode ergibt sich aus ihrer Lebensweise. Am besten verwendet man eine Floßangel, bei der der Köder entweder am Boden angeboten wird oder direkt über dem Boden dahintreibt. Die besten Köder sind Fleischmaden, kleine Würmer, Käse, Teig und auch Fadenalgen. Nasen sind durch ihre spezielle Art der Nahrungsaufnahme oftmals schwierig zu fangende Fische, deshalb kommt der Wahl des Köders häufig entscheidende Bedeutung zu. Dem Wechsel von tierischer und pflanzlicher Nahrung muß durch den entsprechenden Köder Rechnung getragen werden, d. h. wenn auf Maden und Würmer nichts mehr geht, versuche man es mit kleinen Bündeln von Fadenalgen. Die besten Angelplätze sind etwas ruhigere Stellen neben der Hauptströmung, aber auch die Strömung selbst, besonders hinter Wehren und Mühlschüssen. Das Angelzeug selbst muß fein sein. Zu empfehlen sind empfindliche Schwimmer, sehr kleine Haken und die Bleibeschwerung so abgestimmt, daß der Köder auch bei kräftiger Strömung wirklich auf dem Grund schleift. Bei sehr starker Strömung kann auch ein Bodenblei verwendet werden. Der Anhieb hat schon bei leisester Berührung zu erfolgen, da Nasen nach der Köderaufnahme gerne wieder loslassen. Nach dem Biß pflegt der Haken jedoch fest zu sitzen. Die Fische, besonders größere Exemplare, wehren sich energisch. Von einigen Anglern wird die Meinung vertreten, daß Nasen ausgezeichnete Huchenköder abgeben.

Barbe *Barbus barbus* (Linné)

- Charakteristisch ist das unterständige Maul (106).
- Barben halten sich bevorzugt am Boden auf (223).
- 4 Barteln (117).
- Sommerlaicher (216).
- Speziell zur Laichzeit ist der Rogen ungenießbar (188).

- Zum Fang geeignete Schnurstärke: 0.30–0.40 mm (394).
- Am besten verwendet man zum Fang starkdrähtige Haken mit kurzem Schaft (417).
- Schonzeit: 1.5.–15.6.; Schonmaß: 38 cm (264).

Barben sind typische Flußfische. Ihre Verbreitung erstreckt sich über weite Teile Europas. Bei Längen von 80 cm werden sie bis zu 8 Kilogramm schwer. Meistens leben sie gesellig über steinigem, kiesigem Flußgrund. Folgt man der Isar von München aus flußabwärts, sind sie vor allem in den Monaten Juni und Juli sehr gut im flachen Wasser zu beobachten. Vielfach finden sie sich auch an tiefen Stellen im Fluß. Sie stehen dann besonders gern unterhalb von Wehren, Turbinen und Mühlschüssen. Nach Hochwassern, wenn sich der Flußgrund verändert hat, wählen die Barben oft neue Standorte. Im Winter beziehen sie Winterquartiere, d. h. es werden geschützte Plätze im Fluß oder in kleinen Seitengewässern aufgesucht, wo die Fische dann verweilen. Oftmals finden sich in solchen Winterlagern 20 Zentner und mehr Barben so dicht gedrängt, daß sich die Fische gegenseitig berühren. Nach dem Bayerischen Fischereigesetz ist es in Winterlagern, wenn sie durch Schrifttafeln deutlich gekennzeichnet sind, verboten, die Eisdecke zu entfernen (554) sowie Sand, Kies und Wasserpflanzen zu entnehmen. Das Fischen ist dagegen erlaubt (555). Allerdings beißen Barben im Winter nicht oder nur selten. Ende März werden die Einstände wieder verlassen. Leider ist der Barbenreichtum früherer Jahre durch Flußregulierungen und Abwassereinleitungen zurückgegangen. Die Barbe ist ein ausgezeichneter Angelfisch. Sie ist zwar von Haus aus bei der Köderaufnahme sehr vorsichtig; wenn sie diesen aber genommen hat, glänzt sie durch kühne Fluchten und große Ausdauer. Beste Fangzeiten sind von Juli bis November, während der Dämmerung und nachts. Will man Barben während des Tages fangen, versucht man es am besten mit der Floßangel, wobei der Köder knapp über Grund treiben soll oder hinterhergeschleift wird. In der Nacht wird eine Grundangel mit laufendem Blei verwendet. Der Köder liegt dann in der Mitte der Strömung. Im Zeitraum Juli, August fischt man am vorteilhaftesten mit Tauwürmern, im Herbst ist erfahrungsgemäß Käse der bessere Köder. Barben sind durch Anfüttern nur an Stellen zu gewöhnen, die ihnen auch sonst zusagen würden. Im Fluß ist Anfüttern problematisch, weil das Futter durch die Strömung abgetragen wird. Man trägt diesem Umstand Rechnung, indem man oberhalb der Fangstelle anfüttert und einen Lehmkloß mit Wurmstücken gebraucht, der der Strömung standhält und von Zeit zu Zeit Wurmstücke freigibt.

Nerfling (Aland) *Leuciscus idus* (Linné)

- Im Unterschied zum Schied haben sie ein endständiges Maul (104).
- Der Körper ist entschieden hochrückiger als bei Aitel und Perlfisch (11).

- Zum Fang eignet sich die Floßangel (435).
- Schonmaß: 30 cm (266).

Auffallend beim Nerfling ist seine gedrungene, wuchtige Gestalt. Dadurch ist er auch vom äußerlich ähnlichen, jedoch langgestreckteren Aitel zu unterscheiden. Nerflinge haben gelbliches, wohlschmeckendes Fleisch. Sie werden bis zu 60 cm lang und 4 kg schwer. Sie leben sowohl in größeren Fließgewässern als auch in Seen. In Bayern gibt es gute Bestände beispielsweise in der Donau und im Ammersee. Während der Laichzeit bekommen Männchen und Weibchen messingfarbene Körperunterseiten, das Männchen zeigt dazu starken Laichausschlag. Zum Fang von Nerflingen verwendet man am besten die Floßangel. Da sich die Fische im Sommer meist an der Wasseroberfläche aufhalten, wird die Angel flach gestellt. Während der kälteren Jahreshälfte, wenn die Fische eher tiefes und ruhiges Wasser bevorzugen, wird am Grund geangelt. Als Köder haben sich Erbsen, Bohnen, Brot und Teig bestens bewährt. Da Nerflinge gewöhnlich sehr langsam anbeißen, darf der Anschlag nicht zu früh gesetzt werden. Bei warmem, sonnigem Wetter ist auch die Flugangel mit Trockenfliegen aller Art sehr zu empfehlen.

Goldorfe   *Leuciscus idus* (Linné)

● Goldorfen sind eine rot bis rotgold gefärbte Abart des Nerflings (4).

Goldorfen sind häufig in Parkteichen zu beobachten. Sie lieben ruhiges, warmes Wasser. Hier schwimmen sie beständig, direkt unter der Wasseroberfläche, umher und nehmen dabei Insekten oder ins Wasser gefallene Käfer und Spinnen auf, zum Teil aber auch pflanzliche Stoffe. Ihr ausdauernder Bewegungsdrang, das anspruchslose Wesen und die unkomplizierte Zucht in Teichen, besonders aber die hübsche Farbe, die sie schon in früher Jugend zeigen, haben Goldorfen zu begehrten Zierfischen gemacht. Bedingung für ihre Zucht in Teichen ist warmes Wasser, nur geringe Strömung und sandiger Boden. Ganz wichtig ist sehr flach auslaufendes Ufer zum Laichen. Die oben angeführten Gründe sind auch mitentscheidend dafür, daß Goldorfen gerne in Aquarien gehalten werden. Diese müssen jedoch stets abgedeckt sein, weil die Fische ihrer großen Lebhaftigkeit wegen oftmals den Versuch unternehmen, aus dem Wasser zu springen.
In neuerer Zeit werden Goldorfen zunehmend für wissenschaftliche Versuche verwendet. Sie sind vorzüglich geeignet, weil sie auf Abwasser nicht so empfindlich reagieren wie Salmoniden, andererseits aber auch nicht so widerstandsfähig sind wie z. B. Rotaugen oder Rotfedern. Wegen dieses Durchschnittsverhaltens ist das allgemeine Problem der Wirkung von Umweltbelastungen auf Fische an Goldorfen besonders gut zu studieren.

Aitel/Döbel *Leuciscus cephalus* (Linné)

- Das Maul ist endständig (104).
- Die Schuppen älterer Fische sind dunkel umrandet (70).
- Durch den konvexen Afterflossenrand sind Aitel von gleich großen Haseln jederzeit zu unterscheiden (47).
- Aitel unterscheiden sich vom Schied durch ihr endständiges Maul, durch die abgerundete Schnauze und durch den im Querschnitt runderen Körper (9, 92).
- Ohne auffallende Zahnbewaffnung (100).
- Ausgewachsen sind Aitel ausgesprochene Raubfische (7).
- Zum Fang verwendet man gewöhnlich Schnurstärke 0.30 mm (392).
- Aitel können mit der Trockenfliege gefangen werden (452).

Bei oberflächlicher Betrachtung sind Aitel mancher anderen Fischart zum Verwechseln ähnlich. Man glaubt oft Hasel, Nerflinge oder Grasfische vor sich zu haben. Besonders schwierig wird es, wenn es sich um Jungfische handelt. Die charakteristischen Körpermerkmale der Aitel sollte man sich deshalb immer wieder vor Augen halten: langgestreckter, fast drehrunder Körper; großer, breiter Kopf mit weitgespaltenem Maul; leicht nach außen gebogene Afterflosse; relativ große, harte, dunkelumrandete Schuppen.

Aitel leben gesellig vor allem in schnellfließenden Bächen und Flüssen. Sie bevölkern die Forellen- und Barbenregion, seltener die Brachsenregion. Große Aitel stehen gern an tiefen, ruhigen Stellen abseits der Hauptströmung und mit Vorliebe im Mündungsbereich anderer Gewässer. Ihre Anpassungsfähigkeit ermöglicht Aiteln auch ein Leben in Seen und Staubecken. Im Walchensee fängt man immer wieder ansehnliche Exemplare. Kapitale Aitel werden bis zu 70 cm lang und 5 Kilogramm schwer.

Unter Anglern besitzt der Aitel Freunde und Feinde. Zu seinen Gegnern zählen meist Bewirtschafter von Salmonidengewässern, in die er immer wieder eindringt und durch sein räuberisches Verhalten Schaden anrichtet. Hauptsächlich seinetwegen müssen von Zeit zu Zeit Bestandsregulierungen durchgeführt werden. Die Fische einer bestimmten Strecke werden mit dem E-Gerät gefangen und dabei die Aitel dem Gewässer entnommen. Ein Forellen- oder Äschenbach wird auf diese Weise »entschuppt«. Freunde hat er, weil er ein guter Angelfisch ist, der sowohl im Sommer als auch im Winter stets gute Angelmöglichkeiten bietet. Leicht sind Aitel jedoch nicht zu fangen, dazu sind sie zu schlau und mißtrauisch. Alle Köder werden langsam und vorsichtig genommen, deswegen muß man als Angler darauf bedacht sein, durch nichts seinen Argwohn zu erregen. Zum Fang findet jede nur denkbare Technik Anwendung. Auf hochstehende Fische versucht man es am besten mit der Flugangel, wobei große, bauschige Trockenfliegen am geeignetsten sind. An tiefen, ruhigeren Stellen fischt man mit der Grundangel. Würmer, kleine Fischchen, Käse oder Brotteig dienen als Köder. Im Herbst benutzt man mit Erfolg die Spinnangel. Hierbei ist zu beobachten, daß die Aitel kleinen Schwinglöffeln, Holzwobblern oder Devonspinnern meist über längere Strecken folgen und wiederholt danach schnappen. Man lasse sich dadurch nicht zum Anhieb verleiten. Der Biß ist erst erfolgt, wenn ein kräftiger Ruck zu spüren ist.

Schied (Rapfen)   *Aspius aspius* (Linné)

- Ganz typisch ist das oberständige Maul (105).
- Das Maul ist ohne auffallende Zahnbewaffnung (100).
- Im Unterschied zum Aitel reicht die Maulspalte bis zur Augenmitte (91).

- Ausgewachsene Schiede sind Raubfische (7).
- Sie können sehr gut mit der Spinnangel gefangen werden (439).
- Schonmaß: 40 cm (587).

Schiede sind nördlich der Alpen zu Hause und haben Verbreitung vom Donau-Elbegebiet ostwärts bis zum Ural und Kaspischen Meer gefunden. Sie kommen in Fließgewässern und größeren Seen vor. Wegen der Gewässerverschmutzung sind die Bestände sehr zurückgegangen. Besonders deutlich wird dies an der Donau, wo es mittlerweile zur Seltenheit geworden ist, Schiede und womöglich noch kapitale zu fangen. In Flüssen finden sich die Fische bevorzugt an Stellen starker Strömung, etwa vor Buhnenköpfen und in den Wirbeln hinter Brückenpfeilern. In Seen haben sie die Gewohnheit, als Einzelgänger umherzuziehen, wobei die Uferregion eigentlich immer gemieden wird. Während sie sich im Sommer vielfach an der Wasseroberfläche aufhalten, werden im Winter eher tiefe Gewässerpartien als Standort gewählt. In der Jugend ernähren sich Schiede von Kleintieren, wie z. B. Plankton oder Insektenlarven. Mit zunehmendem Alter werden sie mehr und mehr zu Raubfischen, die nicht nur kleine Fische fressen, sondern auch vor Fröschen und kleinen Wasservögeln nicht haltmachen.

Das Laichgeschäft erfolgt über kiesigem Grund, wobei oft heftiges Geplätscher den Paarungsvorgang begleitet. Wie beim Nerfling hat nur das Männchen einen Laichausschlag. Über die Körpergrößen der Fische gehen die Ansichten der Fachleute auseinander. Manche meinen, Schiede von 10 kg und mehr seien keine Seltenheit, andere setzen die oberste Grenze bei 7 kg an. Bei diesem Gewicht sind die Tiere dann etwa 70 cm lang. Im Ammersee wurden zu Beginn der 70er Jahre viele kapitale Exemplare meist von den Dampferstegen aus gefangen. Apropos Dampferstege. Häufig stehen hier Hinweisschilder, wonach Angeln untersagt ist. Es wird jedoch an fast allen bayerischen Seen geduldet, wenn die Angel während des An- und Ablegevorganges eingeholt wird.

Gute Schiedbestände gibt es im übrigen noch im Chiemsee. Bevorzugte Standplätze sind am Seeausfluß der Alz und vor der Ortschaft Prien. Einheimische Angler verwenden zum Fang vielfach tote Lauben am Spinnsystem. Auch kleine Löffel sind erfolgreich, wenn sie direkt unter der Wasseroberfläche und betont langsam geführt werden. Desgleichen kann die Flugangel sehr erfolgreich sein. Hierbei sind große Fliegen, künstliche Heuschrecken und in erster Linie Streamer hervorzuhebende Köder. Beste Fangzeiten sind die Monate Juli und August. Wird im Winter auf Schiede gefischt, eignet sich zum Fang mehr eine mit Tauwürmern bestückte, tiefgestellte Floßangel.

Schiede beißen stets entschlossen, verbunden mit einem kräftigen Ruck an und sind im Drill ausdauernde Kämpfer. Ihr Fleisch ist wohlschmeckend aber grätenreich.

Rotfeder   *Scardinius erythrophthalmus* (Linné)

- Der Bauch der Rotfeder ist zwischen Bauch- und Afterflosse gekielt (75).
- Halb oberständiges Maul (108).

- Der Vorderrand der Rückenflosse liegt hinter dem Anfang der Bauchflossen (43).

Rotfedern und Rotaugen sind sehr ähnlich und werden daher vielfach miteinander verwechselt. Es gibt jedoch eine Reihe sicherer Unterscheidungsmerkmale:

1. Im Gegensatz zum endständigen Maul des Rotauges ist das Rotfedermaul leicht oberständig.
2. Die Schuppen zwischen den Bauchflossen und der Afterflosse sind bei der Rotfeder so geformt, daß sie eine Art Kielung bilden.
3. Der Augenkreis ist nicht wie beim Rotauge rot, sondern weist Messing- bis Goldglanz auf.
4. Die Stellung von Rückenflosse und Bauchflossen zueinander ist unterschiedlich.
5. Bis auf hellrote Brustflossen sind alle Flossen der Rotfeder orange- bis blutrot. Beim Rotauge sind die Flossen im Grundton grau; sie zeigen manchmal rötlichen Anflug.
6. Die Schlundzähne stehen bei der Rotfeder zweireihig, beim Rotauge einreihig.

Große Schwierigkeiten bei der Bestimmung bereiten die Bastarde beider Arten. Rotfedern und Rotaugen kreuzen sich nicht nur untereinander, sondern auch mit Brachsen, Güstern und Lauben.

Abgesehen von einigen Gewässern, in denen Rotfedern einen festen fischereilichen Stellenwert haben, sind sie für die Angelfischerei von nur untergeordneter Bedeutung. Als Futterfische für Hecht und Zander dagegen erfreuen sie sich großer Beliebtheit. In manches Gewässer gelangen aus diesem Grunde alljährlich ansehnliche Mengen dieser Art, und leider wird hierbei des Guten oft zu viel getan. Nicht nur, daß einzelne Fischwasser mit Futterfischen geradezu überschwemmt werden, eine schlimme aber leider häufig beobachtete Erscheinung ist es auch, daß mit dem Besatz Krankheiten und Parasiten eingeschleppt werden. Dieser Gefahr wegen sollte gerade zur Frage des Futterfischbesatzes ein Fachmann gehört werden. Keine Diskussion gibt es hingegen zur Frage eines Ergänzungsbesatzes abwassergeschädigter Seen und Fließgewässer. Hier wurde der Fischbestand durch Einwirkungen von außen ganz oder teilweise vernichtet, so daß Setzlinge und fangfähige Fische nachgesetzt werden müssen, wenn man die ursprünglichen Verhältnisse wieder herstellen will. Sinnvoll ist auch die sogenannte Bestandsergänzung, wenn ein Gewässer überfischt ist. Der Vollständigkeit halber sei erwähnt, daß beim Erstbesatz neuentstandener Gewässer, sofern Eignung besteht, Rotfedern und auch Rotaugen nicht fehlen sollten. Dabei ist allerdings Vorsicht geboten. Weißfischarten sind häufig transportgeschädigt. Vielfach können sich die Fische kaum noch bewegen und verenden bald. Die Fische sollten daher an übersichtlichen Stellen ausgesetzt werden, damit sich die Verluste wenigstens überschlägig ermitteln lassen.

Rotfeder (oben), Rotauge (unten).

Rotauge (Plötze) *Rutilus rutilus* (Linné)

- Beim Rotauge ist der Ansatz der Rückenflosse senkrecht über dem Ansatz der Bauchflossen (43).
- Im Gegensatz zum gekielten Bauch der Rotfeder ist der Bauch des Rotauges zwischen Bauch- und Afterflossen gleichmäßig gerundet (93).
- Zum Fang verwendet man am besten Hakengröße 8–12 (413).

Der Name Rotauge ist ein wenig irreführend, denn nicht das gesamte Auge, sondern nur der die Iris umgebende Augenkreis ist rot. Der Körper ist seitlich abgeflacht und je nach Alter und Wohngewässer mehr oder weniger hochrückig. Am relativ kleinen Kopf fällt eine besonders enge Maulspalte auf. Rotaugen sind sehr unempfindlich gegenüber Gewässerverschmutzung. Aus ihren angestammten Gebieten sind sie selbst bei rapider Verschlechterung der Wassergüte kaum zu vertreiben. Man kann sagen, daß Rotaugen auch dann im Gewässer verbleiben, wenn die meisten der anderen Arten schon längst abgewandert oder sogar eingegangen sind. Sie leben jedoch auch in völlig unbelasteten Seen und Bächen und treten hier oftmals zu Forellen und Saiblingen in Nahrungskonkurrenz. Sie fressen bevorzugt Kleintiere aller Art, wobei sie sich je nach Aufenthalt im Freiwasser von Plankton oder in der Bodenzone von Würmern und Insektenlarven ernähren. In manchen Gebieten Deutschlands, in Frankreich und den Benelux-Ländern sind Rotaugen trotz ihres grätigen Fleisches geschätzte Speisefische. In Bayern genießen sie den Ruf wertloser Minderfische, denen mit der Angel kaum nachgestellt wird. Ihre eigentliche Bedeutung wird vielfach darin gesehen, daß sie als Nahrung für Raubfische wie etwa den Hecht dienen und somit helfen, hochwertiges Fischfleisch zu erzeugen.

Es hat sich vielfach die Meinung herausgebildet, daß in mit Rotaugen übervölkerten Gewässern durch Einsatz entsprechend vieler Raubfische die Minderfischplage in den Griff zu bekommen ist. Gleichermaßen wird erwartet, daß sich damit reiche Raubfischerträge verbinden lassen. Beide Ansichten sind nicht zutreffend. Bisher ist der Erfolg einer solchen »Regulierungsmaßnahme« an keinem Gewässer beobachtet worden. Es bleibt trotz starken Raubfischbesatzes beim dichten Minderfischbestand und die erstrebte Zunahme von Hechten tritt nicht ein. Eine Erklärung hierfür ist, daß es zum typischen Verhalten der Hechte gehört, die Größe ihres Bestandes selbst zu regulieren. Werden zu viele Hechte in ein Gewässer eingebracht und besteht somit die Gefahr, daß die Tiere zu dicht beieinander stehen müssen, fressen sie sich gegenseitig auf. Bevor ihr Revier zu klein zu werden droht, dezimieren sie sich selbst, ehe sie vom reichen Nahrungsangebot Gebrauch machen. Aus Erfahrung kann ein Gewässer von zu vielen Minderfischen nur befreit werden, wenn Abfischungen (am besten zur Laichzeit) mit Zugnetzen, Stellnetzen oder dem E-Gerät erfolgen.

Giebel/Goldfische *Carassius auratus gibelio* (Bloch)

- Giebel besitzen keine Barteln (114).
- Giebel werden als die Stammform des Goldfisches angesehen (5).

Beim Betrachten von Giebeln weiß man im ersten Augenblick nicht, welche Fischart man vor sich hat – Schuppenkarpfen, Karausche oder Giebel. Die drei Arten sehen sehr ähnlich aus. Da der Giebel keine Barteln trägt, kann er von Karpfen bei näherem Zusehen recht einfach unterschieden werden. Eine Verwechslung mit Karauschen ist jedoch jederzeit möglich, zumal Giebel wie Karausche gleichgeartete Lebensräume besiedeln. Beide bevorzugen stehende oder langsam fließende Gewässer mit hohen Temperaturen im Sommer, reichen Pflanzenbeständen und weichem Grund. Sie nehmen auch gleiche Nahrung auf – meist bodensiedelnde Lebewesen wie Insektenlarven, Würmer und Schnecken. Die häufig zu beobachtenden fließenden Übergänge im Erscheinungsbild von Giebel und Karausche sind das Ergebnis von Kreuzungen, zu denen es in Wildgewässern immer wieder kommt. Typische Körpermerkmale sind dadurch verwischt. Beide Fischarten wurden auch direkt vom Menschen beeinflußt. Vor über 2000 Jahren schon züchteten die Chinesen aus der asiatischen Form des Giebels, der sog. Silberkarausche, eine Fischart, die den Sammelnamen Goldfisch trägt. Die Fische sind keineswegs alle goldfarben, sondern die Farbpalette reicht vom knalligen Rot bis zum makellosen Weiß. In China stand der Goldfisch von altersher in hohem Ansehen. Viele ehrbare Familien führten ihn in ihren Wappenschildern. Wahrscheinlich wurde er gegen

Ende des 17. Jahrhunderts in Europa eingeführt. Heutzutage sind Goldfische bei uns geschätzte Zierfische. Die auffallende Färbung verleiht ihnen sehr dekorativen Wert. Durch südostasiatische Züchtungen wird das Angebot durch zahlreiche Varianten wie Schleierschwanz und Teleskopfisch erweitert. Goldfische finden häufig Gelegenheitsliebhaber – ernsthafte Aquarianer beschäftigen sich nur selten mit ihnen. Zentrum der europäischen Goldfischzucht ist Italien. Leider sind die Zuchtfische in letzter Zeit zunehmend von Krankheiten befallen, so daß Fachgeschäfte nicht gleichmäßig beliefert werden können. Manchmal sind Goldfische daher über längere Zeit Mangelware. In Italien werden auch in Wildgewässern größere Bestände gehalten. Es fiel auf, daß dies nur dort gelang, wo Raubfische fehlten. Angler schlossen daraus, daß die Tiere wohl wegen ihrer Farbenpracht besonders begehrte Beute von Raubfischen sind. Goldfische fanden daraufhin vielfach als Köderfische Verwendung. Dann und wann geisterten Meldungen über Rekordfänge durch die Fachpresse, die ausschließlich dem Gebrauch des neuen Superköders zugeschrieben wurden. In letzter Zeit ist es um dieses Thema wieder ruhig geworden. Es gehört eben zum Fang großer Fische mehr als nur der richtige Köder. Außerdem ist das Fischen mit dem lebenden Köderfisch inzwischen verboten.

Gründling *Gobio gobio* (Linné)

- Gründlinge besitzen ein unterständiges Maul (106).

Gründlinge halten sich, wie das unterständige Maul anzeigt, zumeist in der Bodenzone von Gewässern auf. Ihre Lieblingsplätze sind schnellfließende Bäche und kleine Flüsse. Man trifft sie aber auch unvermutet im Brackwasser und sie wagen sich sogar in unterirdische Wasserläufe. Sie zählen zu den sog. Kleinfischen, da sie nur 10–20 cm lang werden. Sie haben deshalb auch keine fischereiliche Bedeutung. Gründlinge werden häufig in Aquarien gehalten. Vom Aussehen her bereitet der Fisch dem Liebhaber zwar keine nennenswerte Freude, weil er meist, ohne sich zu rühren, am Boden in Deckung liegt, er hat aber den Vorteil, daß er im Bekken Reinigungsdienste übernimmt. Vor allem frißt er übrig gebliebenes Futter, auch schon länger abgestorbene Maden oder Würmer. Wegen dieser Vorliebe für Aas wurde er im Volksmund auch als »Totengräber« bezeichnet. Es ist überliefert, daß man 1683 nach der Belagerung von Wien die erschlagenen Türken nebst ihren Pferden in die Donau geworfen hat, um sie loszuwerden. Dort haben sich die Gründlinge ordentlich an dem Fleisch gemästet, wobei sie das Menschenfleisch dem der Pferde vorzogen.

Schneider *Alburnoides bipunctatus* (Bloch)

- Die auffallend gekrümmte Seitenlinie hat eine schwarze Einfassung (132).
- ganzjährig geschützt (588).

Schneider sind Schwarmfische, die vorzugsweise in schnellfließenden, klaren Gewässern angetroffen werden. Sie reagieren sehr empfindlich gegenüber Abwasser.
Darauf ist es zurückzuführen, daß z. B. in der Donau seit Mitte der 50er Jahre ein
starker Rückgang an Schneidern festzustellen ist. Der Fisch wird 5–10 cm lang und
hat fischereilich keine Bedeutung.
Da über den Schneider nichts weiter Interessantes mitzuteilen ist, bietet sich an
dieser Stelle Gelegenheit, eine ganz spezielle Art des »Angelns« zu beschreiben.
Wissen Sie, was Casting ist? Alle Fischereizeitungen berichten periodisch darüber.
Es handelt sich hierbei um einen Turnier-Angelsport, bei dem es zu nationalen und
internationalen Vergleichskämpfen kommt. Es werden allerdings keine Fische gefangen, sondern Ziel- und Weitwürfe mit Flug- oder Spinnangel ausgeführt. Wett-
kampfstätte dieser Sportart, die Mitte der achtziger Jahre des vorigen Jahrhunderts
von England ausging, ist nicht das Wasser, sondern ein Turnierplatz. Dabei kommt
es zu erstaunlichen Leistungen. Mit einem 15 g-Gewicht gelingen Würfe von über
110 m, mit 30 g-Gewichten kam es sogar zu einem Rekordwurf von 263,7 m. Der
Turnier-Angelsport fördert geistige und körperliche Eigenschaften wie Konzentration, Reaktion, Geschicklichkeit und Kraft. Unbestritten ist sein gesundheitsför-
dernder Charakter. Seine Berechtigung war lange umstritten, heute ist Casting aber
vom Olympischen Komitee als sportliche Disziplin anerkannt.

Frauennerfling *Rutilus pigus virgo* (Heckel)

- Charakteristisch ist das unterständige Maul (106).
- Frauennerflinge sind nur im Donaueinzugsgebiet heimisch (1).
- Schonzeit: 1.3.–30.6., Schonmaß: 30 cm.

Frauennerflinge oder Frauenfische, wie die Art im Donaugebiet genannt wird, sehen den Nerflingen sehr ähnlich, unterscheiden sich von diesen aber durch ein
schwach unterständiges Maul und durch größere, derbere Schuppen. Die Schuppen besitzen überdies einen blaugrünen Metallglanz, so daß der ganze Fisch wesentlich blasser erscheint als die mit Rot- und Brauntönen versehenen Nerflinge.
Während der Laichzeit allerdings zeigen auch Frauennerflinge eine sehr intensive
Färbung, mit Rot, Braun und Grün als Basisfarben. Die Männchen bekommen
zusätzlich einen starken Laichausschlag. Die Tiere werden bis zu 50 cm lang und
2 kg schwer. Frauennerflinge sind in der Donau und deren größeren Nebenflüssen
zu Hause. Sie stehen meist an schnellfließenden Stellen in größerer Wassertiefe.
Die Hauptnahrung besteht aus bodensiedelnden Lebewesen. Seit Mitte der 50er
Jahre gehen die Bestände im Zuge zunehmender Abwasserbelastung und Flußregulierungen rapide zurück. Die Fischart gilt als bestandsbedroht.

Perlfisch   *Rutilus frisii meidingeri* (Heckel)

- Das Maul des Perlfisches ist halb unterständig (107).
- Die Fische sind nur im Donaueinzugsgebiet heimisch (1).
- Sie bevorzugen als Lebensraum die Tiefenzonen von Seen (370).
- In Bayern ganzjährig unter Schutz gestellt (252).

Beim Anblick eines Perlfisches erkennt man sogleich dessen Ähnlichkeit mit Aitel und Nerfling. Im Gegensatz zu diesen besitzt er jedoch einen auffallend wuchtigen Kopf und ein leicht unterständiges Maul, so daß er bei näherem Zusehen ohne weiteres bestimmt werden kann. Perlfische bewohnen einige Seen des Alpengebietes und kommen zuweilen in deren Zu- und Abläufen vor. In Oberbayern sind sie nur im Chiemsee heimisch. Sie werden hier Frauenfische genannt. In Österreich leben sie im Mond-, Atter- und Traunsee. Perlfische sind außerordentlich selten (Rote Liste). Über ihre Lebensweise und spezielle Eigenheiten ist bislang wenig bekannt. Gewöhnlich halten sie sich das Jahr über in größeren Tiefen fernab vom Ufer auf. Sie sind dann weder mit der Angel noch mit Netzen zu fangen. Im Frühjahr kommen sie zum Laichen in flachere Gewässerteile. Im Chiemsee gelangt dann alljährlich ein halbes Dutzend von ihnen in die Fanggeräte der Berufsfischer. Während der Laichzeit besitzt das Perlfischmännchen einen ungewöhnlich starken Laichausschlag. Der ganze Körper ist dann vor allem bei größeren Exemplaren mit reiskorngroßen, noppenartigen Gebilden übersät. Perlfische können bis zu 70 cm lang und dabei 5 kg schwer werden. In Bayern sind sie ganzjährig unter Schutz gestellt.

Bitterling   *Rhodeus sericeus amarus* Bloch

- Die Abgabe des Laiches erfolgt in Muscheln (202).
- ganzjährig geschützt (589).

Bitterlinge sind mit die kleinsten Vertreter der Cypriniden. Ihre Körperlänge beträgt kaum mehr als 6 cm. Ihrer Schönheit und Munterkeit wegen zählen sie auch zu den anziehendsten Erscheinungen im Aquarium. In den Monaten Mai – Juni, zur Laichzeit, jagt das Männchen erregt um das Weibchen herum. Seinen Körper zieren buntschillernde Farben und sein Schuppenkleid erstrahlt in metallischem Glanz. Das Weibchen ist nicht so auffällig gefärbt. An seinem After tritt eine deutlich erkennbare Legeröhre hervor. Diese benutzt sie, um ihre Eier in Muscheln abzulegen. Die hierzu ausersehene Teich- oder Malermuschel hat an ihrem Hinterende zwei Öffnungen. Durch die eine wird Atemwasser und Nahrung eingesaugt (Atemöffnung), durch die andere verbrauchtes Wasser und Kot abgegeben (Kloakenöffnung). Vor der Eiabgabe steht das Weibchen senkrecht mit dem Kopf nach unten im Wasser und betrachtet intensiv die vom Männchen ausgewählte Muschel. Plötzlich schießt es herab, führt die Legeröhre in die Kloakenöffnung ein und legt ein bis zwei Eier ab. Anschließend schwimmt das Männchen über die Muschel und stößt unter heftigem Zittern seinen Samen so ab, daß er mit dem Atemwasser eingesogen wird und die Eier befruchtet. Der gesamte Vorgang wiederholt sich während der Laichzeit mehrere Male. Ist die Brut in der Muschel soweit ausgebildet, daß sie ein selbständiges Leben führen kann, gelangt sie durch die Kloakenöffnung ins Freie.

Elritze   *Phoxinus phoxinus* (Linné)

- Elritzen gehören zu den Cypriniden (366).
- Sie kommen häufig in Hochgebirgsseen vor (367).

Elritzen oder Pfrillen, wie sie auch heißen, lieben klare, sauerstoffreiche Bäche, sind aber auch in hochgelegenen Seen zu Hause. Neuerdings machen sie sich zunehmend in Baggerseen breit, allerdings nur dann, wenn diese keine zu hohe Erwärmung zeigen. Elritzen leben gesellig. Sie werden kaum länger als 10 cm. Zur Laichzeit tragen sie ein prächtiges Hochzeitskleid. Sie reagieren sehr empfindlich gegenüber Geräuschen und anderen Beunruhigungen. Die Fische suchen dann blitzartig ihre Schlupfwinkel auf und lassen sich erst nach längerer Zeit wieder sehen. Die Tiere sind allgemein geschätzte Aquarienfische.
Der Angler würdigt sie als ausgezeichnete Forellen- und Saiblingsköder. Vor allem am Plansee-System haben sich tote Elritzen zum Fang von Seesaiblingen bestens bewährt. Die Elritzen selbst fängt man am einfachsten mit der Flaschenreuse. Mit einem spitzen Gegenstand wird in den Boden einer größeren Flasche eine kleine, runde Öffnung geschlagen. Den Flaschenhals bindet man mit Gaze zu. In die Flasche legt man Brotkrumen oder Maden. Die Flasche wird an einer Schnur befestigt und so ausgelegt, daß der Flaschenhals gegen die Strömung weist. Meist haben sich die neugierigen Elritzen schon nach kurzer Zeit in der Flasche gefangen.

Mairenke   *Chalcalburnus chalcalburnus mento* (Agassiz)

• Die Mairenke hat keine Fettflosse (51).

Mairenken oder Seelauben haben einen auffallend schlanken, langgestreckten Körper. Sie sind nahe Verwandte der Lauben und diesen daher sehr ähnlich. Unterscheiden kann man beide Arten durch die verschiedenartige Ausbildung des Unterkiefers. Unter- und Oberkiefer der Lauben sind gleichmäßig gestaltet, Mairenken dagegen besitzen einen deutlich verdickten Unterkiefer. Ihr Vorkommen erstreckt sich auf die Donau und deren Wassereinzugsgebiet. Die Fische kommen in fast allen oberbayerischen Seen und darüberhinaus in einigen Zuflüssen des Schwarzen Meeres vor. Mairenken können bis zu 50 cm lang und dabei bis zu 1.5 kg schwer werden. Die Tiere bilden stets Schwärme. Ihre Hauptnahrung besteht aus Plankton und Anflug. Sie halten sich meist dicht unter der Wasseroberfläche auf und verraten ihre Anwesenheit durch »Ringe«, die sich bei ihrem Steigen nach niedergegangenen Insekten bilden. Dies ist der Grund dafür, daß Mairenken erfolgreich mit der Fliege nachgestellt werden kann. Sowohl Trocken- als auch Naßfliegen finden Verwendung. Der Biß geschieht blitzschnell und ist mit einer auffallenden Körperwendung verbunden. Der Anhieb muß sofort erfolgen. Im Gegensatz zu den echten Renken ist das Mairenkenfleisch grätenreich und von geringem Wert.

Laube   *Alburnus alburnus* (Linné)

• Lauben (Ukelei) leben bevorzugt dicht unter der Wasseroberfläche (232).

Lauben zählen mit zu den weitestverbreiteten und häufigsten Fischen Europas. Meist tummeln sie sich scharenweise dicht unter der Wasseroberfläche, wobei sie wenig scheu, sehr neugierig und recht gefräßig sind. Ihre Hauptnahrung besteht aus feinem Plankton und dem Anflug. Zur Laichzeit im Mai zeigen sich die Lauben gewöhnlich sehr erregt. Sie kommen dann zum äußersten Rand des Ufers und legen dort unter lautem Geplätscher den Laich ab. An Kies- und Sandstränden ist dieser Vorgang oft über Hunderte von Metern zu sehen und zu hören. Die Lauben bilden ihrer großen Häufigkeit wegen die Hauptnahrung der Raubfische. Sie taugen sehr gut als toter Köder am Stockersystem, weil sie beim Spinnen und Schleppen ganz natürlich aussehende Bewegungen vollführen.

Weil wir gerade beim Stockersystem sind – das an sich hervorragende System hat einen Nachteil. Die Fische haften nicht so fest an ihm, daß sie größeren mechanischen Belastungen gewachsen sind. Beim Spinnfischen kann man weder häufig noch kraftvoll werfen, ohne den Fisch zu verlieren. Beim Schleppen sorgt schon ein leichter Biß dafür, daß der Köderfisch vom System abgerissen wird. Es besteht dann die Gefahr, längere Zeit ohne Köder weiterzuschleppen. Es empfiehlt sich, die Fische am System festzubinden. Eine etwas dickere Schnur wird dabei hinter den Kiemendeckel um den Fisch gewunden und an der Metallfeder verknotet. Auf diese Weise ist der Köder geraume Zeit zu benutzen.

Hasel *Leuciscus leuciscus* (Linné)

Obwohl den Hasel unmittelbar keine Prüfungsfragen betreffen, verdient er, hier
erwähnt zu werden. Er ist in fast allen mitteleuropäischen Gewässern zu Hause und
wird vielfach Beute des Anglers. Man verwechselt ihn immer wieder mit dem Aitel.
Jeder Angler sollte jedoch in der Lage sein, beide Arten auseinander zu halten.
Einwandfrei sind sie nur durch die verschiedenartige Ausbildung ihrer Afterflossen
zu unterscheiden. Während beim Hasel der Rand der Afterflosse eingebuchtet
ist, weist der Aitel einen nach außen gebogenen Afterflossenrand auf. Der Hasel
wird den kleinwüchsigen Cypriniden zugerechnet. Er erreicht Längen von maximal
35 cm und Gewichte von 350 Gramm. Der stets gesellig lebende Fisch steht meist
dicht unter der Wasseroberfläche und ernährt sich in der Hauptsache von Anflug,
von Plankton und kleinen Insektenlarven. Bei Verwendung kleiner Trocken- und
Naßfliegen ist er mit der Flugangel recht gut zu fangen. Er bietet damit unter
anderem ideale Möglichkeiten für erste Schritte auf dem Gebiet der »hohen Kunst«
des Fliegenfischens. Bei trübem Wasser kann er auch mit der Floßangel, beködert
mit Maden und Mistwürmern, erbeutet werden. Voraussetzung ist leichtes Angelzeug: feine Gerte mit weicher Spitze, unauffälliger, am besten sogar durchsichtiger
Schwimmer und kleinste Haken. Wenn Hasel aus einem Schwarm herausgefangen
werden, zeigen sich die übrigen Artgenossen meist vergrämt, und man ist gezwungen, den Fangplatz zu wechseln.

Silberfisch *Hypophthalmichthys molitrix*
Grasfisch *Ctenopharyngodon idella*
Marmorfisch *Aristichthys nobilis*

- Wassertemperatur während der Laichzeit 25° C (216).
- Marmorfische fressen bevorzugt tierisches Plankton (229).
- Die Hauptnahrung von Silberfischen besteht aus pflanzlichem Plankton (234).
- Ausgewachsene Grasfische fressen in der Hauptsache Wasserpflanzen (235).

Grasfische und die mit ihnen importierten Silber- und Marmorfische zählen zu den Cypriniden und sind bei uns unter dem Sammelbegriff »Ostasiatische Pflanzenfresser« bekannt geworden. Gegen die zunehmende Verkrautung unserer Fischwasser glaubte man, durch Besatz mit dem pflanzenfressenden Grasfisch ein wirksames Mittel gefunden zu haben. Weil Grasfischen auch der Ruf guter Angelfische vorausgeht, war man sicher, zwei Fliegen mit einer Klappe geschlagen zu haben. Tatsache ist, daß die Fische diese Eigenschaften in ihrer Heimat zwar zeigen, jedoch bei uns die gewünschte Leistung nicht erbracht werden kann. Das liegt daran, daß die Fische für optimale Lebensbedingungen einer Wassertemperatur von mindestens 25° C bedürfen. Wo aber finden wir in natürlichen Gewässern Mitteleuropas solche Temperaturverhältnisse, vor allem auch über längere Zeiträume hinweg? Mit den Importen der drei ostasiatischen Fischarten wurden schwerste, bisher unbekannte Parasitosen eingeschleppt. Gleichwohl haben die Grasfische den Fischern die vorausgesagten Erfolge nicht gebracht. Es sind Fische, die bei uns mit der Angel nur äußerst schwer zu erbeuten sind.

Flußbarsch   *Perca fluviatilis* Linné

- Auf der 1. Rückenflosse befindet sich ein großer dunkler Punkt (36).
- In der 1. Rückenflosse sind Stachelstrahlen (17).
- 1. und 2. Rückenflosse sind getrennt (33).
- Kammschupper (64).
- Brustständige Bauchflossen (21).
- Das Barschweibchen hat unpaar angelegte Geschlechtsorgane (181).

- Die Eier werden als lange Gallertschnüre an Unterwasserpflanzen abgelegt (201).
- Barschartige haben keinen Laichausschlag (192).
- Die Kiemendeckel sind nach hinten spitz auslaufend und mit einem Dorn versehen (136).

Von seiner lateinischen Bezeichnung her *(Perca fluviatilis)* heißt der Barsch eigentlich Flußbarsch. Sein Vorkommen ist jedoch nicht auf Fließgewässer beschränkt. Er ist ebenso in Seen und Weihern zu Hause. Am Bodensee heißt er Kretzer, in der Schweiz Egli und an den oberbayerischen Seen Bürschling. Sein Fleisch gilt als Delikatesse. Als Angelfisch ist er geschätzt. Er geht leicht an den Haken, vor allem in der warmen Jahreszeit. Würmer sind bevorzugte Köder. Ein kleiner Köderfisch am System zeitigt aber auch gute Erfolge. Beim Fischen vom Boot aus hat sich in guten Barschseen, wie z.B. am Bodensee, die Hegene (vgl. S. 63, 181) durchgesetzt. Barsche werden selten schwerer als 3 kg.

Zander   *Stizostedion lucioperca* (Linné)

- Auffallend am Zandermaul sind die Hunds- oder Fangzähne (98).
- Wie alle Barschartigen: brustständige Bauchflossen (21).
- Die Schwanzflosse ist symmetrisch (27).
- Kammschupper (64).
- Die Eier werden an Wurzelwerk und Steinen abgelegt (200).
- Zander haben auf der Rücken- und Schwanzflosse dunkle, in Reihen angeordnete Punkte. Dem Barsch fehlen diese (38).
- Die beste Fangzeit ist September und Oktober (305).
- Die Laichzeit liegt gewöhnlich im Zeitraum von Anfang März bis Mitte Mai (214).
- Schonzeit: 15. 3.–30. 4.; Schonmaß: 50 cm (262).

Wegen der vielen Vorteile, die Zander für die Angelfischerei haben, wird vielfach in guten Hechtgewässern der Versuch unternommen, zusätzlich den Zander heimisch zu machen. Besatz erfordert meist hohen finanziellen Aufwand, denn Zandersetzlinge sind teuer. Um so ärgerlicher ist es dann, wenn sich die erwarteten Fangerfolge nicht einstellen wollen. Eine Bewirtschaftung vor allem kleinerer Gewässer gemeinsam mit Hecht und Zander ist meist nicht erfolgreich. Die Hechte behalten gegenüber den Zandern die Oberhand, so daß als Ergebnis solcher Maßnahmen nur finanzieller Schaden zu beklagen ist. Gerade in dieser Frage sollte auf den Rat von Fachleuten nicht verzichtet werden.

Forellenbarsch   *Micropterus salmoides* (Lacèpéde)

- Seine Maulspalte reicht bis hinter die Augen (90).
- Kammschupper (64).

Die Heimat dieser Fischart sind die Seen und Flüsse Nordamerikas. Der Verfasser des berühmten, 1875 erschienenen deutschsprachigen Lehrbuches »Die Angelfischerei«, Max von dem Borne, hat die Forellenbarsche 1883 in Deutschland eingeführt. Die in sie gesetzten Hoffnungen konnten sie bis jetzt nicht rechtfertigen. Während Forellenbarsche in ihrer Heimat weit verbreitet und hoch geschätzt sind, besitzen sie hierzulande keine fischereiliche Bedeutung. Bei uns werden sie eher als Aquarien- selten als Nutzfische gehalten. Einen ansehnlichen Bestand gibt es lediglich im Wörthersee in Kärnten. Dort erreichen die Fische Gewichte bis zu 4 Kilogramm. In Oberbayern sind Forellenbarsche im Hofstätter See bei Rosenheim zu Hause. Aus ihm stammt das abgebildete Exemplar. Forellenbarsche nehmen bei sehr kaltem Wasser, während der Laichzeit und wenn sie Nester und Brut bewachen, keine Nahrung zu sich. Von den ähnlichen Schwarzbarschen sind die Forellenbarsche durch die Rückenflossen zu unterscheiden. Während bei ersterem beide Rückenflossen annähernd gleich lang sind, ist der vordere, stachelige Teil beim Forellenbarsch wesentlich kleiner und niedriger als der hintere. Als fängige Köder gelten neben Würmern kleine Spinnköder.

Schwarzbarsch   *Micropterus dolomieui* Lacèpéde

Es gibt in Deutschland nur wenige Schwarzbarschbestände. Die Heimat der Fische sind die USA. Für die Angelfischerei waren Schwarzbarsche jedoch insofern von Bedeutung, weil sie mit zu den begehrtesten Köderfischen zählten. Obwohl der Fang mit dem lebenden Köder inzwischen verboten ist, sei zur Verwendung von lebenden Fischen als Köder etwas Grundsätzliches bemerkt. Die Tiere wurden je nach Feingefühl des Fischers durch die Lippen oder unterhalb der Rückenflosse mit Einfachhaken oder Drillingen »angeködert«. Die Barscharten erfreuten sich als Köderfische deshalb solcher Beliebtheit, weil sie auch noch nach geraumer Zeit keine Ermüdungserscheinungen zeigten. Verantwortungsbewußte Fischer lehnten diese Fangtechnik schon immer als unwaidmännisch ab. Sie erstrebten darüber hinaus ein generelles Verbot, wie es in der Schweiz seit langem durch Gesetz ausgesprochen war. Das mutwillige Schmerzzufügen wurde als Tierquälerei beanstandet. Das Problem ist jedoch nicht allein auf den Schmerz zu beschränken. Köderfische sterben bereits nach relativ kurzer Zeit, obwohl das Einstechen der Haken und die dadurch hervorgerufenen Verletzungen, für sich allein genommen, nicht unbedingt tödlich sein müssen. In gleicher Weise verletzte, aber nicht durch die Angel behinderte Fische (Fischmarkierungen zu wissenschaftlichen Zwecken) erholen sich und überleben zumeist. Dieser Tatbestand läßt die Mutmaßung zu, daß neben dem Schmerz Empfindungen wie Angst, Panik und Streß den Todesprozeß beschleunigen. Dies sollte bei den Diskussionen um das Thema lebender Köderfisch immer berücksichtigt werden.

Zingel *Aspro zingel* (Linné)

- Rücken und Seiten sind mit dunkelbraunen Partien bedeckt (84).
- Zingel kommen in der Donau und deren Nebenflüssen vor (2).
- Ganzjährig unter Schutz gestellt (251).

Die prächtig gefärbten Zingel sind Fische des Fließwassers. Bevorzugter Aufenthaltsort ist flaches, reißendes Wasser. Tagsüber liegen die Tiere zwischen den Steinen der Uferbefestigung (Grobschüttung) oder in quer zur Stromrichtung verlaufenden Steindämmen – den Buhnen. Nachts gehen sie auf Nahrungssuche, wobei sie nicht gleichmäßig dahinschwimmen, sondern mit ruckartigen Bewegungen über dem Boden entlanggleiten. Charakteristisch für sie ist, daß sie ihre Augen unabhängig voneinander bewegen können. Ihr Wachstum ist je nach Lebensraum unterschiedlich. Während die größten Zingel im Bereich der bayerischen Donau nicht mehr als 800 Gramm wiegen, wurden in der Altmühl Exemplare bis zu 1,5 Kilogramm gefangen. Früher war der Zingel eine von Liebhabern geschätzte Delikatesse. Berufsfischer der Donau erzählen, daß es Kunden gab, die den Zingel der Forelle vorzogen. In letzter Zeit sind die Bestände stark zurückgegangen. Zingel sind vom Aussterben bedroht. Sie sind deshalb in Bayern ganzjährig unter Schutz gestellt.

Streber   *Aspro streber* Siebold

- Die charakteristische Körperzeichnung des Strebers sind die 4–5 scharf abgegrenzten, dunklen und unregelmäßig verlaufenden Querbinden (85).
- Kommt nur im Donaueinzugsgebiet vor (2).
- In Bayern ganzjährig geschützt (251).
- Besitzt keine Schwimmblase (179).

Der Körper des Strebers ist spindelförmig. Er besitzt einen lang ausgezogenen, drehrunden Schwanzstiel. Der Vergleich der Schwanzstiele ermöglicht eine schnelle und eindeutige Unterscheidung vom Zingel. Er hat keine Schwimmblase und kann sich daher ähnlich der Koppe nur hüpfend über den Boden bewegen. Im Flachwasserbereich sucht er bevorzugt Kiesbänke auf, meistens liegt er aber im Hauptstrom hinter größeren Steinen in Deckung. Im Bereich der mittleren Donau, auf der Strecke Kelheim-Regensburg erscheint er noch des öfteren in den Fängen der Berufsfischer. Er ist nicht so selten wie der Zingel. Trotzdem ist er in Bayern ganzjährig unter Schutz gestellt.

Schrätzer   *Gymnocephalus schraetzer* (Linné)

- Die stachelige 1. Rückenflosse weist regelmäßig angeordnete, dunkle Flecken auf (37).
- Kammschupper (64).
- Brustständige Bauchflossen (21).
- ganzjährig geschützt (590).

- Am Körper verlaufen 3–4 schmale, unterbrochene, schwarze Längsstreifen (86).
- Kommt nur im Donaueinzugsgebiet vor (2).

Nach Ansicht des Umweltschutzes sind Schrätzer vom Aussterben bedroht. Sie stehen deshalb auf der Roten Liste. Schrätzer sind jedoch nicht so selten, wie allgemein angenommen. Oberhalb von Kelheim, in der Weltenburger Enge, gibt es sehr gute Schrätzerbestände. Sie werden in diesem Abschnitt der Donau häufig mit der Angel gefangen. Nicht, daß man diesen Fischen absichtlich nachstellt – sie sind wegen ihrer Kleinwüchsigkeit für den Angelsport nicht attraktiv – die neugierigen Fische beißen aber auf Köder, die auf ganz andere Arten ausgelegt wurden.

Am Beispiel des Schrätzers, der ein typischer Flußfisch ist, sei etwas zum grundsätzlichen Unterschied in der Ernährung von Jungfischen aus Flüssen oder Seen ausgesagt. Während Fischbrut stehender Gewässer vorwiegend Plankton frißt, sind die Jungfische typischer Flußfischarten in der Hauptsache auf den Aufwuchs angewiesen. Im fließenden Wasser fehlt Plankton. Im Fluß sind die für die Vermehrung des Planktons notwendigen Umweltbedingungen nicht gegeben. Man kann hier zwar gelegentlich Hüpferlinge und Wasserflöhe nachweisen, diese sind aber aus stehenden Gewässern in den Fluß gelangt.

Kaulbarsch   *Gymnocephalus cernua* (Linné)

In bayerischen Gewässern ist das natürliche Vorkommen von Kaulbarschen eine Seltenheit. Sogar in der artenreichen Donau trifft man sie nur vereinzelt an. Der Kaulbarsch wird hier kurioserweise »Pfaffenlaus« genannt. Die eigentlichen Wohngewässer der Tiere liegen im norddeutschen Küstengebiet.

Bei dieser Gelegenheit sei etwas zu der Wertminderung gesagt, die Fischbestände erfahren, wenn sie in nur unzureichender Weise befischt werden. Einer solchen Gefahr unterliegen zwar fast alle Fischarten. Die negativen Auswirkungen treten jedoch bei den Barschartigen, zu denen der Kaulbarsch ja zählt, meist sehr schnell und deutlich zutage. Unter günstigen Lebensbedingungen neigen sie zu übermäßiger Vermehrung.

Wird unter solchen Verhältnissen zu wenig gefischt, kommt es für die Fische zur Verknappung von Futtermenge und Lebensraum. Das ohnehin nicht sehr schnelle Wachstum der Barschartigen wird dadurch zusätzlich verlangsamt. Ganze Bestände sind dann ausgesprochen kleinwüchsig. Man bezeichnet diese Erscheinung als »Verbuttung« oder »Verplietung«. Vielfach werden, weil das Fischwachstum so gering ist und in Unkenntnis des wahren Sachverhaltes, Schonbestimmungen erlassen – Schonzeiten oder Schonmaße eingeführt. Der Verbuttung wird durch diese Überhege jedoch nur weiter Vorschub geleistet. Die einzig wirksame Gegenmaßnahme besteht darin, die Fische mit allen zu Gebote stehenden Mitteln zu fangen. Nach Ausdünnung der Bestände steht wieder genügend Nahrung und Platz zur Verfügung, so daß sich das Fischwachstum schnell normalisieren kann.

Koppe (Mühlkoppe) *Cottus gobio* (Linné)

- Brustständige Bauchflossen (22).
- Zwei Rückenflossen (33).
- Die 1. Rückenflosse ist mit Stacheln und Flossenhäuten versehen (18).
- Der Körper ist weitgehend schuppenlos (68).
- Koppen betreiben Brutpflege (204).
- Sie besitzen keine Schwimmblase (179).

Durch den übergroßen Kopf, die wulstigen Lippen und die scheckige Färbung sieht die Koppe wie ein Tier der Urzeit aus. Vorsicht beim Anfassen! An den Kiemendeckeln sind kräftige Dorne. In ihrer Lebensweise sind Koppen nicht nur an die Gewässer der Ebene gebunden, sie kommen im Gebirge noch in über 2000 m Höhe vor. Koppen bevorzugen kaltes, sauerstoffreiches Wasser und steinigen Boden. Sie sind daher ständige Begleiter der Bachforellen. Ihre Standplätze wählen sie besonders gern unterhalb von Wehren und Mühlschüssen, wodurch der Name Mühlkoppe sich entwickelt haben könnte. An solchen Stellen halten sie sich oft in großer Zahl auf und lauern, hinter Steinen gut getarnt, auf Beute. Trotz ihrer geringen Körpergröße (15 cm) sind sie schlimme Räuber, die sich auf alles stürzen, was sie bewältigen können. Schädlich für die Fischerei werden sie als Laichräuber. Systematisch sammeln sie Forelleneier vom Boden auf und können die natürliche Vermehrung empfindlich stören. In Salmonidengewässern mit größeren Koppenbeständen sollte von Zeit zu Zeit bestandsregulierend eingegriffen werden, wobei die Fische am einfachsten mit dem E-Gerät zu fangen sind. Sehr charakteristisch

für die Koppen ist ihre Fortbewegung. Weil ihnen eine Schwimmblase fehlt, schwimmen sie nicht schwerelos, sondern bewegen sich ruckartig, gleichsam hüpfend über den Boden. Man hat das Gefühl, daß die Tiere dabei nicht wissen, wohin sie wollen. Ihr Schwimmen ist scheinbar nicht zielgerichtet, sondern geht einmal hierhin, einmal dorthin. Während der Laichzeit im Frühjahr wählt das Männchen zwischen Steinen ein Loch aus, das als Nest dienen soll. Um solche Laichplätze entbrennen unter den Milchnern oft leidenschaftliche Kämpfe, die Beobachtungen in Aquarien zufolge nicht selten tödlich enden. Wenn die Positionskämpfe beendet sind, legen die Weibchen ihre Eier in das Nest. Anschließend verlassen sie dieses ohne weiteres Interesse an ihrer Nachkommenschaft. Die Männchen übernehmen jetzt Mutterstelle und beschützen die Eier vier bis fünf Wochen lang, ohne sich ein einziges Mal vom Nest zu entfernen. Wenn man die Tiere mit einer Rute vertreiben will, beißen sie in diese hinein. Ihr Mut ist erstaunlich, sie weichen nur in höchster Not. Koppen haben nur geringe fischereiliche Bedeutung. Man gebraucht sie vor allem zum Fang von großen Forellen, Hechten und Huchen als tote Köderfische am System.

Schmerle   *Noemacheilus barbatulus* (Linné)

- Die Schmerle hat eine rückgebildete Schwimmblase (180).
- ganzjährig geschützt (598).

Die sechs deutlich am Oberkiefer hervortretenden Barteln haben der Schmerle auch den Namen Bartgrundel eingebracht. Der Kopf ist im Verhältnis zum Körper klein und ein wenig abgeplattet, das Maul leicht unterständig. Die kleinen Augen sitzen hoch am Kopf. Unter den Augen liegen in Hautfalten verborgen zwei kleine Stacheln – die Waffen der Schmerlen. Die Färbung erinnert an fleckigen Marmor. Die Milchner zeigen eine deutlich wahrnehmbare Verdickung des ersten Brustflossenstrahles. Schmerlen sind weit verbreitet. Am liebsten halten sie sich in schnellfließenden, klaren Bächen auf, sie kommen aber auch in der Uferregion von Seen vor. Während des Tages liegen sie verborgen unter den Höhlungen von Steinen, wobei sich die Körperfärbung der Umgebung sehr gut anpaßt. Wenn man sie durch Aufheben der Steine aufgespürt hat, bleiben sie immer noch für einen Moment ruhig liegen, um aber im nächsten Augenblick zu einem anderen Versteck davonzuschießen. Bei Sonnenuntergang werden die Tiere lebhaft. Jetzt gehen sie auf Nahrungssuche. Neben kleinem Getier verschmähen sie auch Fisch- und Froschlaich nicht. Die kleinen, etwa 10 cm langen Schmerlen kommen einem meistens während einer sog. Bachauskehr zu Gesicht. Es handelt sich hierbei um eine fischereiliche Bewirtschaftungsmaßnahme, bei der der Fischbestand nach Menge und Art kontrolliert wird. In der Regel fängt man die Fische dabei mit dem Elektro-

Gerät. Ein ernstzunehmender Feind der in flachen Gewässern lebenden Kleinfische, und zu diesen zählt die Schmerle, ist das Wassergeflügel, welches oft in
größeren Mengen die Gewässer, vor allem in der Nähe von Ansiedlungen bevölkert. Der Gewässerboden wird zur Nahrungsaufnahme systematisch abgesucht,
wobei die Eier der Fische, und nicht selten diese selbst gefressen werden. Der
Gesetzgeber hat diesem Umstand Rechnung getragen (552), indem er ein Einlaßverbot für Enten aus privater Zucht ausgesprochen hat. Dieses lautet: »Das Einlassen von Enten in Fischwasser ist jeweils vom Beginn der Schonzeit der vorherrschenden Fischarten bis jeweils zwei Monate nach Ablauf dieser Schonzeiten
verboten« (553). Hierdurch wird zwar der Laich der Edelfische unter Schutz gestellt, die Kleinfische erfahren jedoch keine direkte Schonung. Vielleicht ist dies,
neben der Gewässerverschmutzung, mit ein Grund, warum Schmerlen, Steinbeißer und Schlammpeitzger so vorsichtig, scheu und auch so selten geworden sind.

Schlammpeitzger   *Misgurnus fossilis* (Linné)

- Schlammpeitzger besitzen die Fähigkeit zur Darmatmung (156).
- Schlammpeitzger haben 10 Barteln (115).
- ganzjährig geschützt (597).

Die Darmatmung ist ein hochinteressanter Vorgang. Bei Sauerstoffmangel wird Luft an der Wasseroberfläche aufgenommen. Durch starkes Zusammenpressen der Kiemendeckel wird das aufgenommene Gasgemisch in den kurzen, gerade verlaufenden Verdauungskanal hineingepreßt. Der Gasaustausch findet in der stark durchbluteten Darmschleimhaut statt. Nicht geklärt ist die Frage, auf welchem Wege das überschüssige Gas den Körper wieder verläßt. Einige Autoren glauben, daß das Gas über den After ausgeschieden wird, andere meinen, es würde wieder heraufgewürgt und ausgeblasen. Vom Schlammpeitzger ist ferner bekannt, daß er einen Großteil seines Sauerstoffbedarfes über die Haut decken kann. Die Gasaustauschvorgänge laufen hierbei an der gesamten Körperaußenseite ab. Die sich daraus ergebende Unabhängigkeit vom Wasser nutzen die Tiere des öfteren zu Landaufenthalten. Setzt man sie nämlich in Gartenteiche oder kleine Tümpel ein, die nicht ihren Beifall finden, springen sie augenblicklich aus dem Gewässer heraus und versuchen, auf dem Landwege einen anderen Lebensbereich zu erreichen. Nach den Angaben eines Münchener Hobbyzüchters konte dieses Verhalten wiederholt beobachtet werden. Durch das Zusammenwirken von Darm- und Hautatmung ist es dem Schlammpeitzger möglich, sich im Sommer nach dem Verdunsten seines Wohngewässers mehrere Monate im Schlamm vergraben am Leben zu erhalten. Schlammpeitzger haben keine fischereiliche Bedeutung. Sie sind in unseren natürlichen Gewässern zu selten und auch zu kleinwüchsig, um für den Angler interessant zu sein. Man sieht kaum Fische, die länger als 20 cm sind.

Seines possierlichen Äußeren wegen wird der Schlammpeitzger gern in Kaltwasser-Aquarien gehalten. Hier kommt ihm seine Anspruchslosigkeit und Lebenszähigkeit sehr zu statten. Wie kein anderer verträgt er die Gefangenschaft auf kleinstem Raum. Bei Witterungswechsel hat er allerdings die unangenehme Eigenschaft, in seinem Behälter umherzutoben. Dabei rührt er den Bodenbelag auf, was eine unerwünschte Trübung des Wassers zur Folge hat. Die Empfindlichkeit gegenüber der Witterung hat den Schlammpeitzgern den Namen »Wetterfische« eingebracht. Bei Gewitterschwüle z. B. gebärden sich die Fische im höchsten Maße unruhig. Sie steigen dann vom Boden auf und schwimmen unter ständig schnellen Atembewegungen ängstlich umher. Diese Unruhe kann die Fische schon 24 Stunden vor einem Wettersturz befallen. Gewöhnlich aber liegen sie ruhig am Boden, oftmals zwischen Pflanzen versteckt. Sie gehen nur nach längeren, der Verdauung gewidmeten Pausen auf Nahrungssuche. Wenn sie einmal zu fressen begonnen haben, stopfen sie sich bis zum Bersten voll. Sie nehmen Würmer, Schnecken und kleine Muscheln, können aber auch mit Schabefleisch gefüttert werden.

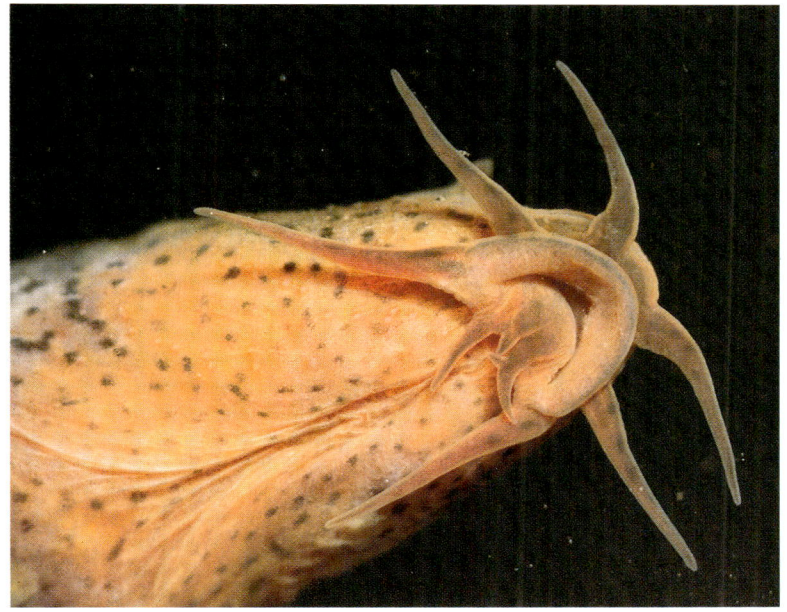

Steinbeißer   *Cobitis taenia* Linné

- Steinbeißer haben 6 Barteln an der Oberlippe (123).
- Besitzt einen zweispitzigen Dorn unter dem Auge (137).
- ganzjährig geschützt (597).

Steinbeißer oder Dorngrundeln, wie die Fische auch genannt werden, besitzen einen stark zusammengedrückten Körper. Unter jedem Auge ist ein jederzeit aufzurichtender zweispitziger Dorn versteckt. Den Lebensraum der Fische bilden klare, stehende oder fließende Gewässer, in denen der Untergrund sandig ist. Tagsüber graben sich die Steinbeißer meist bis zum Kopf ein. Nachts bei der Nahrungssuche schwimmen die Tiere sehr lebhaft umher. Sie werden kaum länger als 10 cm und sind sehr selten. In natürlichen Gewässern findet man sie kaum noch. Schon eher begegnet man ihnen bei Aquarianern.
Bei Fischen wie Schmerle, Steinbeißer oder Schlammpeitzger sind im Aquarium höchst interessante Vorgänge zu beobachten. Eine um die Jahrhundertwende abgefaßte Beschreibung des Liebesspiels von Schlammpeitzgern verdeutlicht dies auf anschauliche Weise:
»Im Frühling, wenn die Laichzeit einsetzt, färbt sich der erste verdickte Strahl der Bauchflosse des Männchens rot, und auch die Barteln zeigen diese Farbe. Beim Weibchen wird die Afterpartie rötlich, und die dunkle Längsstreifung tritt deutlich und scharf hervor. Im Mai setzt dann das Treiben ein, wobei die Tiere aalgleich das Wasser durchziehen, durch die Pflanzen jagen und unter den Steinen hindurch-

schießen. Das Männchen schwimmt dabei immer dicht unter dem Weibchen her. Plötzlich fassen sich die Fische mit ihrem Maule, rollen schwimmend dabei übereinander und setzen dieses Spiel oft stundenlang fort. Dann sucht das Weibchen einen Platz im Pflanzendickicht auf, wohin ihm das Männchen folgt. Hier umschlingen sich die Tiere wieder, das Männchen legt dabei seine rechte Brustflosse über die linke des Weibchens, es festhaltend, windet dann seinen Schwanz um den des Weibchens, so daß beide After zusammenkommen, und bringt seinen Kopf auf das Genick des Weibchens. Zuckend biegen und drehen sich die Körper der Tiere, und das Weibchen gibt dann etwa 30 Eier ab, die sogleich vom Männchen befruchtet werden. Dabei bewegt sich das Weibchen ständig, so daß der Laich nahe beieinander zur Ablage kommt. Nach kurzer Ruhe läßt dann das Männchen das Weibchen zufrieden, und bald beginnt die wilde Jagd wieder, bis etwa ein Dutzend Laichhaufen abgesetzt sind.«

Wels (Waller) *Silurus glanis* Linné

- Lange Afterflosse (46).
- Auffallend kleine Rückenflosse (42).
- 6 Barteln – 2 längere am Oberkiefer, 4 an der Unterlippe (121).
- Welse besitzen keine Schuppen (68).
- Rohes Welsblut bewirkt im menschlichen Auge Entzündungen (160).
- Zwischen Schwimmblase und dem Ohrlabyrinth besteht eine Verbindung (178).
- Die Schwimmblase ist mit dem Bauchfell fest verwachsen (177).
- Für den Beutefang ist der Gesichtssinn (Augen) nicht so sehr entscheidend (128).
- Schonmaß: 70 cm (270).
- Im Verhältnis zum Körper sind die Augen klein (126).
- Die Altersbestimmung erfolgt am besten anhand von Kiemendeckeln und Gehörsteinchen (77, 78).
- Welse sind Nachträuber (127).
- Zum Fang schwerer Welse sollten sich auf der Schnurtrommel keinesfalls weniger als 100 m Schnur der Stärke 0.60 mm befinden (388).
- »Welsgriff«: der Daumen drückt von der Maulinnenseite den Unterkiefer abwärts, die übrigen Finger bilden an der Kieferunterseite das Widerlager (477).
- Hechelzähne (99).
- Welse hören gut (146).

Welse sind nach den Stören die größten Fische Mitteleuropas. Sie werden bis zu 3 m lang und 200 Kilogramm schwer. Sie bevölkern Seen und Flüsse, in denen die Wassertemperaturen über 20 °C ansteigen. Hier lebt der Wels vorzugsweise auf weichem, schlammigem Grund, stets unter guter Deckung, nie im freien Wasser. Er führt das Leben eines Einsiedlers, der nur zur Laichzeit (Mai, Juni) sein Revier verläßt, um sich im flachen Wasser fortzupflanzen. Nach der Brutpflege kommt er zu seinem Standplatz zurück. Diese Standorttreue erweist sich für den Angelfischer von großem Vorteil. Hat er nämlich einen guten Wels in dessen Schlupfwinkel aufgespürt, kann er sein ganzes fangtechnisches Bemühen um den Fisch auf ein relativ kleines Gebiet konzentrieren – solange, bis er Erfolg hat. Ist der Wels gefangen, wird der verwaiste Unterstand schnell wieder von anderen Welsen besiedelt.

Leider sind die Welsbestände stark zurückgegangen. Am Beispiel der Donau wird dies deutlich. Bis Mitte der 50er Jahre waren Welse dort Hauptwirtschaftsfische. Sie sicherten den Donaufischern einen Gutteil ihrer Einkünfte. Die Fanggründe reichten damals von Passau bis Ingolstadt hinauf. Der natürliche Rückgang konnte durch Besatz nicht aufgefangen werden, da Satzfische in Deutschland bisher kaum produziert wurden. Erst in neuerer Zeit ist durch den Ausbau der Handelsbeziehungen zu den osteuropäischen Teichwirtschaften an das wertvolle Besatzmaterial heranzukommen. Diesem Umstand ist es zu verdanken, daß nach langer Zeit wieder Welsbesatz in der Donau bei Kelheim, im Pilsen-, Wörth- und Niedersonthofener See stattfinden konnte.

Für den Welsfang eignen sich Grund- oder Spinnangel. Zum Spinnen bieten großformatige Blinker, Wobbler oder tote Köderfische am System die besten Aussichten. Für die Grundangel sind die gebräuchlichsten Köder Tauwurmbündel, Maulwurfsgrillen, Hühnerdärme und gekochte oder gebratene Leberstücke. Beste Fangzeit ist von Mai bis Oktober. Ein besonders günstiger Fangzeitpunkt ist bei Schwüle vor Gewittern – wenn die Stechmücken zur Plage werden.

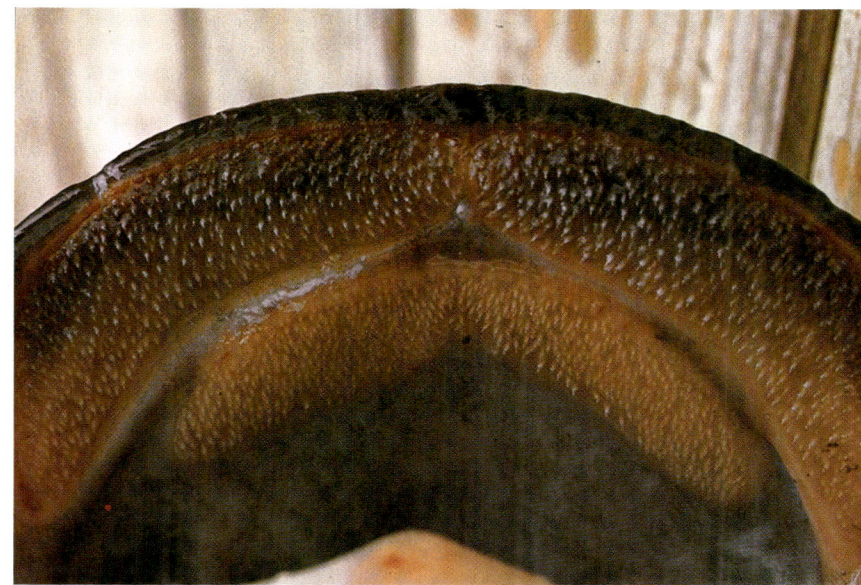

Zwergwels *Ictalurus nebulosus* (Le Sueur)

- Zwergwelse haben eine Fettflosse (49).
- Sie besitzen insgesamt 8 Barteln, 4 befinden sich am Ober-, 4 am Unterkiefer (118).

Der Zwergwels ist ursprünglich in Nordamerika zu Hause. Es wird berichtet, daß er 1878 unbeabsichtigt aus dem Pariser Museum für Naturkunde in die Seine gelangte. Offiziell wurde er 1885 in Europa eingeführt – eine aus der Sicht fachgerechter Gewässerbewirtschaftung törichte Maßnahme. Die Fische haben kaum eine der in sie gesetzten Hoffnungen erfüllt. Sie sind weder attraktive Sportfische, noch wuchsen irgendwo nennenswerte Bestände heran, so daß sie keine wirtschaftliche Bedeutung erlangten. Noch am ehesten konnten sie sich als Aquariumfische durchsetzen. Ihres räuberischen Verhaltens wegen sind sie jedoch ab einer bestimmten Größe in Aquarien nicht mehr zu dulden. Meist werden sie dann in irgendein nahegelegenes Gewässer eingesetzt. Auf diese Weise haben die Fische weite Verbreitung gefunden, und es geschieht immer wieder, daß sogar in für sie denkbar ungeeigneten Gewässern wie Forellenbächen oder hochgelegenen Bergseen Zwergwelse angetroffen werden.

Im Querschnitt betrachtet, erscheint der Körper von Zwergwelsen vorne annähernd rund, während er hinten seitlich zusammengedrückt ist. Der erste Strahl der Rückenflosse ist (ähnlich demjenigen des Karpfens) verknöchert, so daß der Eindruck eines kräftigen Stachels entsteht. Zwischen Rücken- und Schwanzflosse befindet sich analog zu den Salmoniden eine strahlenlose Fettflosse. Die zähe Haut ist schuppenlos. Der Rücken ist dunkelbraun gefleckt, die Körperunterseite je nach Aufenthalt ockerfarbig oder grau. Das gelbliche Fleisch ist süßlich und wird als ausgesprochen wohlschmeckend bezeichnet. Zwergwelse erreichen Längen bis zu 45 cm und Gewichte bis zu 2 kg. Während der Laichzeit in den Monaten März bis Mai schlagen die Elterntiere an geschützten Stellen nestartige Laichgruben. Nach Ablage des Laiches werden durch das Männchen zuerst die Eier und nach dem Schlüpfen auch die Brut bewacht. Die Tiere gedeihen in ihrer Heimat besonders gut in Teichen, flachen Seen und langsamfließenden Flüssen. Bezüglich der Wasserqualität sind sie sehr anspruchslos. Sie werden bisweilen in sauerstoffarme, stark verschmutzte Gewässer eingesetzt, weil von ihnen auch unter äußerst ungünstigen Verhältnissen ein Fortkommen erwartet werden darf.

Zunehmende Bedeutung bekommt die Fischart in letzter Zeit durch die sogenannte Intensivhaltung. Hierbei werden die Fische auf kleinstem Raum gehalten und gemästet. Das Fleisch gilt – wie schon gesagt – als Delikatesse und findet reißenden Absatz. So verzehren die Amerikaner heute schon mehr Catfish (Zwergwels) als Hähnchen. Auch in Deutschland kommen mehr und mehr Zwergwelse in den Handel. Zentrum der europäischen Zwergwelsmast ist Jugoslawien.

Rutte (Quappe, Trüsche)   *Lota lota* (Linné)

- Charakteristisch sind die kehlständigen Bauchflossen (23).
- Die Schwanzflosse ist gerundet (30).
- In den Rückenflossen sind keine Stachelstrahlen (20).
- Die Rückenflosse ist zweigeteilt (33).
- Auffallend ist die eine Bartel an der Unterlippe (124).
- Hechelzähne (99).
- Rutten haben sehr kleine Rundschuppen (67).
- Die Leber ist groß und fettreich (165).
- Im Forellenbach sind sie unerwünscht (358).
- Die Laichzeit fällt gewöhnlich in den Januar (217).
- Schonmaß: 20 cm (593).

Der langgestreckte Körper ist im Vorderteil walzenförmig ausgebildet; das Hinterende ist seitlich zusammengedrückt. Der abgeplattete Kopf macht einen froschähnlichen Eindruck. Die Bartel am Kinn ist ein Merkmal der Schellfische, deren einziger Süßwasservertreter die Rutte ist. Die beiden etwa 1 cm langen hautigen Gebilde an den Nasenöffnungen sind keine Barteln, sondern sogenannte Hautbrücken, mit deren Hilfe beim Schwimmen Wasser in die Nase gelangt. Die Bezahnung besteht aus Hechelzähnen, mit denen ein großer Teil der Mundhöhle ausgekleidet ist. Rutten bewohnen Seen und Flüsse der nördlichen und mittleren Gebiete von Europa und Asien. Sie lieben frisches, kühles Wasser. Bevorzugter Aufenthalt ist der Gewässerboden, wobei dieser steinig, sandig oder lehmig, nicht aber schlammig sein darf.

Steine oder versunkenes Holz wählen sie zu ihrem Versteck. In Flüssen halten sie sich gerne in den Uferbefestigungen, Dämmen und hinter Brückenpfeilern auf. Rutten sind gefräßige Räuber, die sich in Gefangenschaft sogar an ihren Mitgefangenen vergreifen. In Salmonidengewässern, in die sie im Zuge ihrer Laichwanderungen häufig einschwimmen, sind sie gefürchtete Laichräuber. In Seen trifft man sie des öfteren auf den Laichplätzen der Renken und Seesaiblinge. Sie sind dann meist vollgefressen mit dem Laich dieser Fischarten. Ruttenfleisch ist grätenarm, weiß und fest.

Und so macht man Ruttenfleisch zu einer Delikatesse: Nach dem Töten und Ausweiden wird ein Ringschnitt direkt hinter den Kiemendeckeln gelegt. Die Haut kann nun mit einem Ruck abgezogen werden. Anschließend werden die Fische gut gewürzt und in schwimmendem Fett gebraten. Auch die Leber ist ein vielbegehrter Leckerbissen. Sie ist sehr groß und fettreich. In Europa werden Rutten kaum schwerer als 8 Kilogramm, in Sibirien dagegen kann ihr Gewicht einen halben Zentner betragen. Mit der Verschlechterung der wasserchemischen Bedingungen fast aller Gewässer sind die Ruttenbestände merklich geringer geworden.

Wie der Huchen ist auch die Rutte ein ausgesprochener Winterfisch. Zur Laichzeit, wenn die Tiere zu ziehen beginnen, bestehen gute Fangaussichten. Dunkle Nächte und trübes Wasser verbessern diese zusätzlich. Zum Fang ist die Grundangel am besten geeignet. Gebräuchlichste Köder sind Würmer oder kleine tote Fische. Andererseits stellen tote Rutten ausgezeichnete Köder für den Hecht- und Welsfang dar.

Aal   *Anguilla anguilla* (Linné)

- Bauchflossen (15) und Zwischenmuskelgräten fehlen (138).
- Im Jugendstadium heißt der Aal Glasaal. Sein Körper ist durchsichtig wie Glas (209).
- 3000 Glasaale wiegen ein Kilogramm (295).
- Als Gelbaale werden Aale im Freßstadium bezeichnet (210).
- Der Blankaal ist ein zum Laichen abwandernder Aal (208).
- Die lange Afterflosse geht in die Rückenflosse über (16).
- Die kleinen, länglich ovalen Schuppen sind in der dicken Schleimschicht der Haut verborgen (67).
- Die Laichplätze liegen im Sargassomeer/Westatlantik (207).
- Weibliche Aale werden länger als männliche (566)

- Rohes Aalblut bewirkt im menschlichen Auge Entzündungen (160).
- Der Geruchssinn ist außerordentlich gut entwickelt (150).
- Eine Unterscheidung der Geschlechter ist erst ab einer Körperlänge von 50 cm möglich (182).
- Aale sind Nachträuber (127).
- Zum Fang am besten geeignete Schnurstärke: 0.40 mm (396).
- Darf ohne vorherige Betäubung getötet werden (472).
- Der Aal ist wie folgt zu töten: Schnitt bis auf die Wirbelsäule, dicht hinter dem Kopf. Sofortige Herausnahme der Eingeweide (142).
- Keine Schonzeit, aber ein Schonmaß von 40 cm (265).

Das Dasein des Aales ist geheimnisvoll. Wir wissen wenig über die Einzelheiten seines Lebens und gar nichts über sein Sterben. Im Zuge seiner Entwicklung durchläuft der Aal mehrere charakteristische Lebensabschnitte, die durch ein jeweils typisches Erscheinungsbild gekennzeichnet sind. Frischgeschlüpfte Aallarven sind nur 5–7 mm lang. Sie kommen aus den Tiefen des Sargassomeeres und treiben mit dem Golfstrom an die Küsten des europäischen Festlandes. Während dieser ca. $2^1/_2$ Jahre dauernden Reise werden sie bis zu 7 cm lang. In diesem Stadium gleichen sie einem Weidenblatt. Kurz vor Erreichen des Festlandsockels verändert sich ihre Gestalt. Ihr Körper wird schmaler und durchsichtig wie Glas. Als Glasaale kommen sie zu den Flußmündungen. Die Wanderung flußaufwärts führt sie in dieselben Gewässer, in denen schon ihre Vorfahren lebten. Die mit den Flußverbauungen entstandenen Hindernisse können sie aus eigener Kraft nicht überwinden. Sie werden deshalb gefangen und anschließend in die dafür bestimmten Gewässer eingesetzt. Statt der Glasaale kann man den Besatz auch mit sog. Satzaalen durchführen. Diese sind durchschnittlich 20 cm lang, gleichen in ihrem Äußeren den erwachsenen Tieren. 55–70 Stück dieser Fische wiegen ein Kilogramm. In ihrer neuen Heimat leben die Aale bis zu 15 Jahren standorttreu. Während dieser Zeit sind sie äußerst gefräßig. Das Freßstadium erkennt man an der typisch gelben Körperunterseite. Daher rührt die Bezeichnung Gelbaal. Man kann sehr deutlich Spitzkopf- und Breitkopfaale unterscheiden. Die verschiedenartig ausgebildete Schädelform ist als eine Anpassung an die jeweils in der Hauptsache aufgenommene Nahrung zu verstehen. Breitkopfaale mit ihren starkentwickelten Schädeln bevorzugen Kleinfische, während Spitzkopfaale, deren Kopf sich weniger deutlich vom Körper abhebt, eher eine Vorliebe für Insekten und Würmer haben. Färben sich die Aale an der Körperunterseite weiß, nennt man sie Blankaale. Jetzt ist die Zeit gekommen, zu der die Laichwanderung in Richtung Meer beginnt. Der

Wandertrieb ist so stark, daß zum Verlassen der Gewässer oftmals auch der Land-
weg benutzt wird – besonders dann, wenn ein Abfluß fehlt. Aale können einen
Großteil ihres Sauerstoffbedarfes über die Haut decken und darum bis zu 7 Tage an
der Luft leben, wobei das sie umgebende Medium allerdings feucht sein muß. Nach
dem Abschwimmen aus den Seen und Oberläufen der Flüsse halten sich die Tiere
einige Zeit im Brackwasser auf. Hier gewöhnen sie sich an das Salzwasser. Auf
ihrer Wanderung zum Sargassomeer erreichen sie »Reisegeschwindigkeiten« bis
zu 4 km pro Stunde. Nach wie langer Zeit sie ihre Laichplätze erreichen, und wie
das Laichgeschäft vollzogen wird, ist nicht bekannt. Nach der Fortpflanzung sterben die Aale. Tote Aale wurden jedoch in diesem Gebiet nie gefunden.
Aale können 6 Kilogramm schwer und bis zu 150 cm lang werden. Sie sind deshalb
die besonderen Freunde des Anglers, weil man sie sozusagen ersatzweise
dann fangen kann, wenn auf andere Fische gar nichts geht. Die Aalfischerei ist fast
immer ein lohnendes Unterfangen. Fast alle Gewässer weisen sehr gute Bestände
auf, und die Tiere gehen leicht an die Angel. Die Fangtechnik ist unkompliziert und
bedarf keines großen Aufwandes. Oft genügen Tauwürmer oder Fischfetzen. Sie
stellen am Grund angeboten einen sehr fängigen Köder dar. Wer besonders erfolgreich sein will, sollte mit Schlachtabfällen über mehrere Tage anfüttern. Aas mag
der Aal überhaupt nicht. Er frißt aus diesem Grunde auch nicht das Fleisch von
Wasserleichen, wie immer zu hören ist. Richtig ist dagegen, daß er diese gelegentlich als Schlupfwinkel benutzt. Aale reagieren in ihrer Beißfreudigkeit sehr feinfühlig
auf die Witterung. Nach plötzlichen Kälteeinbrüchen ist die Fischerei meist erfolglos. Ideale Voraussetzungen für den Aalfang bestehen bei tiefer Dunkelheit und
warmem, aufgewühltem Wasser.

Dreistacheliger Stichling

Stichling *Gasterosteus aculeatus* (Linné)

- Stichlingsarten haben Rückenstacheln ohne Flossenhäute (19).
- Körperflanken und Schwanzstiel sind mit Knochenplatten bedeckt (69).
- Die Eiablage erfolgt in selbstgebaute Nester (203).
- Der 9-stachelige Stichling ist ganzjährig geschützt (595).

Stichlinge halten sich gewöhnlich in Ufernähe auf. Sie bilden meist größere Schwärme und schwimmen mit ruckartigen Bewegungen. Ihre Nahrung besteht aus kleinen Tieren aller Art, sie verschmähen aber auch nicht Jungfische und Fischlaich, wodurch sie zuweilen schädlich werden. Große Ansprüche an ihre Wohngewässer stellen sie nicht. Sie leben sowohl im Salz- als auch im Süßwasser. Es gibt nur wenig Fische, die so interessante Eigenschaften besitzen, wie die nur 10 cm langen Stichlinge. Stets lebhaft, räuberisch und streitsüchtig bieten sie dem Betrachter dauernde Abwechslung. Sie sind, wohl auf ihre wehrhafte Bestachelung gestützt, oft heldenhaft und übermütig, andererseits voller Sorge und Hingabe für ihre Nachkommenschaft. Alle diese Eigenschaften sind möglicherweise der Grund, warum die Tiere schon seit langer Zeit zu den attraktivsten Aquarienfischen zählen. Daher ist ihre Lebensweise weit besser bekannt als die anderer Fische. Vor allem das Laichgeschehen ist ein immer wieder zu bestaunender Vorgang. Aus abgerissenen Pflanzenteilen und anderem geeigneten Material baut das Männchen ein Nest. Ein Stein oder eine Wasserpflanze bilden gewöhnlich den Ausgangspunkt. Das herbeigeschaffte Material wird kunstvoll ineinander verflochten, so daß das

Neunstacheliger Stichling

Nest außen wie innen kugelförmige Gestalt bekommt. Der lose Zusammenhalt wird durch das Auftragen eines leimartigen Nierensekretes verfestigt. Seitlich wird eine kleine Öffnung ausgespart. Nach getaner Arbeit versucht das Männchen, die Weibchen zur Abgabe der Eier zu bewegen. Die äußeren Zeichen seiner Paarungsbereitschaft sind die streichelnden und lockenden Körperbewegungen – der sog. Zickzacktanz und seine glühende Farbenpracht. Hat er ein Weibchen verführt, legt dieses ins Nest ihre Eier ab und bohrt sich anschließend auf der dem Eingang gegenüberliegenden Nestwand ein Loch, durch das es das Nest verläßt. Nach jedem Nestbesuch eines Weibchens begibt sich das Männchen zu den Eiern und besamt sie. Auf ein Männchen kommen bis zu sieben Weibchen. Nach Beendigung der Laichabgabe werden die von den Weibchen beschädigten Teile des Nestes sorgfältig verschlossen und auch die Eingangsöffnung bis auf ein winziges Loch zugebaut. Das Männchen wird nun zum Beschützer des Laiches und der Jungfische. Ohne Pause steht das in den leuchtendsten Farben erstrahlende Männchen vor dem Nest und fächelt durch stete Flossenbewegungen den Eiern frisches Wasser zu. Nach 10–14 Tagen schlüpfen die Larven. Das Nest hat seinen Dienst getan. Es wird vom Männchen säuberlich entfernt. Die Brut bildet sogleich einen Schwarm, den das Männchen mit größter Wachsamkeit behütet. Wenn einige besonders kühne Fischchen Ausflüge unternehmen, werden sie vom Vater mit dem Maul ergriffen und den Geschwistern wieder zugeführt. Die Brutpflege ist beendet, wenn die jungen Fischchen gewandte Schwimmer geworden sind.

Edelkrebs   *Astacus astacus* (Linné)

- Männliche Krebse haben als Begattungsorgan sog. Griffelpaare (195).
- Sumpfkrebse werden länger als Edelkrebse und besitzen schlankere Scheren (13).
- Ein sicheres Erkennungsmerkmal der Edelkrebse sind ihre stets rotgefärbten Scherenunterseiten (187).
- Sind Krebse von der Krebspest befallen, lassen sie, aus dem Wasser gehoben, Beine und Scheren kraftlos hängen (327).
- Die Eier der Krebse entwickeln sich unter dem Hinterleib des weiblichen Tieres (567).
- Steinkrebse erkennt man am schmutzig-weißen Bauch und der Dunkelfärbung von Scheren und Körperoberseite. Er ist ziemlich klein (564).

- Weil Aale mit Vorliebe Butterkrebse fressen, soll man sie niemals in Krebsgewässer einsetzen (298).
- Krebse darf nur fangen, wer auch zur Ausübung der Fischerei berechtigt ist (479).
- Um Krebse zu töten, müssen sie laut Tierschutzgesetz einzeln in stark kochendes Wasser geworfen werden (473).
- Schonmaß für den Edelkrebs: 12 cm (267).

- Schonmaß für den Steinkrebs: 10 cm (594).
- Schonzeiten für weibliche Stein- und Edelkrebse: 1.9.–30.6. (583).

Krebse sind in unseren Breiten selten geworden. In der Bundesrepublik Deutschland findet man größere Bestände nur noch in Bayern (z. B. Eibsee). Der Rückgang hat mehrere Ursachen. In erster Linie ist es die Gewässerverschmutzung, wobei vor allem Silowasser und Jauche so manchen schönen Wiesenbach krebsfrei gemacht haben. Gewässerbegradigungen haben den Krebsen die Unterstände genommen. Auch Fischer sind nicht schuldlos am Verschwinden der Tiere. Fast alle Gewässer erfahren heutzutage viel zu intensiven Fischbesatz. Rutten, Welse, Barsche, besonders aber Aale ernähren sich mit Vorliebe von Krebsen. Besonders verfolgt wird er auch von Bisamratten und Fischreihern. Vor allem Jungkrebse sind dadurch erhöhten Gefahren ausgesetzt. Krebse häuten sich periodisch. Nachdem sie ihren schützenden Panzer abgestreift haben, dauert die Härtung der neuen Körperhaut etwa 8 Tage. Während dieser Zeit ist der weichhäutige »Butterkrebs« seinen Feinden gegenüber wehrlos. Unabhängig von diesen äußeren Gefahren werden die Tiere von der Krebspest bedroht. Die Krebspest ist eine Krankheit, deren Erreger ein Fadenpilz ist. Wenn Krebse befallen sind, überziehen sich ihre Gelenke mit schimmelähnlichen Gewächsen. Interessantestes Objekt der Krebszucht ist der Fluß- oder Edelkrebs, der ausgewachsen Gewichte bis zu 300 Gramm, bei Längen um 17 cm, erreicht. Diese Art ist in der Regel größer als der aus Amerika eingeführte Signalkrebs (150 Gramm), dem man nachsagt, er sei gegenüber der Krebspest unempfindlich. Diese Annahme hat sich inzwischen als falsch herausgestellt. Neben diesen beiden Arten gibt es noch die kleinwüchsigen Kamber- und Steinkrebse. Der als »Gallizier« bekannte Sumpfkrebs ist zwar ähnlich großwüchsig wie der Edelkrebs, hat aber wirtschaftlich nur geringe Bedeutung. Während als Qualitätsmerkmal besonders bei männlichen Edelkrebsen

die Scheren auffallend groß sind und damit einen entsprechend hohen Fleischanteil aufweisen, sind sie bei Sumpfkrebsen schmal und fleischarm. Sumpfkrebse haben weder Schonzeit noch Schonmaß. Warme Gewässer mit Wassertemperaturen, die im Sommer nicht unter 14 °C abfallen, sind der Lebensraum von Edelkrebsen. Als optimal gilt um die 20 °C warmes Wasser. Das Sauerstoffbedürfnis ist nicht so groß wie vielfach angenommen. Die Werte sollten 5 mg/l jedoch nicht unterschreiten. Gute Krebsgewässer müssen reichlich Schlupfwinkel bieten, wobei mit Tonröhren oder Hohlziegeln nachgeholfen werden kann. Edelkrebse sind Allesfresser. Jungkrebse ernähren sich in der Hauptsache vom Aufwuchs, während ältere Exemplare Wasserpflanzen und Fischnährtiere aller Art, manchmal auch tote Fische, fressen.

Wenn Gewässer mit Krebsen bewirtschaftet werden sollen, empfehlen sich als Besatz folgende Stückzahlen: in Fließgewässern etwa 5 Edelkrebssömmerlinge je Meter Uferlänge; in Baggerseen etwa 5 Edelkrebssömmerlinge je m² Wasserfläche. Vorteilhaft ist, die Besatzmenge auf einen Zeitraum von zwei Jahren zu verteilen. Weiterer Besatz ist dann erfahrungsgemäß nicht mehr erforderlich. Edelkrebssömmerlinge erhält man preisgünstig im Herbst. Von guten Krebsgewässern kann nach einigen Jahren in der Regel reicher Ertrag erwartet werden. Gefangen werden Krebse am leichtesten in den Monaten Juli bis September. Die gebräuchlichsten Fanggeräte sind der sog. Krebsteller und Reusen. Der Krebsteller besteht aus einem Ring, der mit einem Netz locker bespannt ist. In seiner Mitte wird ein Köder, am besten frische Fischstücke, ausgelegt. Sitzt der Krebs auf dem Teller, wird dieser mittels einer Schnur schnell aus dem Wasser gehoben. Durch das lockere Netz entsteht dabei ein Netzsack in der Art eines Keschers.

Flußperlmuschel   *Margaritana margaritifera*

- Bitterlinge legen ihre Laichprodukte in Muscheln ab (202).
- Perlmuscheln haben dicke Schalen mit auffallend zerklüfteter Außenseite (341).
- Perlmuscheln kommen nur in kalkarmen Gewässern vor (340).
- Neben Fischen, Neunaugen, Krebsen sowie Fluß- und Teichmuscheln sind auch Perlmuscheln Gegenstand des Fischereirechtes (479).
- Die Perlmuschelfischerei ist im Fischereigesetz geregelt (483)
- Werden die Perlmuschelbestände beeinträchtigt, besteht Anzeigepflicht (690).
- Alle Muscheln sind ganzjährig geschützt (591).
- Verordnungen über die Ausübung der Perlfischerei können nur von der Regierung erlassen werden (484).

In den Gewässern Mitteleuropas gibt es rund 30 Muschelarten. Zu den wichtigsten Vertretern zählen: Flußperl- und Bachperlmuschel, Teichmuschel und Wandermuschel. Können sich Muscheln fortbewegen? Am sandigen Gewässergrund sind mitunter meterlange Furchen zu beobachten, an deren Ende eine Muschel sitzt – ein augenfälliger Beweis für die Wandertätigkeit der Tiere. Das Kriechen wird durch den sogenannten Fuß ermöglicht. Dieser muskulöse Körperteil wird durch Einpressen von Blut prall gefüllt und kommt am Vorderende der Muschel aus den Schalen heraus. Er bohrt sich in den Schlamm oder heftet sich am Gewässerboden fest. Die Muschel wird dann nachgezogen. Als Nahrung dienen meist winzig kleine Planktontiere, die aus dem Atemwasser filtriert werden. Durch Gewässerverunreinigungen sind viele der Arten vom Aussterben bedroht.

Namaycush *Salvelinus namaycush* (Walbaum)

Die Heimat der zu den Salmoniden zählenden Fischart ist Nordamerika. Dort können die Fische Gewichte bis zu 45 kg erzielen. Die korrekte deutschsprachige Bezeichnung lautet »Amerikanischer Seesaibling« und nicht, wie vielfach zu hören ist, »Kanadische Seeforelle«. Mit Hilfe spezieller Versuche prüft derzeit ein großes deutsches Fischereiinstitut die Möglichkeiten einer erfolgreichen Einbürgerung in unsere heimischen Gewässer. So werden Testseen besetzt und die Auswirkungen auf alteingesessene Fischarten überwacht. Erst wenn sich die Tiere ohne Nachteil für die anderen Fische in das Artengefüge einpassen, und zudem der Gesundheitszustand zu keinen Bedenken Anlaß gibt, steht einer weiteren Verbreitung dieser nutzbringenden Fischart nichts im Wege. Auf Grund seiner nördlichen Abstammung ist der Namaycush in der Lage, bisher fischereilich ungenutzte Lebensräume zu erschließen. Er eignet sich zum Besatz hochgelegener Bergseen und wächst dort in Größen ab, die einheimische Salmoniden bei gleichen Bedingungen nicht erreichen. Im Gegensatz zu diesen ist der Namaycush befähigt, die in Bergseen in der Regel massenweise anzutreffenden Elritzen als Nahrung zu nutzen und dabei selbst unter ungünstigsten Lebensbedingungen noch erstaunliche Gewichte zu erreichen. In einigen Bergseen des Engadins beispielsweise werden von Anglern alljährlich noch in 2900 m Höhe Exemplare von über 3 kg gefangen, obwohl diese Gewässer den größten Teil des Jahres unter Eis liegen. Besonderes Lob verdienen die Fische ihres ausgezeichneten Geschmacks wegen.

Pflege der Fischwasser

Bewirtschaftung

Die fischereiliche Gewässerbewirtschaftung dient der Erhaltung und Mehrung der Fischbestände. Man versteht hierunter die Hege und Pflege der Fische, aber auch Bestandsregulierungen durch entsprechende Fischentnahme (238, 239). Jede fischereiliche Ausbildung zielt mit ihren einzelnen Disziplinen auf fachgerechte Gewässerbewirtschaftung ab (240, 241). In der Gesetzeskunde z.B. ist unter dem Begriffe Hegerecht und Hegepflicht festgelegt, was zur Hege und zum Fang zu tun und zu unterlassen ist (242). Kenntnisse der Biologie und Lebensgewohnheiten einzelner Fischarten sind erforderlich für sinnvollen Besatz. Die richtig gehandhabte Fangtechnik garantiert waidgerechte Fischbehandlung und schafft die Voraussetzungen für angemessene Fischentnahme. Zur Hegepflicht gehören auch die Forderungen nach mehr Tier- und Naturschutz in der Fischerei. Leitsatz ist, daß sich alle Bemühungen auf die Erhaltung und Förderung eines lebensfähigen, ausgewogenen und den Verhältnissen angepaßten Fischbestandes richten müssen. »Der Begriff (Hege) schließt die Sorge für die gesamte im und am Wasser lebende Tier- und Pflanzenwelt ein . . .« (Der Fischer) hat den Naturhaushalt, auf den sich sein Tun bezieht, möglichst zu schonen und sich für seine Erhaltung einzusetzen . . . Brütende Wasservögel dürfen nach Möglichkeit nicht gestört, Rohr- und Schilfbestände nur betreten werden, soweit das zur ordnungsgemäßen Fischereiausübung unvermeidbar ist, und dann mit größtmöglicher Vorsicht (624, 625). So kann z.B. zur Verbesserung von Fangplätzen nicht einfach Ufergehölz beseitigt werden. Dazu bedarf es in jedem Fall der Genehmigung der unteren Naturschutzbehörde (626).

Das Führen einer Fangstatistik dient der Kontrolle der fischereilichen Bewirtschaftung (243). In ihr hat der Fischer Angaben z.B. über Länge, Gewicht und Alter der gefangenen Tiere zu machen (244).

Schonmaß

In den Fischereigesetzen der Länder werden die Schutz- und Hegebestimmungen besonders betont. Fische dürfen nicht im Jugendstadium gefangen werden. Es muß sichergestellt sein, daß sie mindestens einmal im Leben ablaichen können (245). Es ist daher vorgeschrieben, daß Fische erst ab einer bestimmten Länge dem Gewässer entnommen werden dürfen. Diese Länge nennt man Schonmaß. Juristen definieren dies so: Das Schonmaß ist die Mindestlänge der Fische, für die Aneignungsrecht besteht (246). Hierbei sind die Fische von der Kopfspitze bis zum Körperende einschließlich der Flosse zu messen (247). Es gibt auch ein Schonmaß für Krebse. Ihr Schonmaß reicht von der Kopfspitze bis zum Hinterrand des Schwanzfächers (248). Tiere, die das Schonmaß noch nicht erreicht haben, bezeichnet man als untermaßig.

Schonzeit

Neben Schonmaßen gibt es auch Schonzeiten. Während der jeweiligen Schonzeiten dürfen die einzelnen Fischarten nicht gefangen werden. Zweck der Schonzeit ist, ungestörte Laichablage zu ermöglichen (249). Während der Laichzeit verlieren die Fische weitgehend ihren Sinn für Gefahr. Mit den entsprechenden Fanggeräten können sie dann mühelos und oft in großen Mengen gefangen werden. Um sie ausreichend zu schützen, sind die Schonzeiten großzügig bemessen.

Nicht alle Fischarten haben Schonmaße und Schonzeiten, in der Regel sind es die Edelfische oder vom Aussterben bedrohte Arten. Manche Fischarten brauchen nicht geschont zu werden, weil ihre Vermehrung ausreichende Nachkommenschaft garantiert. Von einigen Arten gibt es so dichte Bestände, daß ihre Vermehrung sogar unerwünscht ist.

Fischart	Schonmaß*	Schonzeit*
Bachforelle (Steinforelle)	26 cm	1.10. bis 28. 2.
Seeforelle	60 cm	1.10. bis 28. 2.
Regenbogenforelle	26 cm	15.12. bis 15. 4.
Bachsaibling	20 cm	1.10. bis 28. 2.
Seesaibling	30 cm	1.10. bis 28. 2.
Huchen	70 cm	15. 2. bis 31. 5.
Blaufelchen, Renke, Maräne	35 cm	15.10. bis 31.12.
Äsche	35 cm	1. 1. bis 30. 4.
Frauennerfling	30 cm	1. 3. bis 30. 6.
Barbe	38 cm	1. 5. bis 15. 6.
Hecht	50 cm	15. 2. bis 15. 4.
Zander	50 cm	15. 3. bis 30. 4.
Aal	40 cm	–
Wels	70 cm	–
Schuppenkarpfen	30 cm	–
Nerfling	30 cm	–
Schied	40 cm	–
Schleie	26 cm	–
Nase	30 cm	–
Rutte	20 cm	–
Edelkrebs	12 cm	1. 9. bis 30. 6.
Steinkrebs	10 cm	1. 9. bis 30. 6.

* Am Bodensee gelten diese Werte nicht. Hier sind internationale Vereinbarungen getroffen.

Ganzjährig geschützt sind folgende Fische und Muscheln: Alle **Neunaugen, Stör, Sterlet,** Maifisch, Lachs, Kilch (eine Felchenart), **Perlfisch,** Strömer, Steingreßling, **Schneider, Zobel, Zope,** Sichling, **Bitterling, Bartgrundel, Schlammpeitzger, Steinbeißer, Schrätzer, Zingel, Streber, 9-stachliger Stichling, Teichmuscheln, Flußmuscheln, Flußperlmuscheln.**

In Seen mit einem naturgegebenen Seeforellenbestand gilt für alle Forellen mit Ausnahme der Regenbogenforellen das für die Seeforelle festgesetzte Schonmaß. Amtliche Seeforellen-Seen sind in Bayern: Ammersee, Chiemsee, Königssee, Starnberger See, Tegernsee und Walchensee (580, 581). Für sogenannte Steinforellen – landläufig versteht man unter ihnen Bachforellen, die aufgrund ungünstiger Lebensbedingungen (z.B. Gebirgsbach) zu Kümmerformen neigen – darf das Schonmaß durch Verordnung bis auf 22 cm herabgesetzt werden (582).
Für Edel- und Steinkrebse beachten Sie bitte folgendes:
Das Schonmaß gilt für weibliche **und** männliche Tiere, die Schonzeit dagegen nur für weibliche Krebse (583). Für den Sumpfkrebs kommen keine Schonbestimmungen zur Anwendung.
Schonmaßen und Schonzeiten wird bei der Prüfung in der Regel viel Platz eingeräumt. Von daher ist es leider unerläßlich, daß Sie alle hier aufgeführten Daten in- und auswendig beherrschen. Der Vollständigkeit halber sind sämtliche ganzjährig geschützten Tiere aufgeführt. Im Hinblick auf die Prüfung von Bedeutung sind aber lediglich die durch Fettdruck gekennzeichneten: Prüfungsfragen 250–270; 581–598.

AVFiG Die offizielle Rechtsvorschrift, in der Schonzeiten und Schonmaße festgelegt sind (271) ist die »Verordnung zur Ausführung des Fischereigesetzes für Bayern (AVFiG). Sie liefert den Rahmen für den gesetzlichen Schutz der Fische. So sind in ihr auch alle verbotenen Fangmethoden aufgeführt (272). An vielen Fischwassern werden die Bestimmungen enger gefaßt, um den Besonderheiten des Gewässers und seiner Bewirtschaftung gerecht zu werden. Im Einzelfall werden Schonzeiten verlängert oder Schonmaße erhöht. Ein Fischereirechtinhaber darf somit von sich aus die gesetzlichen Bestimmungen in seinem Gewässer nur verschärfen (273). Keinesfalls dürfen Schonmaße verkleinert oder Schonzeiten eigenmächtig verkürzt werden. Zur Änderung oder gar Aufhebung der Schutzbestimmungen bedarf es der Zustimmung der jeweiligen Regierung (274). Die Regierung kann auch mit befristeter Anordnung Schonmaße und Schonzeiten für Fische, Krebse und Muscheln erlassen, die bisher keinen Schutzmaßnahmen unterworfen sind (601).
Was macht man nun mit Fischen, die unbeabsichtigt während der Schonzeit und unter dem Schonmaß gefangen wurden? Auch darüber gibt die AVFiG Auskunft (275). Sie sind unverzüglich in dieselbe Gewässerstrecke zurückzusetzen (276). Was ist aber, wenn solche Fische beim Fang gestorben sind?

Keinesfalls dürfen tote untermaßige oder während der Schonzeit gefangene Fische vom Angler vermarktet oder sonstwie in Verkehr gebracht werden (599). In den von der gesetzlichen Definition her geschlossenen Gewässern der Forellen- und Karpfenteichwirtschaft gelten die genannten Schutzbestimmungen (Hegepflicht) nicht (277). Hier dürfen Fische auch unter dem Schonmaß und zu jeder Zeit aus Gründen der Hege und Zucht gefangen, erworben oder veräußert werden (278). Die Vorschriften über Schonmaße und Schonzeiten gelten dagegen schon für die speziell für den Fischfang angelegten künstlichen Teiche (sog. Angelteiche (600). Weil wir gerade von toten Fischen gesprochen haben: werden Fische in Fanggeräten tot aufgefunden, sind sie unverzüglich dem Gewässer zu entnehmen (602). Auch dürfen tote Fische etwa als Futter für andere Fische in nicht geschlossene Gewässer nur eingebracht werden als Futter für Fische in Netzgehegen (526, 689). Als Köderfische indes kann man tote Fische ohne weiteres verwenden.

Schonbezirke Eine weitere Hegemaßnahme ist die Ausweisung von Schonbezirken in nicht geschlossenen Gewässern (604). Der Gesetzgeber unterscheidet sogenannte Fischschonbezirke, Gewässerstrecken also, die fischereilich von besonderer Bedeutung sind und Laichschonbezirke, die sich durch besonders geeignete Laich- und Aufwuchsplätze für Fische auszeichnen. Auch sind dazu Gewässerabschnitte zu zählen, die als Winterlager für Fische besonders geeignet sind. Die Behörde, die solches verfügt, ist die Kreisverwaltungsbehörde (279). Die Ausweisung von Schonbezirken wird deshalb immer wichtiger, weil die Fische vielerorts zunehmender Gewässerbeunruhigung ausgesetzt sind. Dies kann soweit gehen, daß sich Uferlaicher nicht mehr vermehren, weil sie ständig z.B. durch Bade- und Bootsbetrieb von ihren Laichplätzen vertrieben werden.
Für bestimmte Zeiten können in Schonbezirken eingeschränkt oder verboten werden:
- der Fang von Fischen und anderen Wassertieren
- Handlungen, die den Wechsel, die Fortpflanzung oder den Bestand der Fische gefährden, vor allem die Räumung des Gewässerbetts, das Mähen, das Einbringen und die Entnahme von Pflanzen, Schlamm, Erde, Sand, Kies, Steinen, Schnee und Eis (605)
- der Gemeingebrauch, wie Baden, Bootfahren, die Vornahme von Uferbauten und das Fällen von Ufergehölz
- das Einlassen zahmer Enten, Gänse und Schwäne (280).

Das Verbot jeglicher Fischereiausübung kann eine Ausnahme erfahren. Die Kreisverwaltungsbehörde gestattet nämlich den Fang von Raubfischen und sonstigen, allerdings naturschutzrechtlich nicht besonders geschützten Fischfeinden (281), wenn durch diese die Vermehrung anderer Fischarten gestört oder beeinträchtigt wird.

Besatz Eine für den Fischbestand wichtige Pflegemaßnahme ist der Besatz. Man versteht darunter das Einsetzen von Fischbrut, Jungfischen oder fangfähigen Exemplaren. Die Fische werden in der Regel von Fischzuchten oder Fischbrutanstalten bezogen. Besatz dient in erster Linie als Ausgleich für die Vernichtung des natürlichen Nachwuchses durch Umwelteinflüsse.

Nicht jede Fischart sollte in jedes Gewässer eingesetzt werden. Es ist falsch, Bachsaiblinge in Karpfenteiche und Karpfen in Bergbäche einzusetzen. Wenn man die Temperatur- und Sauerstoffansprüche speziell von Saiblingen kennt, weiß man, daß sich der Bachsaibling besonders wohl nur in der kühlen und sauerstoffreichen Quellregion eines Gewässers fühlen kann (282). Jede Fischart gedeiht nur dort optimal, wo ihre Ansprüche an die Umwelt erfüllt sind. Es liegt daher auf der Hand, tiefe und sauerstoffreiche Baggerseen nicht mit Karpfen und Schleien sondern mit Forellen zu bewirtschaften (283). Bei der Beurteilung des Lebensraumes müssen sehr genau Wassertemperaturen, Sauerstoffgehalt, Tiefe und Ausdehnung des Gewässers berücksichtigt werden.

Beim Besatz von Fließgewässern ist darüber hinaus entscheidend, daß die eingesetzte Fischart standorttreu ist. Regenbogenforellen z. B. wandern gerne ab (284). Vielfach wird mit Hilfe von Fischmarkierungen die Wirksamkeit von Besatzmaßnahmen zu überwachen versucht (615). Die Fische werden, bevor man sie ins Wasser entläßt, mit Marken (z. B. numerierten Metall- oder Kunststoffplättchen) versehen. Nach Wiederfang der Fische und Auswertung der Versuchsergebnisse kann das auf diese Weise erlangte Wissen etwa über Wachstum und Fischwanderungen, die Bemühungen um optimale Gewässerbewirtschaftung nachhaltig unterstützen.

Durch den in der Vergangenheit vielfach unsachgemäßen Besatz sah sich der Gesetzgeber genötigt, eine Reihe von Bestimmungen zu erlassen: Folgende Fischarten dürfen ausgesetzt werden: Forellen- und Saiblingsarten, Huchen, Coregonenarten (Felchen, Renken), Äschen, Schleien, Spiegel- und Schuppenkarpfen, Welse, Aale, Hechte, Flußbarsche, Zander und Edelkrebse (606, 607). Zum Aalbesatz sollen Glasaale Verwendung finden. Neu und für die Praxis der Bewirtschaftung wichtig ist folgender Absatz in § 19 AVFiG.»In Fließgewässern der Forellen- und Äschenregion, in Gewässern mit einem sich selbst erhaltenden Edelkrebsbestand sowie in Seen, in denen hauptsächlich Forellen und Saiblinge vorkommen, dürfen Aale und Hechte nicht ausgesetzt werden (608, 609); für diese Arten gelten in den gesamten Gewässern die Fangbeschränkungen nach Zeit und Maß nicht (610). Das Aussetzen von Aalen in anderen Seen . . . ist nur mit Erlaubnis der Regierung zulässig . . . Beim Frauennerfling, Sichling, Schrätzer, Streber und Zingel kann

---

Zur fachgerechten Bewirtschaftung von Fischgewässern gehört auch das Kurzhalten der Minderfische. Diese sind Futterkonkurrenten der Edelfische und fördern die Ausbreitung von Parasiten und Fischkrankheiten. Im Winter und Frühjahr bilden sie häufig Schwärme. Sie können dann in größeren Mengen gefangen werden. ▷

die Erlaubnis nur für das Einzugsgebiet der Donau erteilt werden, beim Perlfisch nur für den Chiemsee.« (611) Nichteinheimische Fische, Neunaugen,
Krebse und Muscheln sowie deren Laich dürfen im Gewässer nicht ausgesetzt werden. Ausgenommen hiervon sind Regenbogenforellen und Bachsaiblinge.

Über alle Besatzmaßnahmen hat der Fischereiausübungsberechtigte schriftlich Nachweis zu führen. Die Aufzeichnungen sind mindestens 3 Jahre lang
aufzubewahren und der Regierung sowie der Kreisverwaltungsbehörde auf
Verlangen vorzulegen (612, 613).

Besatzmenge In welcher Größenordnung soll Besatz durchgeführt werden? Als Regel gilt: Die Besatzmenge hat sich immer nach der natürlichen
Nahrungsgrundlage zu richten (285). Wird ein Gewässer z. B. mit Forellen
besetzt, so hat dies auf der Basis der speziell für die Forellen vorhandenen
Nährtiere zu geschehen (286). Das Ausmaß eines Hechtbesatzes orientiert
sich dagegen an den vorhandenen Futterfischen (287) und nach der Beschaffenheit des zur Verfügung stehenden Lebensraumes. Die Besatzmenge be-
rechnet man gewöhnlich für ein Hektar (ha) und auf den Zeitraum eines
Jahres.

Forellen und Äschen setzt man normalerweise als sog. Setzlinge (10–20 cm)
ein. Die Größenordnung des Besatzes für beide Fischarten beträgt unter der
Voraussetzung geeigneter Lebensbedingungen 200–2000 Stück/ha und Jahr
(288, 289). Setzt man dagegen Brut ein, liegen die Zahlen zwischen 1000 und
10000/ha und Jahr (290).

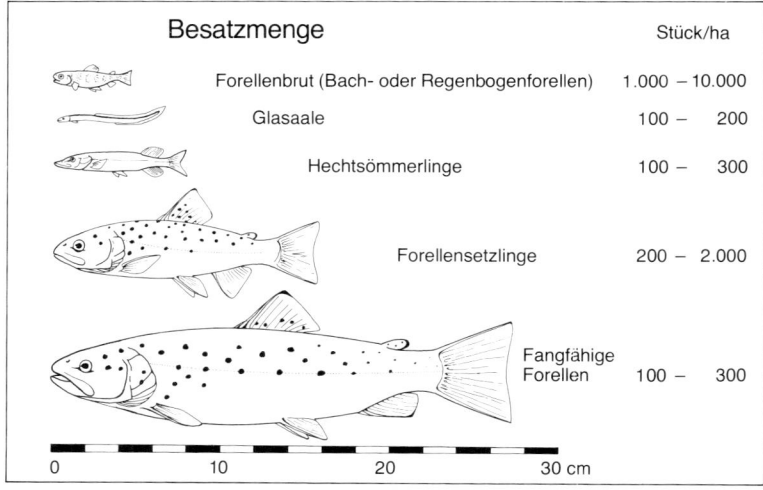

Besatzmenge	Stück/ha
Forellenbrut (Bach- oder Regenbogenforellen)	1.000 – 10.000
Glasaale	100 – 200
Hechtsömmerlinge	100 – 300
Forellensetzlinge	200 – 2.000
Fangfähige Forellen	100 – 300

0   10   20   30 cm

Hechte bezieht man üblicherweise als Sömmerlinge. Diese sind von den Fischzuchten frühestens ab Juni zu erhalten (291). Sie sind dann 5–7 cm lang. In geeignete Hechtgewässer können jährlich 100–300 Sömmerlinge/ha eingebracht werden (292). Hechte sind stets einzeln (Kannibalismus!) in Ufernähe (293) und möglichst auf Krautbänken auszusetzen (294).

Viele Gewässerbewirtschafter räumen beim Aalbesatz dem Glasaal gegenüber dem Satzaal den Vorrang ein. Man glaubt, daß der Anteil der besser wachsenden Weibchen bei den Glasaalen größer ist. Ein Kilogramm Glasaale enthält etwa 3000 Fischchen (295). In Seen sollten hiervon 100–200 Stück/ha eingesetzt werden (296). Wenn ein Gewässer mit mehreren Fischarten besetzt wird, muß sichergestellt sein, daß sich die Fische nicht gegenseitig vernichten. Es ist zum Beispiel nicht sinnvoll, kleinere Gewässer wie Baggerseen mit Hechten und Forellen gleichzeitig bewirtschaften zu wollen (297). Die Hechte werden mit Sicherheit die Forellen fressen.

In Gewässern mit guten Krebsbeständen sollen keine Aale eingesetzt werden. Aale nehmen mit Vorliebe »Butterkrebse« als Nahrung zu sich (298). Darunter versteht man Krebse unmittelbar nach ihren periodischen Häutungen. Sie haben dann mit ihrem Panzer für kurze Zeit den natürlichen Schutz verloren. Schon oft sind auf diese Weise Krebse aus einem Gewässer gänzlich verschwunden.

Im Zusammenhang mit dem Besatz muß auf einen weiteren, wichtigen Gesichtspunkt hingewiesen werden – *die Gefahr der Einschleppung von Fischkrankheiten.* Satzfische sollen frei von übertragbaren Krankheiten und Parasiten sein (299). Die Gewähr für einwandfreie Beschaffenheit der Fische soll sich selbstverständlich auch auf die Zeit nach der Lieferung erstrecken. Sehen Sie sich die Fische auf Parasitenbefall oder krankhafte Veränderungen genau an. Wenn z. B. Karpfen lange unter ungünstigen Bedingungen gehältert wurden, leiden sie manchmal an Entzündungen der Körperunterseite. Man spricht dann vom Auf- oder Wundliegen (300). Nehmen Sie Lieferungen nicht an, wenn Sie feststellen, daß die Ware nicht einwandfrei ist. Veranlassen Sie zu Ihrem Vorteil, daß die Fische vom Fischgesundheitsdienst oder einem anerkannten Fachmann untersucht werden. Nur so kann das Risiko der Krankheits- und Parasiteneinschleppung klein gehalten werden.

Kaufen Sie Ihre Satzfische grundsätzlich dort, wo Nachweis über gesunde Bestände geführt werden kann (616).

Zusammengefaßt gelten folgende Richtlinien für den Besatz:
1. Der richtige Fisch ins richtige Gewässer (301).
2. Zwischen Besatzmenge und natürlicher Nahrungsgrundlage soll ein ausgewogenes Verhältnis bestehen.
3. Satzfische sollen gesund und von einwandfreier Qualität sein.

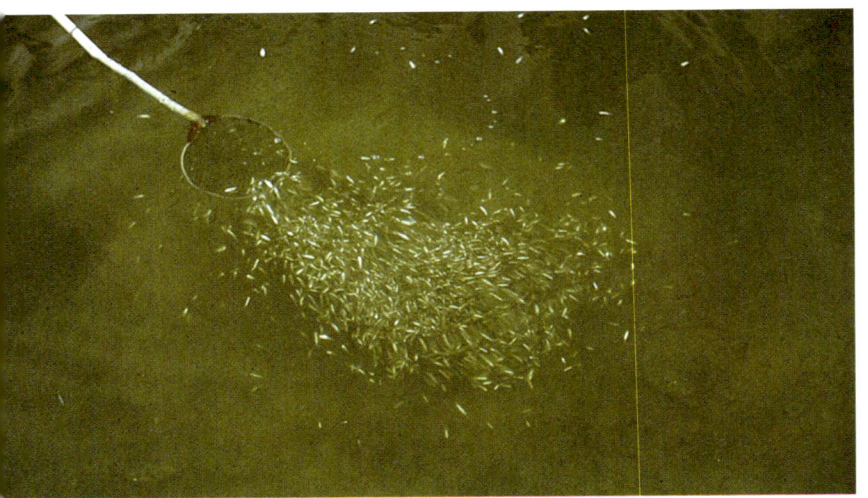

Bei der Elektrofischerei entsteht der Fangeffekt durch den Aufbau eines elektrischen Feldes im Wasser. Als Energiequelle dient meistens ein Gleichstromgenerator. Die Fische werden, wenn sie in das elektrische Feld geraten, kurze Zeit bewegungsunfähig, so daß man sie mit Keschern fangen kann. Sie erholen sich schon nach wenigen Minuten. Bei richtiger Dosierung von Spannung und Stromstärke nehmen die Fische keinen Schaden.

Bestandsregulierung Ebenso wichtig wie die Hegemaßnahmen ist regelmäßige Fischentnahme. Wenn Fischentnahme im Hinblick auf eine ordnungsgemäße Gewässerbewirtschaftung geschieht, bezeichnet man sie als Bestandsregulierung. So wie die Fischerei derzeit allgemein ausgeübt wird, zeichnet sich folgende Tendenz ab: Den fischereilich interessanten Arten wird sehr intensiv nachgestellt – Weißfische bleiben meist unbeachtet. Dies hat in manchen Gewässern zu übergroßen Minderfischbeständen geführt. Unerwünschte Arten treten in Konkurrenz zu den Edelfischen, nehmen schließlich deren Platz ein und machen eine erfolgreiche Bewirtschaftung und damit attraktive Fischerei oftmals unmöglich. Wenn Fischwasser im Zustand hoher Ertragsfähigkeit bleiben sollen, müssen die Pflegemaßnahmen im besonderen auf die Reduzierung der Minderfische ausgerichtet sein. Vielleicht ist an dieser Stelle der Vergleich mit einem Acker angebracht: Man kann noch so viel säen und düngen – solange das Unkraut nicht vernichtet ist, bleiben die Erträge klein. Stellen Sie sich einen Forellenbach vor. Wie oft wandern in ein solches Gewässer Weißfische – meist Aitel – ein. Die Forellen werden im Laufe der Zeit so zurückgedrängt, daß das Salmonidengewässer schließlich nur noch Cypriniden enthält. Um den Wert des Fischwassers zu bewahren, müssen die Aitel herausgefangen werden. Die Beseitigung eines Weißfischüberhanges bezeichnet man als »Entschuppung« (302). Als geeignetes Fanggerät für eine solche Bestandsregulierung hat sich das Elektro-Fischfanggerät erwiesen. Mit seiner Hilfe kann gezielte Auswahl unter jenen Fischen getroffen werden, die entnommen oder im Gewässer verbleiben sollen. Nur ist das mit der E-Fischerei nicht so ganz einfach. Nach der AVFiG ist nämlich das Fischen mit elektrischem Strom verboten (303). Zur E-Fischerei bedarf es daher einer Ausnahmegenehmigung (304). Diese wird nur durch die Regierung erteilt. In der Praxis kann die Genehmigung erlangt werden, wenn Gründe vorliegen, die den Einsatz des E-Gerätes erfordern.

Über die besten Fangzeiten für die einzelnen Fische bestehen bei den Fischern meist unterschiedliche Auffassungen. Nach allgemeiner Meinung jedoch gelten die Monate September, Oktober für den Zander (305), Oktober bis Dezember für Nasen (306) und der Januar für Huchen (307) als aussichtsreich.

Fischkrankheiten und Fischfeinde

In der gegenwärtigen fischereilichen Situation werden Fische zunehmend von Krankheiten bedroht. Betroffen sind intensiv bewirtschaftete Fischbestände, besonders Fischzuchten, aber auch dichtbesetzte Teiche und Baggerseen. Unsere großen Flüsse und Seen sind der Gefahr in geringerem Maße ausgesetzt.

Die Verbreitung von Fischkrankheiten erfolgt hauptsächlich über den Fischbesatz. *Gefahr der Einschleppung!* Dies gilt hauptsächlich für Infektionskrankheiten, denen in kürzester Zeit ganze Bestände zum Opfer fallen können. Fische sind gegenüber Krankheiten dann anfälliger, wenn ihre Ansprüche an den Lebensraum nicht erfüllt sind. Die infolge Abwassereinleitung sich verschlechternde Wasserqualität vieler unserer Gewässer trägt sehr zur Ausbreitung der Krankheiten bei.

Typisches Verhalten erkrankter Fische:
* Sie sondern sich von anderen Fischen ab,
* sie zeigen verminderte Fluchtreflexe,
* sie verändern ihre natürliche Färbung.

Für wirksame Gegenmaßnahmen ist wichtig, die Krankheiten frühzeitig zu erkennen. Kurz nach Ausbruch der Krankheit sind die Chancen einer erfolgreichen Behandlung am besten. Für einige Fischkrankheiten gibt es deutliche Anzeichen, so daß auch der Laie die richtige Diagnose stellen kann. In den meisten Fällen sollte aber ein Fachmann zugezogen werden. Nur dieser ist in der Lage, die vielen Erscheinungsformen einzelner Krankheiten richtig zu deuten.

Fangen Sie einen krankheitsverdächtigen Fisch, ist es Ihre Pflicht sofort den Fischereiausübungsberechtigten zu verständigen (308). Auf gar keinen Fall dürfen kranke oder krankheitsverdächtige Fische in den Verkehr gebracht werden (617). Untersuchungen über die Art der Krankheit sollten möglichst schon kurze Zeit nach dem Fang erfolgen. Behandlungen sollten Sie nicht selbst versuchen. Medikamente ins Gewässer einzubringen, ist verboten (309). Werden tote Fische zur Untersuchung etwa zum Fischgesundheitsdienst (FGD) eingesandt, ist dafür Sorge zu tragen, daß sie stets eisgekühlt und einzeln in Pergamentpapier verpackt sind (310). Durch Krankheiten hervorgerufene Fischsterben erkennen Sie im übrigen daran, daß das Sterben meist schleichend verläuft und daß nur eine oder untereinander verwandte Fischarten erfaßt werden (311). Bei Fischsterben durch Einleitung von Fischgiften verenden alle Fische schlagartig (312). Erste Bürgerpflicht ist sofortige Benachrichtigung der Polizei und zuständiger Verwaltungsbehörde (313). Im Anschluß werden zur Beweissicherung Wasserproben entnommen. Bei Fischsterben in Fließgewässern werden diese oberhalb der vermutlichen Einleitungsstelle, bei der Einleitungsstelle und in Abständen flußabwärts genommen (314). Die Probe oberhalb soll Oberlieger vom Verdacht ausschließen. Die zweite Probe soll den Verursacher ermitteln. Die Proben flußabwärts dienen dazu, das Ausmaß der Einleitung festzustellen. Als Fischereiberechtigter sind Sie im übrigen nicht verpflichtet, nach einem Fischsterben die toten Fische zu beseitigen (331). Dafür hat der Landkreis zu sorgen.

Welche Fischkrankheiten sind nun für uns, vor allem im Hinblick auf die Fischerprüfung, von Bedeutung?

Parasiten Beginnen wir mit jenen, die durch *Parasiten* verursacht werden. Parasiten, auch Schmarotzer genannt, sind Lebewesen, die auf Haut und Kiemen (Außenparasiten) oder in den inneren Organen (Innenparasiten) ihres Wirtes leben und diesen schädigen. Parasiten können so klein sein, daß sie für das menschliche Auge kaum oder nicht wahrnehmbar sind. Solch kleine Parasiten sind beispielsweise die Erreger der speziell bei Forellen auftretenden

Oben: Grießkörnchenkrankheit – Unten: Schwarzschwänzigkeit bei Drehkrankheit

Drehkrankheit oder der *Grießkörnchenkrankheit,* die verschiedene Arten befallen kann. Die Drehkrankheit der Forellen wird vornehmlich im Jugendstadium beobachtet (315). Die Fische leiden an Bewegungsstörungen und zeigen Schwarzschwänzigkeit (316). Bei der Grießkörnchenkrankheit sind, über den ganzen Körper verteilt, weiße Punkte auf Haut, Kiemen, Augen und Flossen deutlich zu erkennen (317).

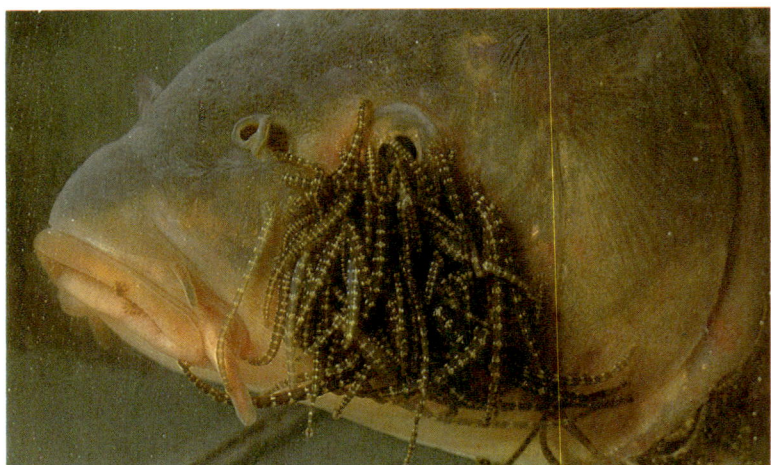

Oben: Kiemenkrebs, mittlerer Befall – Unten: Fischegel auf einem Karpfen, Massenbefall

Mit dem bloßen Auge gut sichtbare Parasiten sind *Kiemenkrebse, Karpfenläuse* und *Fischegel*. Sie sind typische Außenparasiten. Der Kiemenkrebs schmarotzt, wie der Name schon sagt, bevorzugt auf den Kiemen (318). Durch ihn sind besonders Schleien gefährdet (319). Die Karpfenlaus kann Halbpfenniggröße erreichen und haftet an der Haut der Fische (320). Vielfach sind Fische von Fischegeln befallen. Sie sind blutsaugende Hautschmarotzer

(321). Zu den häufig vorkommenden Innenparasiten zählt man *Kratzer* und *Bandwürmer*. Kratzer leben im Darm der Fische, Bandwürmer parasitieren ebenfalls im Darm, befallen aber auch andere Organe oder halten sich in der Leibeshöhle auf (618).

Einer der auffälligsten Bandwürmer ist der *Riemenwurm (Ligula).* Bis zu 10 Exemplare seiner Larve sind in der Bauchhöhle befallener Fische anzutreffen (619). Die Verbreitung von Parasiten wird durch die oft zu beobachtende Un-

Oben: Bandwurmlarven (Finnen) in der Muskulatur einer Renke – Unten: Kratzer im Mitteldarm, Massenbefall

145

Oben: Larven des Riemenwurms in der Leibeshöhle eines Rotauges – Unten: Flüssigkeitsansammlung (keine Bauchwassersucht!) in der Leibeshöhle einer Regenbogenforelle als Folge einer schweren Erkrankung

art der Fischer gefördert, Fischeingeweide an Fische und Wasservögel zu verfüttern (322). Die Wasservögel spielen in diesem Zusammenhang deshalb eine so wichtige Rolle, weil sie Zwischenwirte für einige Bandwürmer sind. Parasitenbefall führt unter den Fischen nicht zu solchen Verlusten wie etwa Infektionskrankheiten. Stark befallene Tiere sind aber meistens von schlechter Kondition. Sie bleiben z.B. im Wachstum zurück. Die ungünstige körperliche Verfassung und das Erlahmen der natürlichen Abwehrkräfte fördert nicht

Glotzaugen und punktförmige Blutungen in der Muskulatur sind Anzeichen für Forellenseuche

selten gerade in parasitierten Beständen die Ausbreitung infektiöser Krankheiten.

Infektionskrankheiten Besonders verlustreich und deshalb von großer wirtschaftlicher Bedeutung sind *Infektionskrankheiten* – Krankheiten, die durch Ansteckung übertragen werden. Die Erreger der sog. *Bauchwassersucht* (BWS) bei Karpfen (323) und der *Forellenseuche* (VHS) sind Viren

Oben: Bis in die Muskulatur reichende Geschwüre beim Karpfen – Unten: Verpilzung einer Regenbogenforelle

(620). Bei der Bauchwassersucht ist die Leibeshöhle durch Flüssigkeitsansammlung stark aufgetrieben, z.T. bilden sich Glotzaugen aus (324). Die oftmals parallel auftretenden offenen Geschwüre, können bis in die Muskulatur hineinreichen. Hier sind die Erreger allerdings Bakterien. Die Bauchwassersucht tritt meistens im Frühjahr in Erscheinung. In ihrer Begleitung tritt nicht selten bei den befallenen Karpfen auch die Schwimmblasenentzündung (SBE) auf.

Anzeichen für die Forellenseuche sind punktförmige Blutungen in der Muskulatur, die sichtbar werden, wenn man die Fische filetiert. Als Begleiterscheinung treten ebenfalls häufig Glotzaugen auf.

Neben der Forellenseuche sind forellenartige Fische speziell durch die *Furunkulose* gefährdet (325). Erreger sind Bakterien (621). Bei einer bestimmten Form der Furunkulose bilden sich eitrige Geschwüre unter der Haut, die im Verlauf der Krankheit nach außen aufbrechen (326). Während die Forellenseuche vor allem in der kalten Jahreszeit vorkommt, ist das Auftreten der Furunkulose eher an wärmere Monate gebunden. In neuerer Zeit macht eine weitere Viruserkrankung der Forellen von sich reden: die »Infektiöse Pankreas Nekrose« (IPN). Allerdings werden nur Jungfische im Alter von 5–6 Monaten befallen. Die Verluste können sehr groß sein. Die Diagnose ist nicht einfach. Nur Laboruntersuchungen führen zu gesichertem Nachweis über die Erreger.

Steigende Besatzwirtschaft zwingt zu intensiver, künstlicher Brutaufzucht. Durch das ständige Hantieren mit den Fischen werden die Jungfische oftmals verletzt. Mißbildungen können die Folge sein. Beide Exemplare (oben Äsche, unten Renke) zeigen eine verkrüppelte Wirbelsäule.

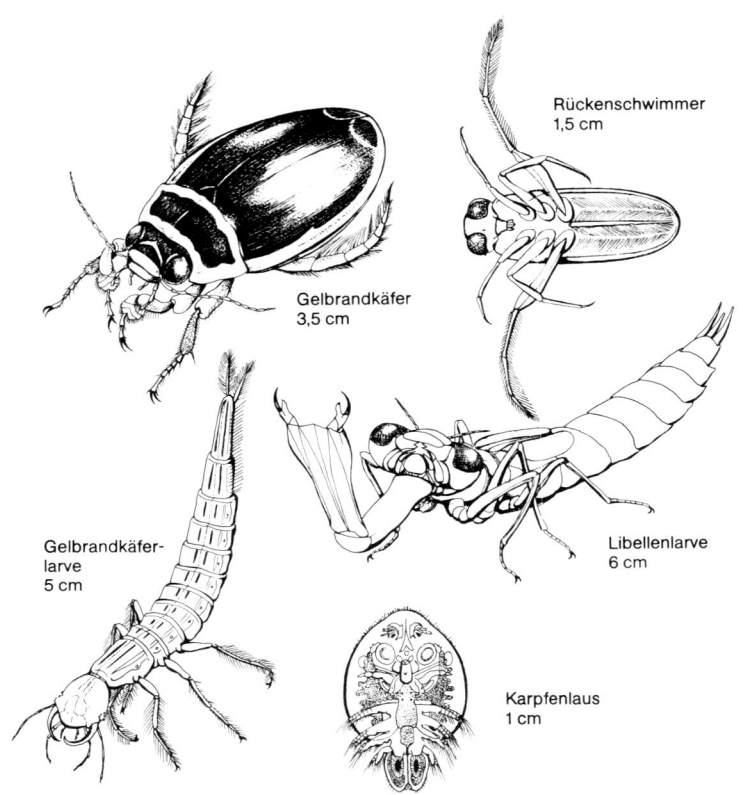

Rückenschwimmer
1,5 cm

Gelbrandkäfer
3,5 cm

Gelbrandkäfer-
larve
5 cm

Libellenlarve
6 cm

Karpfenlaus
1 cm

Pilzerkrankungen Manchmal kann man auf Fischen watteartige Überzüge beobachten. Dabei handelt es sich um *Verpilzungen,* die sich besonders leicht nach Verletzung der Haut einstellen (59). Eine Pilzerkrankung ist z. B. die *Krebspest,* die zu empfindlichen Verlusten in unseren Krebsbeständen geführt hat. Befallene Krebse erkennt man u. a. daran, daß sie, aus dem Wasser gehoben, Beine und Scheren kraftlos nach unten hängen lassen (327).

»Fischfeinde« Neben spezifischen Krankheitserregern gibt es Tiere, die zeitweise, besonders wenn sie in größerer Zahl auftreten, für die Fische gefährlich werden. Schädlinge in dieser Richtung sind: Der *Gelbrandkäfer und seine Larve* (328), *Libellenlarven* und der *Rückenschwimmer* (328). Vor allem Fischbrut und Jungfische sind solchen stechenden und saugenden *Fischfeinden* ausgesetzt. Gelbrandkäfer und deren Larven sind nicht unter Schutz gestellt und dürfen deshalb bekämpft werden (329). Der Bisam ist ebenfalls ein Feind der Fischerei. Er greift die Fische selbst nicht an, zerstört aber Uferanlagen und Dämme (330) sowie fischereiliche Gerätschaften (Reusen). Im Bayerischen Fischereirecht gibt es eine eigene Verordnung zur Bekämpfung des Bisams. Danach muß der Fischereiausübungsberechtigte – wenn es die zuständige Behörde anordnet – die Ufer- und Gewässergrundstücke im Hinblick auf das Auftreten des Bisams überwachen (622). Von der zuständigen Behörde verpflichtet werden, die Bisam zu bekämpfen, kann der Verfügungsberechtigte und Besitzer von Ufer- und Gewässergrundstücken sowie der zur Unterhaltung oberirdischer Gewässer Verpflichtete (623).

Zeitweilig gefährlich wird Fischen auch die Wasserspitzmaus. Sie steht aber unter Naturschutz und darf deshalb nicht getötet werden (332).

Sie werden an dieser Stelle fragen, was mit Fischadler und Fischreiher, Sägern und Tauchern sowie dem Fischotter zu geschehen hat. Sie sind doch auch Fischfeinde. Aus fischereilicher Sicht ist dies unbestritten. Die Tiere dürfen jedoch deshalb nicht erlegt werden, weil ihre Bekämpfung jagdrechtlichen Bestimmungen untersteht, denen sich der Fischereiausübende beugen

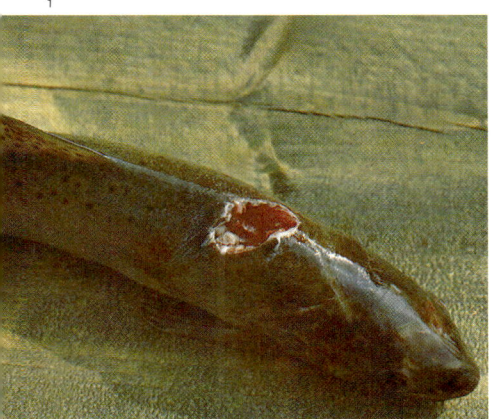

1 Vom Reiher »angestochene« Forelle. Bis zu 50% beträgt die Quote der Fehlstiche.

2 Die Fischer nennen ihn Fischreiher. Die korrekte Bezeichnung ist Graureiher.

3 Der Bisam

Gelbrandkäferlarve   Gelbrandkäfer

Rückenschwimmer   Libellenlarve

muß (333). Die eben genannten Fischfeinde darf man als Fischer nur verscheuchen (334). Mehr steht auch Fischzüchtern nicht zu, die verständlicherweise wegen der oft hohen Verluste gern zu härteren Mitteln greifen würden. Forellenteichwirtschaften werden z. B. häufig von Eisvögeln heimgesucht. Ihr Auftreten führt besonders unter Brut und Jungfischen zu Verlusten. Eisvögel stehen unter Naturschutz und dürfen nicht geschossen werden (335). Werden die Schäden, die einem durch ganzjährig geschützte, aber dem Jagdrecht unterstehende Vogelarten entstehen, zu groß, sollte man den Jagdausübungsberechtigten bitten, die Gelege zu vernichten. Dies muß allerdings von der Jagdbehörde genehmigt sein (337). Keinesfalls dürfen die Gelege von Fischereiberechtigten selbst zerstört werden. Sofern Fischereischäden durch jagdbare Tiere entstehen, versucht man am besten, den örtlichen Jagdausübungsberechtigten zum Abschuß zu veranlassen (338).

Wasser

Element der Fische ist das Wasser. Die Fische nehmen seine Temperatur an, atmen seinen Sauerstoff und finden hier Nahrung. Ihr Wohlbefinden hängt in hohem Maße von der Qualität des Wassers ab. Wasserqualität und Gewässereigenschaft hängen von einer Reihe von Faktoren ab:

Nährstoffe Die Fruchtbarkeit eines Gewässers wird von Art und Menge der im Wasser gelösten Nährstoffe bestimmt. Wichtige Nährstoffe sind z. B. Phosphor, Stickstoff, Calcium und Natrium. Diese und einige andere verwendet das pflanzliche Plankton zu seinem Aufbau. Wie wir im Kapitel über die Fischernährung gelernt haben, steht das pflanzliche Plankton am Beginn der Nahrungskette. Mit seiner Existenz ist die Voraussetzung für die Ernährung von Kleintieren und Fischen geschaffen. Die Menge der im Wasser gelösten Nährstoffe nimmt somit über die Nahrungskette Einfluß auf die Höhe des Fischertrages. Man unterscheidet zwischen nährstoffarmen und nährstoffreichen Gewässern. In nährstoffarmen und damit fast unfruchtbaren Gewässern kann sich nur wenig pflanzliches Plankton bilden. In nährstoffreichen, fruchtbaren Gewässern bilden sich große Mengen pflanzlichen Planktons. In der Fachsprache bezeichnet man letztere als eutroph (339). Vorgänge, die zur Nährstoffanreicherung führen, wie die Einleitung häuslicher sowie industrieller Abwässer nennt man Eutrophierung. Da es auch durch das Einbringen von Fischfutter, vor allem wenn es in großen Mengen erfolgt, zu nachteiligen Veränderungen eines Gewässers kommen kann, darf nur soviel eingebracht werden, daß keine negative Beeinflussung erfolgt (336). Das Vorhandensein vieler Tierarten hängt davon ab, welche und wieviel Nährstoffe in einem Gewässer gelöst sind. Für uns ist in diesem Zusammenhang interessant, daß Perlmuscheln nur in kalkarmen Gewässern zu Hause sind (340). Perlmuscheln erkennen Sie an der dunklen Färbung und an den dicken Schalen mit den rauhen Außenseiten (341). Sie sind ganzjährig geschützt (591).

Säurebindungsvermögen In der Fischerei beurteilt man die Fruchtbarkeit eines Fischwassers vielfach nach seinem Kalkgehalt. Kalkarme Gewässer sind erfahrungsgemäß wenig fruchtbar, kalkreiche dagegen liefern hohe Erträge. Um den Kalkgehalt zu messen, macht man sich die Fähigkeit des Kalkes zunutze, Säuren zu binden. Dieses sog. Säurebindungsvermögen (SBV) versteht sich als ein Maß für den Kalkgehalt des Wassers (342). Die Fruchtbarkeit eines Gewässers teilt man anhand des SBV-Wertes wie folgt ein:

kleiner 1 = ertragsarm (343)
   2–4 = mittlere Erträge
größer 4 = hohe Erträge

Wo finden solche Messungen Anwendung? In der Praxis stellen Karpfenzüchter mit diesem Verfahren die Ertragsfähigkeit ihrer Teiche fest.

pH-Wert Neben der Fruchtbarkeit hängt auch die saure, neutrale oder alkalische Reaktion des Wassers im wesentlichen vom Kalkgehalt ab. Kalkreiches Wasser reagiert alkalisch, kalkarmes sauer. Die Reaktion wird mit Hilfe des sog. pH-Wertes ausgedrückt (344). Ein pH-Wert kleiner als 7 bedeutet saure, größer als 7 alkalische Reaktion. Die pH-Wert Skala reicht von 1–14, wobei 1 = stark sauer und 14 = stark alkalisch bedeutet. Der pH-Wert 7 drückt die neutrale Reaktion aus (345). Für unsere heimischen Fische sind pH-Werte um 7 am günstigsten (346).

Sauerstoff Bei der Charakterisierung eines Fischwassers nimmt die Beschreibung der Sauerstoffverhältnisse stets breiten Raum ein. Das Sauerstoffbedürfnis von Fischen ist unterschiedlich. Salmoniden stellen im Gegensatz zu Cypriniden hohe Ansprüche. Um in einem natürlichen Gewässer gut zu gedeihen, benötigen sie mindestens 7 mg/l* (154). Werden bestimmte Mengen unterschritten (Salmoniden: 3 mg/l, Cypriniden: 1 mg/l), hat dies den schnellen Tod der Fische zur Folge. Durch vermehrte Atembewegungen können die Fische die Sauerstoffaufnahme vergrößern (347). An Sauerstoffmangel eingegangene Fische erkennt man an den abstehenden Kiemendeckeln (348).

Wasser ist befähigt, in Abhängigkeit von der Temperatur eine nur ganz bestimmte Menge Sauerstoff aufzunehmen. Ist diese der Temperatur entsprechende Konzentration im Wasser vorhanden, spricht man von Sauerstoffsättigung. Kaltes Wasser kann mehr Sauerstoff aufnehmen als warmes (349). Der Sättigungswert für 10° C warmes Wasser beträgt rund 11 mg/l (350). In 25° C warmem Wasser sind dagegen nur noch etwa 8 mg/l enthalten. Die sog. Sauerstoffübersättigung, von der immer wieder zu hören ist, rührt von der Assimilationstätigkeit (Photosynthese) der Wasserpflanzen her. Bei diesem Vorgang entsteht unter Einfluß von Licht Sauerstoff (351).

Werden mit Abwasser organische Stoffe in ein Gewässer eingeleitet, sinkt der Sauerstoffgehalt meist sehr schnell ab (352). Schuld daran sind Bakterien, die beim Abbau solcher Substanzen Sauerstoff verbrauchen. Bei zu viel Abwasser kommt es zu übermäßiger Bakterienvermehrung und damit zu erhöhtem Sauerstoffverbrauch. Zu niedrige Sauerstoffgehalte bedrohen nicht nur den Fischbestand, sondern vor allem dessen Vermehrung, weil die auf dem Boden liegenden Eier bei Sauerstoffmangel vernichtet werden. Am Boden ist die Sauerstoffzehrung deshalb meist am größten, weil hier die organischen Stoffe abgelagert sind und damit die Bakterientätigkeit am intensivsten ist. Bei Abwassereinleitungen und der damit verbundenen Gewässerverunreinigung sind im übrigen sofort das zuständige Wasserwirtschaftsamt, die nächste Polizeidienststelle sowie die Kreisverwaltungsbehörde zu verständigen (627). Sauerstoffmangel ist jedoch nicht unmittelbar an Abwassereinleitungen gebunden. Z.B. ist Grund- und Quellwasser in der Regel sauerstoffarm (353).

* mg/l = Milligramm pro Liter. 1 Milligramm entspricht 1 Tausendstel Gramm.

Gefahr droht auch dann, wenn nach Wasserblüten große Mengen abgestorbener Algen zu Boden sinken (354).

Dichte Abschließend noch einige Worte zur Dichte des Wassers. Interessanterweise hat Wasser bei +4° C seine größte Dichte und somit das größte spezifische Gewicht (355). Eis hingegen hat das geringste spezifische Gewicht. Es schwimmt daher auf dem Wasser (356).

Lebensraum

Die Natur hat für die Fische eine Vielzahl verschiedenartiger Lebensräume bereitgestellt. Vergleichen Sie den eiskalten Gebirgsbach mit dem im Sommer so warmen Moorsee. Beide Gewässer beherbergen bestimmte Fischarten, die sich den Bedingungen ihrer Umwelt besonders gut angepaßt haben. Für die Fischerei ist ein wesentliches Merkmal, ob es sich bei dem Lebensraum um fließende oder stehende Gewässer handelt. Kenntnisse des Lebensraumes und dessen spezieller Verhältnisse erleichtern die fischereiliche Bewirtschaftung vor allem nach dem Grundsatz: Der richtige Fisch ins richtige Wasser.

Fließgewässer In der Fischereibiologie werden Fließgewässer in Strecken eingeteilt, die sich nach Fließgeschwindigkeit, Durchschnittstemperatur, Nährstoffreichtum und Beschaffenheit des Untergrundes unterscheiden und in denen bestimmte Fischarten (sog. Leit- oder Kennfische) besonders günstige Lebensverhältnisse vorfinden. Die einzelnen Strecken bezeichnet man als Fischregionen.
Zum besseren Verständnis betrachten wir nun ein Fließgewässer von der Quelle bis zu seiner Mündung ins Meer. Im Gebirge ist das schnellfließende Wasser der Quellbäche stets sehr sauerstoffreich (628) und bis auf die Zeit der Schneeschmelze glasklar. Nicht einmal im Sommer steigen die Wassertemperaturen über 10 °C an (629). Wassertiefe und Wasserführung unterliegen häufigen Schwankungen. Der Bachuntergrund besteht aus fein- bis grobkörnigem Kies, große Felsbrocken können dazwischen gelagert sein. Höhere Wasserpflanzen gedeihen nicht. Die stete Bewegung des Untergrundes (Geschiebe) zerstört kleine Pflänzchen und deren Wurzeln. Leitfisch ist die Bachforelle, da ihr, wie wir bereits wissen, schnellfließendes, kaltes und sauerstoffreiches Wasser besonders zusagt (357). Nach ihr wird der Gewässerabschnitt *Forellenregion* genannt. Begleitfische sind Bachsaiblinge, Elritzen (630), Schmerlen und Koppen (634). Gelegentlich kommen Rutten vor. Sie sind, weil große Laichräuber (631), ausgesprochen unerwünscht (358). Auch die Quellbäche des Flachlandes, sog. Niederungsbäche werden dieser Region zugeordnet, sofern ihr Wasser klar und sauerstoffreich ist. Wegen der verminderten Wirkung des Geschiebes weisen sie jedoch meistens dichte Pflanzenbestände auf. Da in den Wasserpflanzen Fischnährtiere ihr Fortkommen finden, sind Niederungsbäche sehr ertragreich (359, 360).

An die Forellen- schließt sich die *Äschenregion* an. Die Wasserführung nimmt zu, Gefälle und Strömung werden geringer. Kiesbänke und flache Bereiche wechseln mit ausgespülten Gumpen und Stellen weichen Untergrundes ab. Hier kann sich reicher Pflanzenwuchs ansiedeln. Das Wasser ist immer noch sauerstoffgesättigt und klar, doch können die Wassertemperaturen im Sommer bis ca. 15 °C ansteigen. Neben der Äsche als Leitfisch kommen häufig Forellen, Koppen, Aitel, Huchen und Nasen vor (632).

In seinem Lauf dem Meere zu wird das Gewässer nun breiter und tiefer. Der Untergrund bleibt in der *Barbenregion* noch überwiegend kiesig und sandig. Pflanzenwuchs kann sich wegen der Geschiebewirkung nur im Uferbereich oder in Stillwasserzonen bilden. Das Wasser ist getrübt und im Sommer sind Temperaturen bis zu 20° C möglich, es bleibt jedoch wegen der hohen Fließgeschwindigkeit sauerstoffreich (361). Leitfisch ist die Barbe. Häufige Begleitfische sind Nasen, Hasel, Nerflinge und auch Schiede.

Im weiteren Verlauf wandelt das Gewässer abermals sein Gesicht. Es wird zum langsamfließenden Fluß oder Strom. Wir befinden uns in der *Brachsenregion*. Mitgeführter Kies, Sand und Schlamm kommen hier zur Ruhe, so daß die Bodenbeschaffenheit zwischen sandig und schlammig wechselt. Das Wasser kann sich bis über 20° C erwärmen. Es ist stets trüb und unter ungünstigen Strömungsverhältnissen sauerstoffarm. In der Brachsenregion sind die meisten Fischarten zu Hause (362). Neben der Brachse als Leitfisch sind Güstern, Barsche (363) Zander, Karpfen und Schleien charakteristisch. Der Fischreichtum wird u. a. durch Altwasser gefördert, die hier vielfach angetroffen werden. Diese bieten den Fischen meist beste Voraussetzungen für ihr Laichgeschäft, darüber hinaus vor allem Schutz gegen die Schiffahrt oder andere zur Beunruhigung der Fische beisteuernden Faktoren. Ein Altwasser ist ein alter, häufig im Zuge von Regulierungen abgeschnittener Teil des Flusses (364). Vielfach besteht eine Verbindung zum Hauptstrom, so daß die Fische ungehindert aus- und einziehen können. Bei einigen ist dies allerdings nur bei Hochwasser möglich.

Im Mündungsgebiet der Flüsse vermischt sich durch die Wirkung von Ebbe und Flut das Süßwasser mit dem salzigen Meerwasser. Dabei entsteht das sog. Brackwasser. Die *Brackwasserregion* ist außerordentlich fruchtbar. Kennfische sind der Kaulbarsch und die Flunder (Kaulbarsch-Flunderregion). Man trifft darüber hinaus v. a. Fischarten an, die sich vor ihren Laichwanderungen an veränderte Umweltbedingungen gewöhnen müssen.

In der Natur kommen die verschiedenartigsten *Übergänge* zwischen den einzelnen Regionen vor. In einigen Wasserläufen können ganze Regionen fehlen. Auch die Leitfische halten sich durchaus nicht an die vorgegebenen Grenzen. Manche Fischarten wie Hecht, Rotauge und Aal werden mit sehr unterschiedlichen Umweltbedingungen fertig und kommen daher in allen nur denkbaren Gewässern vor. Die vorliegende, schematische Einteilung hat in diesem Buch insofern ihre Berechtigung, als sie Ihnen, lieber Leser, die Vorstellung von den Lebensansprüchen der Fische erleichtert (365).

Stehende Gewässer Nun zu den stehenden Gewässern. Bei den kleinen unter ihnen macht man einen Unterschied zwischen Teich und Tümpel. Ein *Teich* ist künstlich angelegt und ablaßbar (633). Ein *Tümpel* stellt eine natürliche Wasseransammlung dar. Er kann nicht abgelassen werden. Unter den größeren Gwässern hat man die natürlichen *Seen* und die künstlich entstandenen *Bagger- und Stauseen* zu trennen. Für die Angelfischerei bekommen vor allem die Baggerseen im Zuge der Fischwasserverknappung immer größere Bedeutung. In den ersten Jahren nach der Baggerung sind sie meist nährstoffarm und sauerstoffreich und daher gut für eine Bewirtschaftung mit Salmoniden (241) geeignet. Mit fortschreitendem Alter nimmt die Nährstoffkonzentration zu und die Sauerstoffverhältnisse gestalten sich ungünstiger. Solche Baggerseen sind dann eher den Karpfen, Schleien und Hechten vorbehalten.

Für Seen bietet sich eine ähnliche Einteilung wie für die Fließgewässer an. Folgende Gesichtspunkte spielen eine Rolle:

- die in der Hauptsache vorkommenden Fischarten,
- Beschaffenheit des Seebodens,
- Nährstoffkonzentration,
- Sauerstoffgehalte,
- sommerliche Sichttiefen,
- Pflanzenbestände.

Der noch in Höhen über 1500 m anzutreffende Hochgebirgssee wird – wenn überhaupt – nur von Forellen, Saiblingen, zu den Cypriniden zählenden Elritzen (366, 367), seltener von Koppen bewohnt. Solch ein *Forellen- oder Saiblingssee* ist nährstoffarm, meist tief, und besitzt steilscharige, hartgründige Ufer (368). Wie alle nährstoffarmen Seen zeichnet er sich durch hohe Sauerstoffgehalte aus (369). Der Soiernsee oberhalb von Krün etwa stellt einen solchen Seentyp dar.

Die manchmal bis 1000 m hoch gelegenen *Renkenseen* beherbergen als Leitfische Renken, Seeforellen und Seesaiblinge. Beispiele dafür sind der Walchen- und der Königssee.

Unsere großen, randalpinen Seen, vom Bodensee bis zum Chiemsee, verkörpern den Typus des *tiefen Brachsensees*. Sie sind artenreiche Gewässer, in denen meist durch Besatzwirtschaft Renken, ansonsten Cypriniden (370), Aale und Hechte in größeren Mengen vorkommen. Diese Seen weisen hohe Nährstoffkonzentrationen, zeitweilig sehr ungünstige Sauerstoffwerte und im Sommer geringe Sichttiefen (3 m) auf. Der Gewässerboden hat sandig schlammigen Charakter, so daß üppige Bestände an Unter- und Überwasserpflanzen angetroffen werden.

Im *flachen Brachsensee* wie etwa Staffelsee, Riegsee, Pilsensee oder Waginger See ist der Anteil an Cypriniden noch größer. Charakteristisch sind gute Hecht- und Zanderbestände. Die Renken werden seltener.

Kleinere, flache Seen ohne Tiefenregion werden den *Hecht- und Zanderseen* zugerechnet. Am Gewässerboden gibt es ausgedehnte Schlammbereiche. Man hat allerdings zu unterscheiden zwischen Seen mit guten Laichplätzen – hier gibt es harte, sandig bis kiesige Flachwasserpartien – und solche, die ausschließlich Schlammuntergrund besitzen und damit ohne Eignung für die Fortpflanzung sind. Die Pflanzenbestände sind an die Art des Gewässerbodens angepaßt. Auf weichem Untergrund gedeihen sie gut, auf hartem Boden fehlen sie. Ein für das Fortkommen des Zanders geeigneter See ist hartgründig, meist trüb und krautarm (371). Vertreter eines solchen Seentyps finden Sie in der Eggstätter Seenplatte und dem Hofstättersee bei Rosenheim.

Wasserpflanzen Sicherlich ist Ihnen bei der Lektüre dieses Buches aufgefallen, daß bei mancher Gelegenheit die Bedeutung der Wasserpflanzen für die Fische hervorgehoben wurde. In der Tat ist das Sich-Wohlfühlen der Fische in bestimmten Lebensräumen an das Vorhandensein von Pflanzen gebunden. Denken Sie etwa an die Bachforelle die sich gern in der Nähe dichter Krautbestände aufhält, in denen sie Nahrung und Zuflucht findet, oder an Schleien, die den Pflanzengürtel kaum verlassen. Hier steht auch vielfach der Hecht, wenn er auf Beute lauert. Wo Pflanzen siedeln, findet sich stets reiches Nährtiervorkommen. Über die Nahrungs- und Unterstandsfunktion hinaus haben besonders die Unterwasserpflanzen die Aufgabe, durch ihre Sauerstoffproduktion für die Fische bessere Umweltbedingungen zu schaffen. Man unterscheidet drei Typen von Wasserpflanzen:

1. Überwasserpflanzen
Sie siedeln in der Uferzone und wurzeln unter Wasser. Ihre Blatteile befinden sich über Wasser. Fast an jedem Gewässer können Sie mit Schilf und Rohr Vertreter dieser Gruppe finden. Weiterhin zählen Tannenwedel, Seggen und Igelkolben dazu (372). Starke Entwicklung von Überwasserpflanzen ist besonders in der Teichwirtschaft unerwünscht, da sie dem Boden Nährstoffe entziehen und zur Verlandung beitragen (373).

2. Schwimmblattpflanzen
Wichtige Vertreter der an der Wasseroberfläche schwimmenden Pflanzen sind Wasserlinsen, Seerosen und Froschbiß (374). Bei starker Ausbreitung decken sie ein Gewässer so ab, daß keine Sonneneinstrahlung mehr erfolgen kann. Damit unterbleibt die Assimilationstätigkeit der Unterwasserpflanzen, was die Sauerstoffbilanz ungünstig gestalten kann.

3. Unterwasserpflanzen
Unterwasserpflanzen können die Fischproduktion positiv beeinflussen (375). Sie sind als Sauerstoffproduzenten besonders wertvoll. Außerdem liefern sie nach ihrer Verrottung fruchtbaren Bodenschlamm und bieten Krautlaichern gute Fortpflanzungsbedingungen. Vertreter sind z.B. Hornkraut, Quellmoos (635) verschiedene Laichkräuter und vor allem die Wasserpest, die zu den sich sehr schnell und stark ausbreitenden Wasserpflanzen gehört (376). (Siehe nebenstehende Abb.)

Einige wichtige
Wasserpflanzen

Igelkolben

Segge

Froschbiß

Schilf

Teichrose

Tannenwedel

Wasserpest

Wasserlinsen

159

Fanggeräte und ihr Gebrauch

Für Sie als angehenden Angler ist die Wahl fachgerechten Gerätes nicht einfach, denn das Angebot an Ruten, Rollen und Zubehör ist verwirrend. Wird Ihnen keine sachkundige Beratung zuteil, erwerben Sie unter Umständen eine für Ihre Zwecke ungeeignete Ausrüstung. Unsachgemäße Gerätezusammenstellung birgt die Gefahr von Schnurriß und Gerätebruch. Der Fisch entkommt mit dem Haken im Maule und geht auf Grund dieser Verletzung elend ein. Es ist deshalb zu fordern, daß Sie schon vor den ersten Beutezügen wissen, worauf es beim Angelgerät ankommt. Sie brauchen sich kein umfangreiches Spezialwissen anzueignen, die Kenntnis der wichtigsten Arten von Ruten, Rollen, Haken und einigem Zubehör genügt vorläufig.

Ruten   Angelruten sind neben Schnüren und Haken das wichtigste Instrument des Anglers. Sie ermöglichen weite Würfe und tragen durch ihre Elastizität zur sicheren Landung der Fische bei. Beim Kauf Ihrer ersten Angelrute gehen Sie am zweckmäßigsten von folgender Faustregel aus: Zum Fang kleiner Fische eignen sich eher weiche, sog. leichte Ruten (377). Großen Fischen stellt man dagegen tunlichst mit steifen, sog. schweren Ruten nach. Der Charakter einer Rute zeigt sich im wesentlichen an ihrer *Aktion*. Unter Aktion versteht man den Rutenausschlag, d. h. die Art des Durchbiegens beim Wurf (378). Man unterscheidet Ruten, die sich nur im Spitzenteil (a), nur in der oberen Hälfte (b) oder im oberen *und* mittleren Teil (c) durchbiegen. Schließlich gibt es eine Rutenaktion, bei der es zur Durchbiegung der ganzen Rute kommt (d). Die Länge der Ruten beträgt normalerweise 1,5 bis 4 Meter, in Ausnahmefällen bis über 8 Meter. Angelruten sind ein-, zwei- oder mehrteilig.

Aktion einer Rute

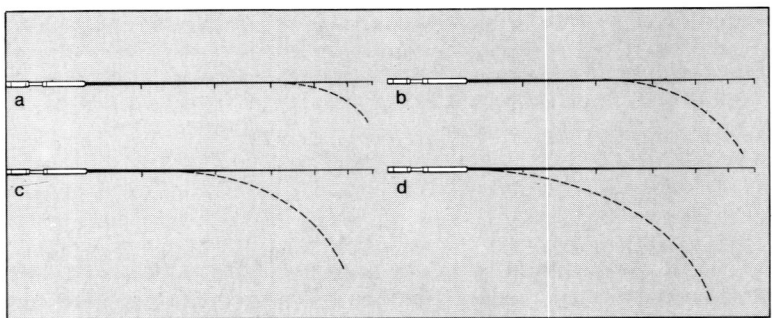

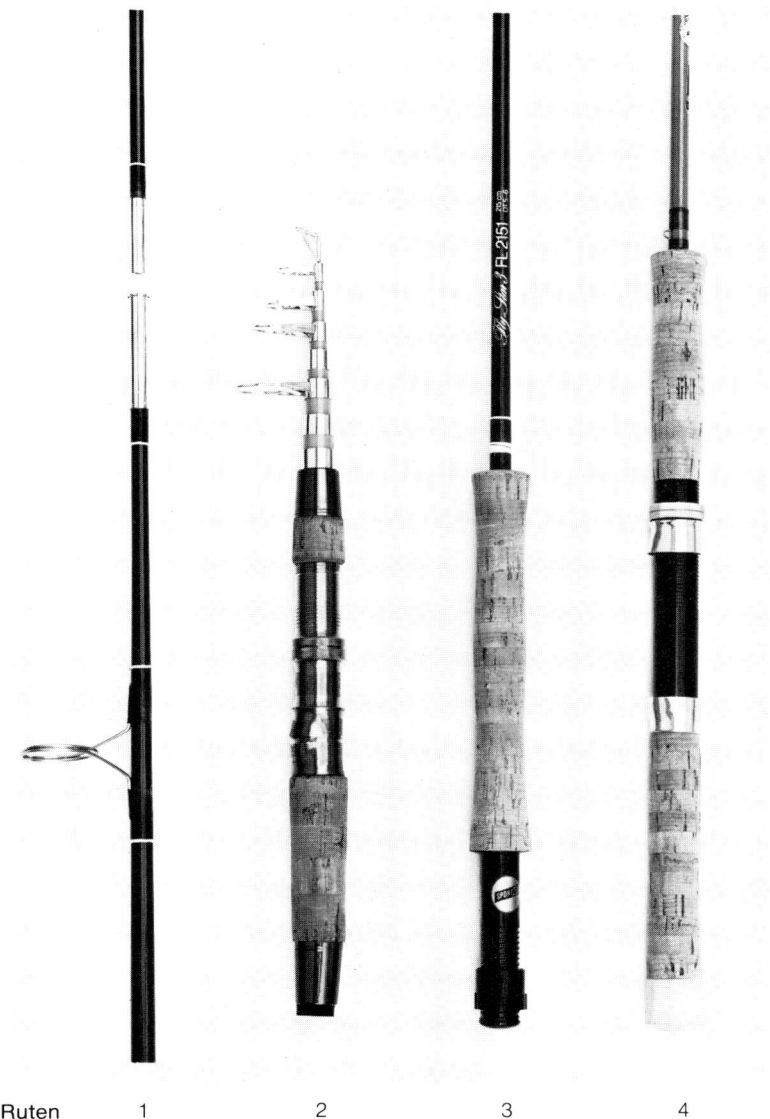

Ruten   1   2   3   4

1 Schnurführungsring und Hülsensteckverbindung   2 Teleskoprute (bis zu 10 m lang)   3 Fliegenrute – Rollenhalterung am unteren Ende des Handteiles   4 Rollenhalterung in der Mitte des Handteiles

Rollen

1 Fliegenrolle   2 Grund- oder Wenderolle (wird zum Werfen gedreht)   3 Stationärrolle   4 Multirolle   5 Eine Variante der Stationärrolle ist die Kapselrolle

Mehrteilige werden bei vielen Typen mittels Hülsen zusammengesteckt. Am Sitz der Hülsen können Ruten leicht brechen (379). Alle Rutenarten sind im Handel auch als Teleskopruten erhältlich. Beim Zusammenschieben von Teleskopruten ist zu beachten, daß die Spitze stets zuletzt eingeschoben wird (380). Nach dem Material unterscheidet man Hohlglas-, Vollglas-, Kohlefaser- und gespließte (verleimte) Ruten. Die Halterung für die Rollen befindet sich bei allen Ruten in der Mitte oder im oberen Drittel des Handteiles, mit Ausnahme jener für die Fliegenrute. Wegen der besonderen Wurftechnik beim Flugangeln ist die Fliegenrolle am Ende des Handteiles angebracht (381).

Wer mit Kohlefaserruten angelt muß wissen, daß diese gute elektrische Leiter sind. Für die Praxis heißt das: Angeln bei Gewitter einstellen und sich von elektrischen Freileitungen fernhalten (636).

Rollen Angelrollen haben die Aufgabe, Schnur aufzunehmen und diese für den Wurf leicht freizugeben. Man unterscheidet zwischen Rollen, bei denen wie bei der *Stationärrolle* die Schnurspule feststeht (382) und Rollen mit drehender Schnurspule wie die *Multirolle* (383). Die meisten Modelle besitzen zur Erleichterung der »Kurbelei« eine Übersetzung. Stationär- und Multirolle eignen sich nicht für die Fliegenfischerei (384). Beim Flugangeln gebraucht man eine spezielle *Fliegenrolle*. Der gebräuchlichste Rollentyp ist die Stationärrolle. Besonders auffallend an ihr ist der Schnurfangbügel (385), der in Rotation versetzt, die Schnur auf die feststehende Trommel wickelt. Der wichtigste Teil für eine sichere Landung der Fische ist die Schnurbremse. Während des Drills erschwert sie dem Fisch das Abziehen der Schnur. Bei richtiger Einstellung wird das Abreißen der Schnur verhindert (386). Eben weil die Fische bei ihren Fluchten oft große Mengen Schnur abziehen, spielt das Fassungsvermögen von Rollen eine bedeutsame Rolle. Kleine Rollen haben ein Höchstfassungsvermögen von 100 m/0.25 mm Schnur, mittlere von 100 m/0.45 mm und große von 100 m/0.60 mm. Eine kleine Stationärrolle ist deshalb für den Fang großer Fische nicht geeignet, weil sie zu wenig der benötigten starken Angelschnur aufnehmen kann (387). Für den Hecht- und Karpfenfang ist mindestens eine mittlere, für Huchen und Welse eine große Rolle zu verwenden (388). In ihrer Angelpraxis werden Sie sehen, daß die einzelnen Rollentypen z. T. sehr unterschiedliche Wurftechniken bedingen. Ohne näher auf diese einzugehen, ist für die Handhabung der Stationärrolle wichtig, daß die Wurfhand stets über der Rolle an deren Halterung liegt (389).

Schnüre Unter den Angelschnüren hat sich ihrer hohen Zerreißfestigkeit und geringen Sichtbarkeit im Wasser wegen die einfädige (monofile) Perlonschnur durchgesetzt. Die Schnüre, die in der Binnenfischerei Verwendung finden, haben Stärken zwischen 0,12 und 0,60 mm.

Schnurstärken (nach Menzebach):
0.15–0.20 mm: alle Kleinfische, Lauben, Hasel, kleine Aitel und Barsche, Rotaugen, Rotfedern, kleine Nasen (390)
0.18–0.25 mm: Endstärke des Fliegenvorfaches, Äschen (391), Bach- und Seesaiblinge, Forellen, Aitel
0.30–0.35 mm: Forellen, Saiblinge, Schleien, Karpfen, Aale, Barben, Aitel, Brachsen (392, 394)
0.35–0.45 mm: Hechte, Zander, große Barben (393, 395, 396), größere Karpfen und Aale
0.50–0.60 mm: Welse, Seeforellen, Huchen, große Hechte

Tragkraft monofiler Angelschnüre:

Schnurstärke	Tragkraft		Schnurstärke	Tragkraft
0.20 mm	ca. 2,5 kg		0.50 mm	ca. 13,0 kg (397)
0.30 mm	ca. 5,0 kg		0.60 mm	ca. 18,0 kg
0.40 mm	ca. 8,0 kg			

Die Pflege monofiler Kunststoffschnüre ist denkbar einfach. Man schütze sie lediglich vor direkter Sonneneinstrahlung und dem Kontakt mit Fetten und Lösungsmitteln. Nach dem Fischen benötigen sie im Gegensatz zu Fliegenschnüren, die zwischenzeitlich gereinigt und je nach Art gefettet werden müssen, keinerlei Pflege (398). Von Zeit zu Zeit sollten Sie den vorderen, sich am stärksten abnutzenden Teil (399) kontrollieren und, wenn die ersten Meter aufgerauht sind, abschneiden (400). Werfen Sie die Schnurreste nicht achtlos weg, sie verrotten nicht (401)und gefährden Kleintiere.

Vorfach Für den Fang von Raubfischen, die mit ihren spitzen Zähnen die Angelschnur durchtrennen können, wird zwischen Schnur und Köder ein in der Regel 30–40 cm langes Stahlvorfach eingefügt (402). Die Zerreißfestigkeit von Stahlvorfächern soll stets mindestens so groß wie die der Hauptschnur sein (403). In der Fliegenfischerei finden spezielle Fliegenvorfächer Verwendung.

Stahlvorfach mit Wirbel für den Fang von Raubfischen

Wirbel Um das Verdrehen der Schnur zwischen Schnur und Vorfach sowie Vorfach und Köder zu verhindern, werden zwischen die Teile sog. Wirbel eingefügt (404). Diese müssen mindestens die gleiche Bruchfestigkeit wie die Angelschnur haben (405).

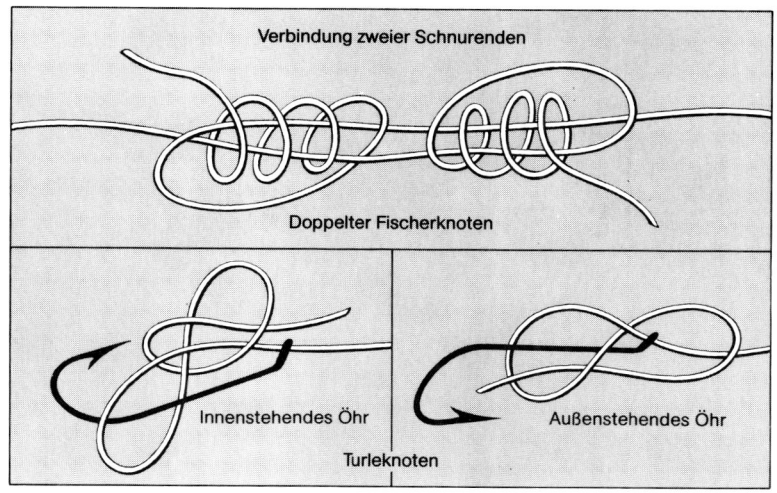

Verbindung zweier Schnurenden

Doppelter Fischerknoten

Innenstehendes Öhr

Außenstehendes Öhr

Turleknoten

Knoten Als waidgerechter Fischer haben Sie Ihre ganze Aufmerksamkeit darauf zu verwenden, daß die von Ihnen gemachten Schnurknoten sich nicht aufziehen oder abwürgen lassen (406). Aus Gründen möglichst geringer Sichtbarkeit im Wasser sollen Knoten klein sein. Bedenken Sie auch immer, daß die Tragkraft der Schnur am Knoten kleiner ist (407). Von den vielen Knoten, die in der Fischerei verwendet werden, genügt für den Anfang die Kenntnis zweier Knoten. Mit dem *doppelten Fischerknoten* knüpft man am zweckmäßigsten zwei Schnurenden zusammen (408). Auch der Blutknoten ist hierzu geeignet. Wenn Sie sich beim Knotenbinden für eine größere Zahl von Windungen entscheiden, entsteht ein Knoten von besonders großer Haltbarkeit (409). Der *Turleknoten* ist zum Anbinden künstlicher Fliegen geeignet (410).

Haken Wie wir im Kapitel über die »Fischgerechtigkeit« noch eingehend erfahren werden, ist die Wahl der richtigen Hakengröße, -qualität und -art eine der wichtigsten Voraussetzungen für waidgerechtes Fischen. Als Leitsatz gilt: *Haken nie kleiner als nötig* (465). Die Hakenwahl hat so auszufallen, daß sie der Angelmethode und der Fischart, der man nachstellt, gerecht wird. Man unterscheidet Einfach-, Doppel- und Drillingshaken. Es gibt sehr verschiedenartige Formen. Haken mit Öhr oder Plättchen, kurz- oder langschenkelige, dünn- oder dickdrähtige. Eine Spezialform ist der Lipphaken – ein Drilling mit zwei langen und einem kurzen Schenkel (411). Die in die Haken eingearbeiteten Widerhaken haben den Sinn, daß sich sowohl Köder als auch Fisch nicht so leicht vom Haken lösen können (412). Ein Haken ohne Widerhaken ist ein Jamisonhaken (637). Er wird auch als Schonhaken bezeichnet (638).

Die *Hakengrößen* sind in einem Zahlenschema (1–20) nach folgendem Prinzip angeordnet:

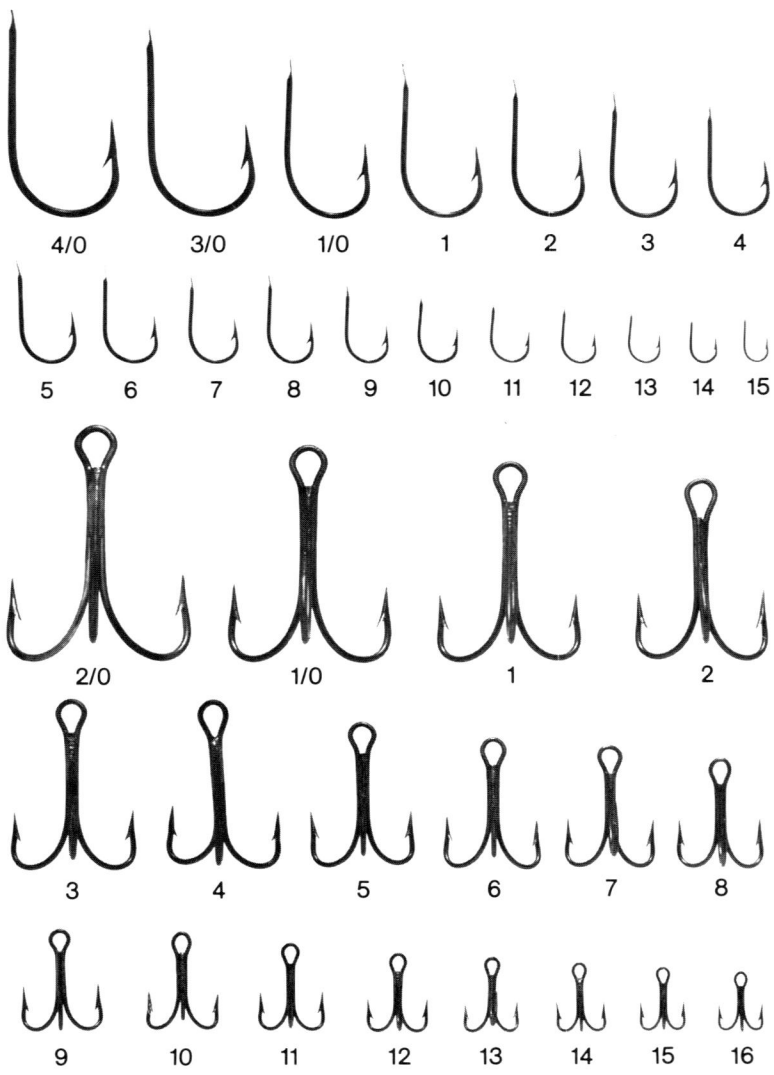

Haken

Plättchenhaken (natürliche Größe): 1–15 Normalgrößen, 1/0–4/0 Übergrößen
Drillinge (natürliche Größe): 1–16 Normalgrößen, 1/0 und 2/0 Übergrößen

Je größer der Haken, desto kleiner die Zahl. Größe 1 bedeutet große Haken, Größe 20 sehr kleine Haken. Wenn die Größe mit zwei Zahlen, die durch Schrägstrich verbunden sind, angegeben ist, handelt es sich um Übergrößen. Kleine Haken verwendet man naturgemäß zum Fangen kleiner oder kleinmäuliger Fische. So liegt man beim Fang von Rotaugen und Köderfischen mit Größe 8–12 richtig (413). Vielfach werden hierbei auch sehr feindrähtige Haken wie Goldhaken eingesetzt (414). Kleinste Haken, etwa der Größe 18–20, sind nur beim Flugangeln fischgerecht (415). Als mittlere Haken gelten die Größen 4–7 (416). Zum Fang kräftiger Fische, wie etwa Karpfen oder Barben eignen sich starkdrähtige Haken mit kurzem Schaft (417). Ab Hakengröße 3 abwärts spricht man von großen bis übergroßen (z. B. 3/o) Haken. Hakengröße und Schnurstärke sollen aufeinander abgestimmt sein. Zu kleinen Haken passen feine, zu großen Haken starke Schnüre.

Beispiele: Hakengröße 12 – Schnurstärke 0.20 mm (418); Hakengröße 3 – Schnurstärke 0.35 mm (419).

Daß sich die Hakenwahl nach der zu fangenden Fischart zu richten hat, ist insofern von Bedeutung, als z. B. Forellen oder Karpfen zu kleine Haken gewöhnlich sehr tief abschlucken, so daß untermaßige Fische davon nicht mehr, ohne Schaden zu nehmen, befreit werden können. Für diese Fischarten sind Hakengrößen kleiner als 3 nicht mehr fischgerecht (420). Zum Karpfenangeln sind Einfachhaken der Größen 1–4 angebracht (421). Neben den Einfachhaken werden besonders beim Fang von Raubfischen mit künstlichen oder natürlichen Ködern Drillinge verwendet (422). Sie finden vor allem in der Spinnfischerei Verwendung (423). Für Hechte, denen überall sehr intensiv nachgestellt wird, gilt Drillingsgröße 3 als fischgerecht (424).

Nachdem wir nun unser Angelgerät von der Rute bis zum Haken zusammengestellt und dabei unter anderem diverse Knoten gebunden haben, machen wir es uns zur Gewohnheit, vor Beginn des Angelns durch eine Zugprobe die Festigkeit der gesamten sog. Angelflucht zu überprüfen (425).

Den Biß eines Fisches parieren Sie durch den Anschlag, d. h. durch schnelles Anheben der Rutenspitze, um den Haken fest im Fischmaul zu verankern. Nun kommt es zur spannendsten Phase, dem Drill des Fisches. Beim Drill wird der Fisch mit der Elastizität der Rute unter ständigem Einholen und Nachlassen der Schnur ermüdet. Dabei ist man über die gespannte Schnur ständig in Fühlung mit dem Fisch (426). Die Dauer des Drills hängt in erster Linie von der Gegenwehr des Fisches ab. Man landet den Fisch in der Regel erst dann, wenn er nur noch schwache Fluchtversuche unternimmt.

Landegeräte Große Fische werden mit dem Kescher oder dem Gaff gelandet (427). Der Kescher soll aus kräftigem Garn bestehen und tief und geräumig sein (428). Während der letzten Phase des Drills wird der Kescher ins Wasser eingetaucht, der müdegedrillte Fisch darübergeführt und der Kescher mitsamt dem Fisch aus dem Wasser gehoben. Sehr große Fische werden gewöhnlich gegafft (429). Das Gaff ist ein scharfgeschliffener Haken ohne

Keschern des Fisches   Gaffen des Fisches

Widerhaken, der dem Fisch mit einem kurzen Ruck eingeschlagen wird. Mit dieser Methode will man sicher gehen, den Fisch nicht im letzten Moment durch ungeschicktes Hantieren mit dem Kescher zu verlieren.

Die Angelmethode richtet sich gewöhnlich nach den im Gewässer vorkommenden Fischen und der Technik, mit der man ihnen am ehesten beikommt. Als Anfänger beginne man am besten mit der leichtesten Art, dem Grundfischen. Erst, wenn dieses sicher beherrscht wird, kann man sich in den schwierigeren Disziplinen versuchen. Es gibt drei Angelmethoden, die sich durch Wurftechnik und Verwendung verschiedener Köder grundsätzlich voneinander unterscheiden:

- Grundangeln   • Spinnangeln   • Flugangeln.

Grundangeln   Das Grundangeln ist am einfachsten und daher wohl am weitesten verbreitet, z. B. fängt man Karpfen und Brachsen mit dieser Technik (430). Hierbei werden natürliche Köder wie Würmer, Brot, Teig, Käse, tote Fische oder Fischstücke angeboten. Karpfen können gut mit Kartoffeln überlistet werden (431). Es gibt die Technik des Grundangelns mit und ohne Schwimmer. Bei ersterer wird der Köder direkt am Gewässerboden abgelegt, wobei ihn eine Bleibeschwerung am gewünschten Ort hält. Wird der Köder

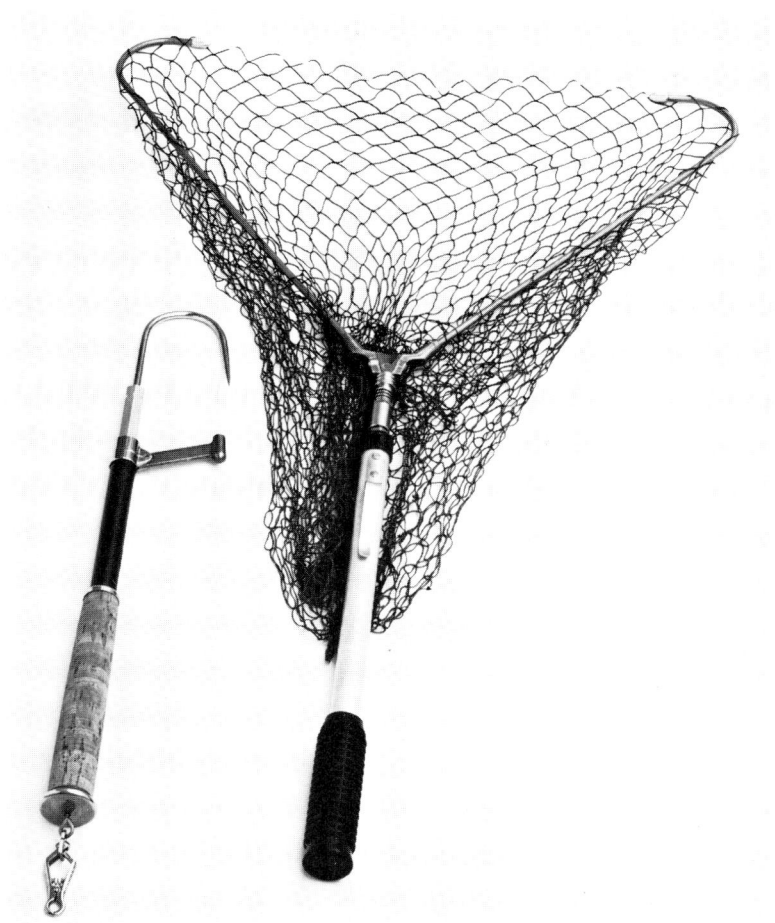

Ausziehbares Gaff (links) – Kescher oder Unterfangnetz (rechts)

über Grund in einer bestimmten Wassertiefe angeboten, verwendet man einen
Schwimmer – auch Pose oder Floß genannt (434). Nach dem Floß ist das
Floßangeln benannt, eine Methode, die für den Nerflingsfang z. B. am erfolgreichsten ist (435). Die senkrechte Stellung eines Schwimmers, bei der auch
der leichteste Anbiß verraten wird, erreicht man durch eine auf seine
Tragkraft abgestimmte Bleibeschwerung (436). Die gewünschte Tiefeneinstellung erfolgt durch Verschiebung des Schwimmers entlang der Schnur, ist
aber nur für solche Tiefen möglich, die nicht größer sind als die Angelrute

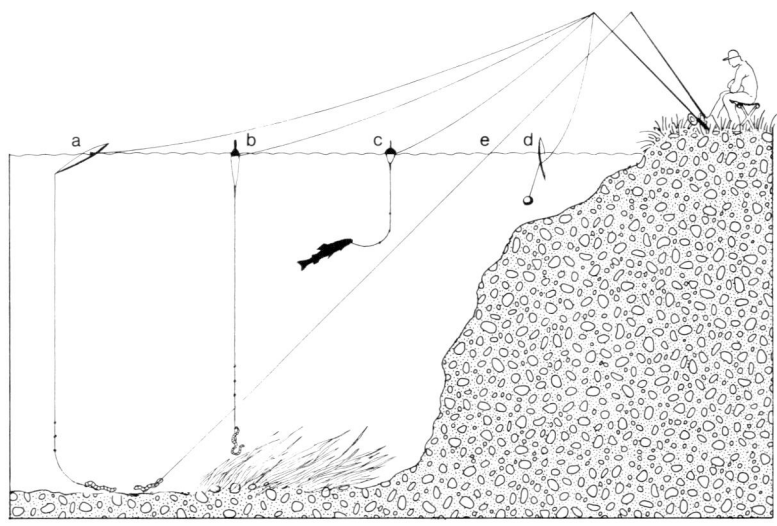

Einstellung der Angel

a) auf Grund, b) über Grund, c) im Mittelwasser, d) unter der Wasseroberfläche,
e) ohne Schwimmer

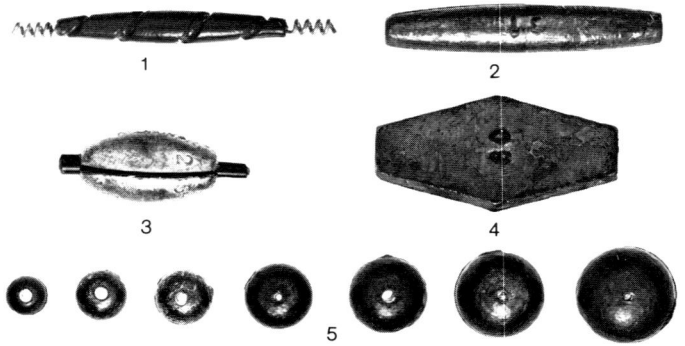

Blei

1 Spiral- oder Spinnblei 2 durchlochte Bleiolive   3 Bleiolive oder Catherine-
Blei 4 Boden- oder Sechskantblei 5 Rollblei verschiedener Größen

---

Schwimmer, Posen, Floße

1–3 Durchlaufschwimmer 1 Schnur außen geführt 2 Schnur innen geführt
3 Durchlaufschwimmer für schwere Fische 4/5/7 Stipposen als Bißanzeiger für
kleine Fische 6 Stachelschweinpose 8 Korkfloß 9 Wasserkugel

8

9

1 2 3 4 5 6 7

lang ist, da anderenfalls nicht mehr ausgeworfen werden kann. Eine darüber hinausgehende Tiefeneinstellung wird durch den sog. Durchlaufschwimmer ermöglicht. Durch ihn bewegt sich die Schnur frei, bis der Köder die durch die Bleibeschwerung gewünschte Tiefe erreicht hat. Hier wird der freie Lauf der Schnur durch einen verschiebbaren Stopper, der so klein ist, daß er durch die Rutenringe gleitet und auf die Rolle mit aufgespult werden kann, gestoppt. Die Tiefeneinstellung wird also durch den Stopper reguliert (438).

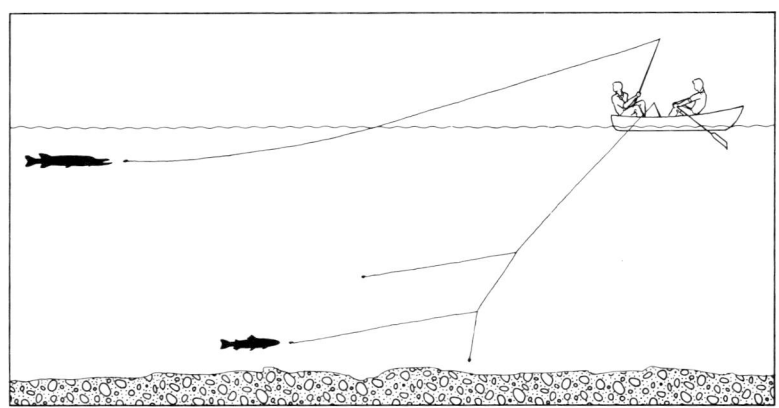

Schleppangeln oder »Schleppen«

Spinnangeln Die zweite Disziplin, das Spinnangeln, ist eine sehr aktive Angelmethode, weil man weite Strecken am Gewässer unter ständigem Auswerfen und Einziehen des Köders abfischt. Es werden in der Hauptsache künstliche mit Drillingen bestückte Köder wie Spinner, Blinker, Wobbler und andere – aber auch natürliche Köder (tote Köderfische am System) verwendet. In erster Linie gehen dabei Raubfische wie Hechte, Huchen, Schiede, Zander und Forellen an den Haken (439). Durch Einholen der Schnur wird der Köder in Bewegung versetzt (440). Seine taumelnden Bewegungen erwecken den Anschein eines kranken Beutefischchens und sollen die Raubfische zum Biß verleiten. Für den Fangerfolg ist u. a. die langsame oder schnelle Führung des Köders ausschlaggebend (441). Auch die Wassertiefe, in der er angeboten wird, ist sehr entscheidend. Bei der dem Spinnfischen verwandten Schleppangelei vom Boot aus – der Köder wird hinter dem Boot hergezogen – wird die

---

Verschiedene Kunstköder

1 Heintzblinker   2/3 Spinner oder Löffel   4 Augenblinker   5 Gummifisch
6 Neunaugenzopf   7 Wobbler   8 Wobbler mit verstellbarer Tauchschaufel
9 Effzett-Blinker

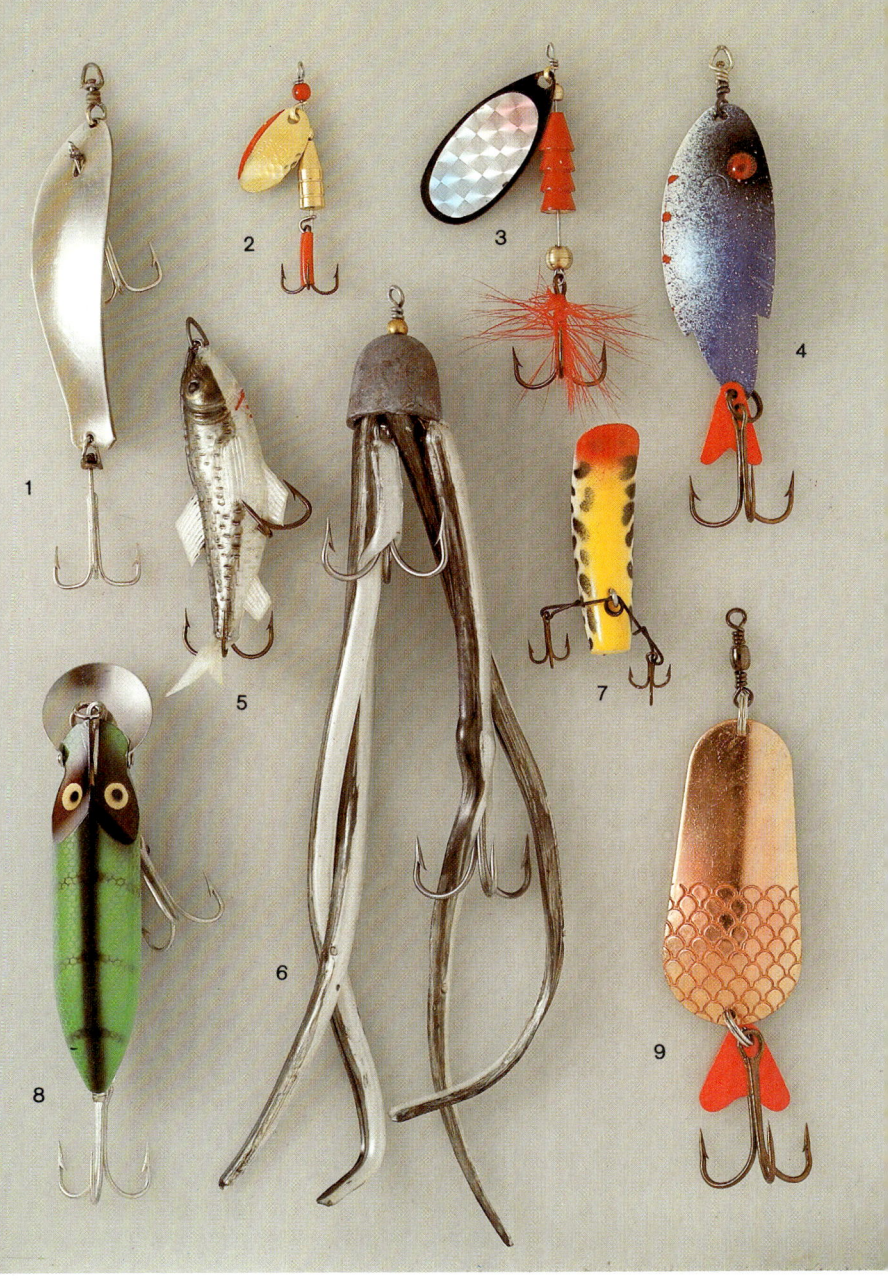

1

2

3

4

5

6

7

8

9

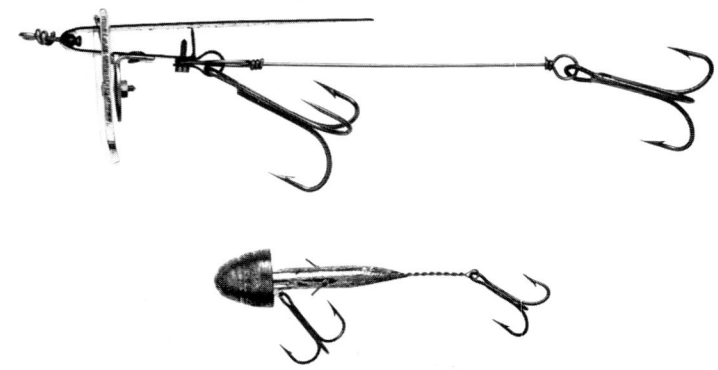

Systeme zum Aufstecken toter Köderfische

Oben: Stockersystem – vor allem zum Schleppangeln auf Hechte – Unten: Bleikopfsystem (Plansee), Spinnsystem für Seesaiblinge und Forellen

Tiefenführung des Köders durch die ausgegebene Schnurlänge, die Bleibe-
beschwerung und die Bootsgeschwindigkeit bewirkt (442). Von Segelbooten
aus darf nicht geschleppt werden (437). Je nach Fischart, der man nachstellt,
unterscheidet man leichtes (z.B. Forelle, Barsch), mittleres (Hecht, Zander,
Schied) und schweres (Wels, Huchen) Spinnfischen. Entsprechend ist auch
das Gerät ausgerichtet. Für das leichte Spinnfischen verwendet man eine
leichte Spinnrute. Durchmesser der Rutenspitze 2–3 mm, Stationärrolle mit
einem Schnurfassungsvermögen von 100 m/0.25–0.35 mm, Drillinge der Größe 4–7. Das Wurfgewicht fällt entsprechend leicht aus – es beträgt etwa 30 g
(443). Beim schweren Spinnfischen beträgt der Durchmesser der kräftigen
Spinnrute etwa 6 mm. Das Schnurfassungsvermögen der Stationärrolle darf
keineswegs unter 100 m/0.50–0.60 mm liegen. Zur Beschwerung eignet sich
am besten das Spiral- oder Spinnblei (444), das durch die beiderseitigen
Drahtspiralen besonders auffällt. Naturgemäß wird die meiste Aufmerksamkeit den Ködern zugewendet. Die Erfahrung lehrt, daß helle, silbrige Blinker
bei trübem Wasser zu besseren Erfolgen führen (445). Beispiel: der nach
dem berühmten Angler Dr. Heintz benannte Heintz-Blinker (446). Bei klarem
Wasser sind matte bis dunkle Köder geeigneter. Großer Beliebtheit erfreuen
sich die sog. Wobbler. Ein Wobbler ist eine ein- oder mehrteilige Fischimitation (447), die zur Tiefeneinstellung mit einer verstellbaren Tauchschaufel versehen sein kann (448). Damit Sie ihm, wenn Sie einen Wobbler erstmalig benutzen, auch die richtige Tiefeneinstellung geben können, beachten Sie, daß
die Tauchschaufel horizontal gestellt sein muß, damit der Wobbler tief fischt
(449). Ein ausgezeichneter Spinnköder für Huchen ist der sog. Neunaugen-

zopf (450) – vgl. »Neunaugen«. Als besonders fängig erweisen sich die sog. Systeme zum Aufstecken toter Köderfische. Sie bestehen aus einer Kombination einzelner Metallteile. Auffällig hierbei sind die Haken, meist Drillinge. Wird für einen Köder mehr als ein Haken verwendet, spricht man von einer Hakenflucht (451).

Flugangeln Für einige Angler ist die ranghöchste Disziplin das Flugangeln. Dies ist eine ausgesprochen elegante, sportliche Methode. Sie stellt hohe Anforderungen an die geistigen und körperlichen Fähigkeiten des Anglers. Die physische Belastung während des dauernden Werfens, des Watens und die gesteigerten Ansprüche an die Beobachtungsgabe sowie das Reaktionsvermögen erfordern ein gutes Zusammenspiel von Geist und Körper. Dem Anfänger kann nur geraten werden, sich die nötigen Grundkenntnisse in einem speziellen Fliegenfischerkurs anzueignen. Mit der Fliege wird nicht nur Salmoniden nachgestellt, sondern auch Aiteln, Haseln (452) Nerflingen und Barschen. Beim Flugangeln werden fast ausschließlich künstliche Fliegen verwendet. Man unterscheidet zwischen Trocken- und Naßfliegen (453). Trockenfliegen schwimmen auf dem Wasser (454). Ein viel verwendeter Trockenfliegentyp ist die Hechelfliege (455). Naßfliegen (Nymphen, Streamer) sinken mit der Schnur ab. Beim sogenannten Naßfischen werden die künstlichen Fliegen also unter Wasser geführt (639). Diese Art des Köders imitiert die Larven aufsteigender oder absinkender Insekten. Zu den Naßfliegen zählen u.a. auch Streamer. Bei diesen handelt es sich um besonders große Fliegen (456). Die Fliegen werden nicht direkt an der Hauptschnur angebunden, son-

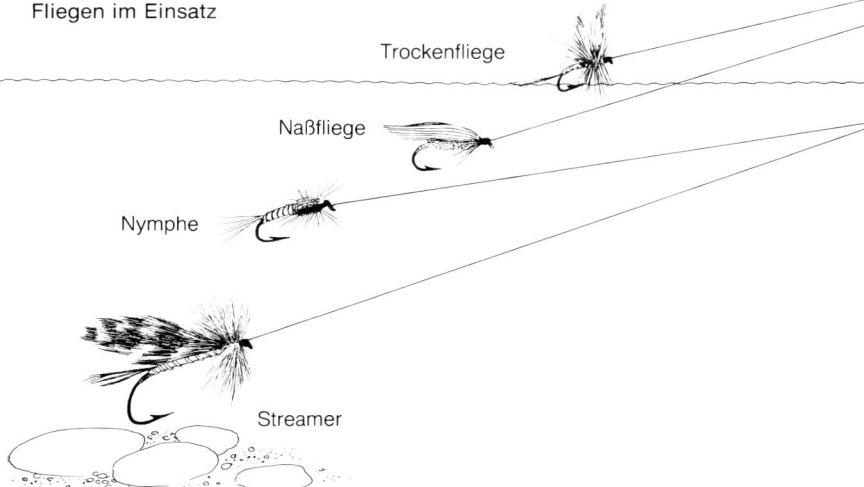

Fliegen im Einsatz

Trockenfliege

Naßfliege

Nymphe

Streamer

Fliegen   1–5 Fliegen der Größen 20, 18, 16, 14, 12   6 Naßfliege   7 Sedge
8 Nymphe 9 Palmer 10 Maifliege 11 Hechelfliege 12 Trockenfliege 13 Streamer 14 Lachsfliege

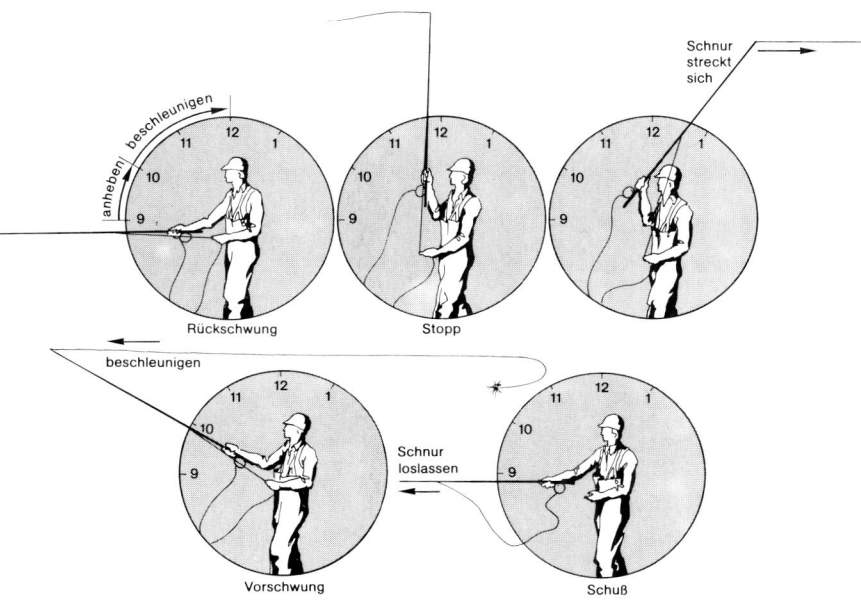

Rückschwung   Stopp

Vorschwung   Schuß

dern an einem sich verjüngenden, bis zu drei Meter langen Vorfach befestigt. Beim Flugangeln werden vielfach sog. Springer verwendet. Man versteht darunter zusätzliche Fliegen, die vor der Endfliege angebunden sind (457). Fliegen sind grundsätzlich an Öhrhaken gebunden (458). Sicher haben Sie schon einmal einen Fliegenfischer in voller Aktion erlebt. Besonders auffallend sind die in schnellem Abstand aufeinander folgenden Vor- und Rückwärtsschwingungen von Gerte und Schnur. Diese sog. Leer- oder Luftwürfe (459) dienen dazu, die Fliege zu trocknen und die Schnur bis zur benötigten Wurfweite zu verlängern. Sie haben sich dabei sicher gefragt, wie denn praktisch ohne Gewicht geworfen werden kann. Beim Fliegenfischen ist es das Gewicht der Schnur, welches das Werfen ermöglicht (460). Im vorangegangenen Text wurde versucht, Ihnen, lieber Leser, einen kurzen Überblick über Angelgeräte und -methoden zu geben. Über vieles wurde bewußt nicht vollständig berichtet, sondern weitgehend auf den zu erwartenden Prüfungsstoff eingegangen. Ihr darüber hinausgehendes Interesse können Sie mit einer wahren Flut angeltechnischer Literatur stillen. Für Ihre zukünftige Praxis werden Sie auch nicht umhin können, sich von einem alten Hasen die wichtigsten Knoten zeigen oder die Funktion der Spiralen am Spinnblei erklären zu lassen. Es dauert dann nicht allzu lange, bis Sie in der Lage sind, Ihr Angelgerät in jeder Situation zu beherrschen.

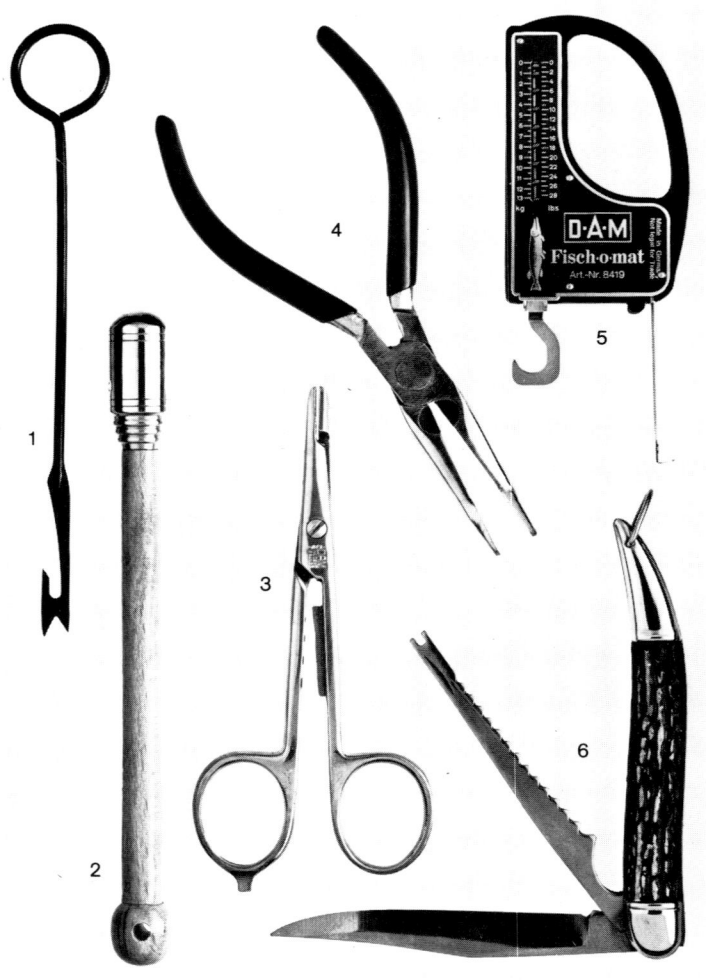

Zusatzgerät

1 Hakenlöser   2 Fischtöter   3 Löseschere   4 Zange zum Hakenlösen   5 Waage und Maßband   6 Messer mit Hakenlöser und Fischschupper

Tierschutz in der Fischerei

Fischgerechtigkeit Der Begriff der »Fischgerechtigkeit« umfaßt alle jene Regeln, nach denen sich unser Tun und Lassen am Fischwasser richten soll. Einige Bestimmungen sind in der AVFiG festgelegt, andere gelten als die ungeschriebenen Gesetze des Fischfanges. Sie werden getragen von der Achtung gegenüber der Kreatur, und ohne sie kann von einem waidgerechten Fischen niemals gesprochen werden. Dem Fisch eine Chance geben, ihn nicht leiden zu lassen, oder gar mutwillig zu quälen (461), gehört zu den wesentlichen Inhalten der Fischgerechtigkeit. Waidgerechtes Fischen bedeutet, daß unser Handeln vom Gewissen geleitet wird, und daß wir uns einer moralischen Verpflichtung gegenüber den Fischen bewußt sind. Die Regeln der Fischgerechtigkeit sollen Fische vor menschlicher Grausamkeit, der Fanggier und nicht zuletzt der Maßlosigkeit schützen. Bemerkenswert ist hierzu ein Satz im Kommentar zum Fischereigesetz: »Sinn der Fischerei ist es, Fische als Nahrungsmittel für Mensch und Tier zu gewinnen. Die Freude am Drill allein kann den Fischfang nicht rechtfertigen.«

Eine Grausamkeit gegenüber den Fischen ist die Verwendung zu dünner Schnüre. Es kann keinesfalls als waidgerecht gelten, mit möglichst leichtem Zeug besonders schwere Fische zu fangen. Meist reißen Großfische zu feines Zeug ab und gehen ein. Manchmal gelingt es ihnen, den Haken auszustoßen, meistens verenden sie jedoch jämmerlich. Man spricht in diesem Zusammenhang vom »Verangeln« mit anschließendem »Verludern« der Fische. Um solche Schäden von vornherein abzuwenden, muß die Devise lauten: *Die Angelschnur nie dünner als nötig* (465). Auch schadhafte Schnurführungsringe an der Angelrute sind nicht fischgerecht, weil sie die Schnur so beschädigen können, daß sie bei geringer Belastung reißt (466). Die Hakenwahl hat stets unter dem Motto: *nie kleiner als nötig* zu erfolgen (465). Es ist durch Erfahrung bestätigt, daß große Haken nach dem Biß meist im Ober- oder Unterkiefer sitzen. Sie können entfernt werden, ohne den Fischen größere Qualen zuzufügen. Zu kleine Haken dagegen, werden allzuoft mitsamt dem Köder abgeschluckt. Die Praxis zeigt, daß dann bei Fischen, die zurückgesetzt werden sollen, mit oder noch schlimmer ohne Hakenlöser solange herumgedoktert werden muß, bis die Tiere nach »gelungener« Operation kaum noch Aussicht haben, davonzukommen. Dieser Tatbestand ergibt sich meistens, wenn beim Forellenfang Würmer als Köder verwendet werden (467) oder beim Spinnangeln mit zu kleinen Drillingen gefischt wird (468). Auch dem Karpfen droht von dieser Seite Gefahr. Mit Kartoffeln als Köder werden vielfach zu kleine Drillinge (kleiner Größe 9) eingesetzt. Nach dem Biß sitzt der Drilling dann viel zu tief im Rachen und sorgt für schwere Verletzungen (469).

Vom Moment des Anschlages bis zu seiner Landung kämpft der Fisch verzweifelt um sein Leben. Dieser Kampf muß nicht über Gebühr ausgedehnt werden, wie das etwa in besonderem Maße für Legangeln zutrifft (470). Legangeln (Aalschnüre) werden über Nacht ausgebracht. Die meist langandauernden Befreiungsversuche der Fische bedeuten eine echte Tierquälerei. Nach der Landung müssen Sie sich schnell über folgendes klar werden:

1. Hat der Fisch das Maß und wollen Sie ihn mit nach Hause nehmen, so sind Sie nach dem Tierschutzgesetz verpflichtet, den Fisch abzuschlagen (betäuben) und ihn anschließend zu töten (471, 475). Alle Fische mit Ausnahme von Aalen und Plattfischen (z. B. Flundern) müssen vor dem Töten betäubt werden (472). Das Töten von Krebsen hat so zu erfolgen, daß die Tiere einzeln in stark kochendes Wasser geworfen werden (473).
2. Ist der Fisch untermaßig, oder wollen Sie einen maßigen Fisch nicht mit heimnehmen, ködern Sie diesen unmittelbar nach der Landung entweder im Wasser oder aber zumindest mit nassen Händen ab und setzen ihn zurück (474).

Im Sinne schonender Behandlung wird der Wels wie folgt angefaßt. Der Daumen drückt im Maul den Unterkiefer nach unten. Die übrigen Finger bilden an der Kieferaußenseite ein Widerlager (477). Damit Sie alle Arbeiten fischgerecht durchführen können, gehören zu der üblichen Ausrüstung (Fang- und Landegeräte, Längenmaß) unbedingt Lösezange oder sonstiges Lösegerät sowie ein Fischtöter ans Gewässer (476).

So paradox es klingt, man kann sich auch anderen Tieren gegenüber fischgerecht verhalten. So muß man beim Aufhängen von Fischreusen zum Trocknen damit rechnen, daß sich darin Vögel fangen. Es ist im Naturschutzgesetz festgelegt, daß Reusen am Land nur dann aufgestellt oder aufgehängt werden dürfen, wenn sie mit einer Vorrichtung versehen sind, die den Vögeln das Entweichen ermöglicht (478). Ausgelegte Netze und Reusen sind regelmäßig und fischereigerecht zu kontrollieren und zu leeren (686). Werden Sie Zeuge, wie sich jemand an Perlmuscheln vergreift, müssen Sie diesen Frevel bei der Kreisverwaltungsbehörde anzeigen (690).

Fangmittel   Für die Behandlung der Fische im Sinne größtmöglicher Schonung ist in hohem Maße die Wahl der Fangmittel entscheidend. Gift und Sprengstoff lassen den Fischen kaum eine Chance. Durch Abzugseisen, Schlingen, Reißangeln und Harpunen fügt man den Tieren schwerste Qualen zu. Der Einsatz all dieser Gerätschaften ist verboten (462). Es gehört zu den Maßlosigkeiten, mit einer Vielzahl von Angelruten den Fang um jeden Preis zu betreiben. Der Gesetzgeber hat deshalb festgelegt, daß lediglich mit zwei Handangeln gefischt werden darf (463). Jede Handangel darf höchstens 3 Angelhaken (= Anbißstellen) haben, die beim Fischen mit künstlichen oder natürlichen Ködern versehen sein müssen (640). Die Handangeln sind ständig zu beaufsichtigen (641). Das Fischen mit dem lebenden Köderfisch ist verboten (642). Sollen dessen ungeachtet lebende Köderfische zum Einsatz kommen, so bedarf dies behörlicher Zustimmung. Diese wird nur im Einzelfall, befristet und aus Gründen der Hege erteilt. Wer mit der Hegene fischt – einer sogenannten Paternosterangel, an der bis zu 5 Haken (= Anbißstellen) angebracht sein dürfen – kann zu gleicher Zeit keine weitere Handangel einsetzen. Darüber hinaus ist das Werfen und sofortige Einziehen der Hegene verboten (643, 644, 645). Fernerhin heißt es in der AVFiG, daß der Fang von Fischen unter Verwendung von Geräten zur Ortung von Fischen oder Fischbeständen verboten ist. Sie dürfen also beispielsweise während ihrer Schleppfahrten keinen Echographen laufen lassen (648). Auch ein Fischen rund um die Uhr ist verboten. Während der Nacht darf nicht geangelt werden. Als Nacht gilt die Zeit von eineinhalb Stunden nach Sonnenuntergang bis eine Stunde vor Sonnenaufgang (464). Eine Ausnahme bildet der Fang von Aalen, Welsen, Rutten und Krebsen. Sie dürfen ganzjährig bis 24 Uhr, für die Dauer der mitteleuropäischen Sommerzeit bis 1 Uhr, gefangen werden (646). Es ist verboten, beim Fischfang künstliches Licht zu gebrauchen (647).

Hältern Das Hältern von Fischen hat wenn überhaupt ebenfalls aus Gründen des Tierschutzes in ganz bestimmter Weise zu erfolgen. Der Gesetzgeber schreibt dazu: »Das Hältern von Fischen im Fanggewässer ist auf die geringstmögliche Dauer zu beschränken. Setzkescher dürfen nur verwendet werden, wenn sie hinreichend geräumig und aus knotenfreien Textilien hergestellt sind (649). In Gewässern mit Schiffsverkehr ist das Hältern in Setzkeschern nur erlaubt, wenn eine Schädigung der Fische nicht zu erwarten ist.«

Wettfischen Zum Schutz der Fische wurde der Begriff fischereiliche Veranstaltung definiert und zeitliche Grenzen festgelegt. In § 10 AVFiG heißt es: »Eine fischereiliche Veranstaltung ist das gemeinsame Fischen mit abschließender Bewertung der Fangergebnisse, an dem mehr als 15 Angler teilnehmen. Innerhalb von 2 Wochen nach einer Besatzmaßnahme sind fischereiliche Veranstaltungen unzulässig, sofern nicht auszuschließen ist, daß neueingesetzte Fische gefangen werden (650).
In § 11 wird gegen das Wettkampf-Fischen Stellung genommen, wenn es wie vielfach üblich in Gewässern durchgeführt wird, die zu diesem Zwecke kurz vorher mit fangfähigen Fischen besetzt wurden. Es heißt da: »Innerhalb von 2 Wochen nach einer Besatzmaßnahme mit fangfähigen Fischen ist der Fang auf die eingesetzte Fischart verboten (651). Das gilt nicht für die Fischzucht und Fischhaltung in geschlossenen Gewässern.“

Rechtsvorschriften

Bayern

Zu den unabdingbaren Voraussetzungen für das Bestehen der Fischerprüfung gehört die Kenntnis gewisser fischereirechtlicher Bestimmungen. Sie sollten sich von den etwas theoretischen Ausführungen aber nicht bange machen lassen. Niemand verlangt von Ihnen das Wissen eines Fischerei-Juristen, und immerhin können Sie mit berechtigtem Stolz für sich in Anspruch nehmen, den umfangreicheren und gewichtigeren Teil der Prüfungsvorbereitung schon bewältigt zu haben. Der letzte Teil des Stoffes wird Ihnen ganz bestimmt keine unüberwindlichen Schwierigkeiten bereiten.

Die wesentlichen fischereirechtlichen Bestimmungen wurden schon um die Jahrhundertwende formuliert. Das Bayerische Fischereigesetz stammt bereits aus dem Jahre 1908. Es bildet den Rahmen für eine Reihe weiterer Vorschriften. Mit einer dieser Vorschriften, der AVFiG, in der u. a. Schonmaße und Schonzeiten festgesetzt sind, haben Sie sich bereits ausgiebig vertraut gemacht.

Welche Tiere unterliegen dem Fischereirecht?

Die Antwort lautet (479, 480, 481, 482):

– Fische
– Neunaugen
– Krebse
– Teich-, Fluß- und Perlmuscheln
– Fischlaich und sonstige Entwicklungsformen der Fische (z. B. Brut)
– Fischnährtiere

Beachten Sie, daß Fische, Neunaugen, Krebse sowie Teich-, Fluß- und Perlmuscheln vom Gesetzgeber der Einfachheit halber unter dem Begriff »Fische« zusammengefaßt sind. Bis vor kurzem noch war die Fischerei auf Perlmuscheln im Bayerischen Wassergesetz geregelt. Jetzt ist sie Gegenstand des Fischereigesetzes (483). Verordnungen über die Ausübung erläßt die jeweilige Regierung (484), in deren Gebiet Perlmuscheln vorkommen (z. B. Oberfranken und Niederbayern). Nicht dem Fischereigesetz unterliegen Frösche und Schildkröten (480).

Fischereiberechtigung   Wer ist fischereiberechtigt? Grundsätzlich der Gewässereigentümer oder derjenige, der die Fischereiberechtigung durch Pacht erlangt hat (485). Weiterhin gibt es das selbständige Fischereirecht. In diesem Fall ist der Fischereiberechtigte nicht zugleich Gewässereigentümer

(486). Am Walchensee sieht das beispielsweise so aus: Gewässereigentümer ist der Freistaat Bayern, das Fischereirecht besitzen dagegen seit urdenklicher Zeit einzelne Fischerfamilien. Der Nachweis über das Bestehen solcher Rechte bereitet zuweilen Schwierigkeiten, weil nie eine Eintragungspflicht in das Grundbuch bestand. Es empfiehlt sich deshalb, beim Erwerb eines Fischereirechtes zur künftigen Beweissicherung die Aufnahme in das Grundbuch zu betreiben. Hierzu ist ein förmlicher Antrag notwendig (487). Der Vollständigkeit halber sei bemerkt, daß es das Recht des freien Fischfanges (ohne Erlaubnisschein) an keinem bayerischen Gewässer gibt (488). Unter Fischwilderei versteht man das Fischen, ohne zur Fischereiausübung in dem Gewässer berechtigt zu sein (489). Man macht sich strafbar, egal ob man etwas fängt oder nicht (490). Um mit den rechtlichen Vorschriften in keinem Fall in Konflikt zu kommen, sollte man sich vor Beginn des Fischens nach den besonderen Auflagen, welche mit der Fischereiausübung verbunden sind, erkundigen (491). Wer sich, ohne dazu die Erlaubnis zu haben, in einem geschlossenen Privatgewässer (z.B. Teich in eingefriedetem Grundstück des Nachbarn) Fische aneignet, unterliegt nicht dem Tatbestand der Fischwilderei, sondern begeht Diebstahl (652).

Eine knifflige Rechtsfrage ist zu lösen, wenn etwa durch Baggerung die Fläche eines Fließgewässers vergrößert wird. Wem gehört das Fischereirecht in dem neuen Gewässerteil? In künstlich hergestellten Abzweigungen verbleibt das Recht zumindest anteilig bei dem im Hauptstrom Berechtigten (492).

Ein Fischereirecht ausüben kann aus der Sicht des Gesetzes nur derjenige, dessen Recht sich auf ein so großes Fischwasser erstreckt, daß hierdurch eine ordnungsgemäße fischereiliche Bewirtschaftung ermöglicht wird (493). Ein daraus resultierender selbständiger Fischereibetrieb (493) besteht nach dem Fischereigesetz dann, wenn eine zusammenhängende Fließgewässerstrecke von 2 km Länge vorliegt (494). Die Kreisverwaltungsbehörde, die die Aufgaben der sogenannten unteren Fischereibehörde wahrnimmt (495), kann einen geringeren Umfang als genügend oder einen größeren für erforderlich erklären. Wenn an einem zusammenhängenden Fischwasser, vor allem innerhalb derselben Gemeinde, mehrere Fischereirechte vorhanden sind, wobei jedes einzelne aber zu klein ist, um einen selbständigen Fischereibetrieb zu bilden, so schreibt das Gesetz vor, daß sie zu einem gemeinschaftlichen Fischereibetrieb zu vereinigen sind (496).

Fischhege Wie überall im Leben gibt es neben Rechten auch Pflichten. Die Fischereiberechtigung gestattet nicht nur den Fang der Fische, sondern macht gleichermaßen ihre Hege zur Auflage. Die Fischhege beinhaltet Maßnahmen, die auf Schutz und Erhaltung des Fischbestandes abzielen (vgl. hierzu »Pflege des Fischwassers« S.132ff.). Dem Fischbestand wird aber nicht nur Schutz durch den Fischereiberechtigten zuteil. Auch der Staat hat das Wohl der Tiere im Auge, wenn er beispielsweise den Eigentümern von Triebwerken (Turbinen) auferlegt, Vorrichtungen anzubringen und zu unterhalten, die das Eindringen der Fische in die jeweilige Anlage verhindern sollen (497). Auch verbietet er das uneingeschränkte Anzapfen eines Fischwassers, außer wenn es sich um einen Notfall handelt. Im Gesetz heißt es dazu: »Bei Benutzung zu landwirtschaftlichen, teichwirtschaftlichen, gewerblichen oder industriellen Zwecken darf einem Fischwasser, unbeschadet bestehender besonderer Rechte, nicht soviel Wasser entzogen werden, daß hierdurch eine fischereiliche Bewirtschaftung nicht möglich ist (653).

Koppelfischerei Häufig bestehen an derselben Gewässerstrecke mehrere Fischereirechte oder ein Fischereirecht steht mehreren Personen zu. Diesen Zustand nennt man Koppelfischerei (498). Es liegt in der Natur der Sache, daß es in der Vergangenheit immer wieder zu juristischen Auseinandersetzungen um Koppelfischereirechte gekommen ist. Um auf diesem Felde der Zukunft vorzubeugen, dürfen Koppelfischereirechte nicht mehr neu begründet werden (654).

Pacht Die Nutzung eines Fischereirechtes kann durch Pacht auf andere übertragen werden. Auch der Pächter darf weiterverpachten, allerdings nur mit Zustimmung des Verpächters (500). Haupt- wie Unterpacht bedürfen der Schriftform (499). Die Pachtvereinbarung selbst muß binnen acht Tagen bei der zuständigen Kreisverwaltungsbehörde hinterlegt werden (501). Die Mindestdauer für Pachtverträge beträgt in Bayern zehn Jahre (502). Pächter von Fischwassern können keine Personen werden, denen der Fischereischein versagt worden ist (503). Ein Pachtverhältnis ist nur dann zulässig, wenn die Bestimmungen des Fischereirechtes inhaltlich voll eingehalten werden (504). Die Aufteilung eines Fischwassers in Abteilungen zum Zwecke der Verpachtung ist unzulässig (506). Was passiert, wenn dem Pächter während der Pachtzeit der Fischereischein entzogen wird? Kann der Verpächter des Fischereirechts beispielsweise den Pachtvertrag kündigen (505)? Im Gesetzestext heißt es dazu, daß fristlose Kündigung möglich ist, sofern nicht Mitpächter die Verpflichtungen des Auszuschließenden übernehmen. Bei Verpachtung an eine juristische Person (z. B. Fischereiverein) muß vertraglich bestimmt werden, daß die Fischerei auf Grund des Pachtvertrages ohne Erlaubnisschein von höchstens 3 Personen ausgeübt werden darf (655). Der Pächter muß zudem Inhaber eines gültigen Fischereischeins sein (656). Pachtet eine juristische Person (z. B. Fischereiverein), so muß mindestens ein verfassungsmäßig berufener Vertreter Inhaber eines gültigen Fischereischeines sein (657).

Uferbenützungsrecht Für Sie, liebe Leser, war es bis hierher sicherlich sehr viel Theorie – deshalb nun ein paar Gesetze am praktischen Beispiel erläutert: Um Ihnen das Verständnis für den juristischen Begriff des Uferbenützungsrechts zu erleichtern, versetzen Sie sich in folgende Lage: Sie sind glücklicher Pächter eines Fischwassers geworden und begeben sich auf Ihren ersten Beutezug. Zu Ihrer Überraschung stellen Sie fest, daß Ihr Forellenbach infolge eines starken Platzregens sein Bett verlassen hat. Die Fische tummeln sich nicht am vermuteten Ort, sondern schwimmen auf dem Grundstück des Ihnen nicht gerade wohlgesonnenen Herrn X. Was ist zu tun?

Verfallen Sie nicht in Resignation! Das Fangvergnügen kann in jedem Fall stattfinden. Sie können sich guten Gewissens auf das überflutete Grundstück begeben, um dort zu angeln oder bei zurückgehendem Wasser die Fische zu bergen. Der mißgünstige Herr X. hat dies zu dulden. Ihr Tun wird landläufig als Fischnachteile bezeichnet und ist durch das sogenannte Aneignungsrecht gedeckt (507, 508). Bleiben nach dem Rückgang des Wassers Fische auf dem fremden Grundstück zurück, so müssen Sie tätig werden. Es bleibt Ihnen jetzt eine Woche Zeit, die Fische in ihr angestammtes Revier zurückzusetzen. Verstreicht diese Frist, gehören sie Herrn X (509). Um diesem nicht nachträglich noch ein Triumphgefühl zu bescheren, sollten Sie sich davor hüten, irgendeinen Schaden auf dem fremden Grundstück zu verursachen. Für diesen müssen Sie nämlich aufkommen. Dem Grundstückseigentümer ist es im übrigen verwehrt, Vorrichtungen anzubringen, die es den Fischen unmöglich machen würde, in ihr Gewässer zurückzukehren (510).

Wie verhält es sich mit dem Betreten von Grundstücken zum Zwecke der Fischereiausübung, wenn sie nicht von Hochwassern überflutet sind, wie im vorhergehenden geschildert? Grundsätzlich steht das sogenannte Uferbenützungsrecht dem Fischereiberechtigten und dessen Hilfs- und Aufsichtspersonal zu (511). Dieses Recht gilt nicht für eingefriedete Grundstücke (512), die Sie daran erkennen, daß sie landseitig von Mauern, Gittern u. ä. umschlossen sind (513). Kann der Fischereiberechtigte sein Fischwasser nicht anders als über ein eingefriedetes Grundstück erreichen, so kann er vom Anlieger den Zugang über dessen Grundstück verlangen; allerdings muß dafür nachgewiesen sein, daß dies zur ordnungsgemäßen Ausübung der Fischerei notwendig und für die Hegepflicht erforderlich ist (658). Der Anlieger wiederum kann für die Erlaubnis eine angemessene Entschädigung verlangen (659). Der Fischer hat zudem Rücksicht auf die Belange des Anliegers zu nehmen. Auf jeden Fall muß der Fischer Schadensersatz leisten, wenn es im Rahmen des Uferbenützungsrechts zu Schäden auf dem Anliegergrundstück kommt (660). In diesem Zusammenhang sei darauf hingewiesen, daß in der Nähe von Fischwassern nur vom Fischereiberechtigten oder dessen Vertreter Fischereigeräte in gebrauchsfertigem Zustand mitgeführt werden dürfen (514).

Genossenschaften Die gemeinsame Bewirtschaftung und Nutzung von Fischwassern (661) wird vielfach von Fischereigenossenschaften vorgenommen. Zum Beispiel haben sich alle 37 Fischerfamilien am Starnberger See zusammengeschlossen und eine Fischereigenossenschaft gebildet. Zur Gründung einer derartigen öffentlichen Fischereigenossenschaft sind mindestens 3 Personen erforderlich (515). Die Satzung, die sich eine Genossenschaft gibt, ist der Kreisverwaltungsbehörde vorzulegen und deren Genehmigung einzuholen (516). Die Genossenschaftssatzung wird durch einfachen Mehrheitsbeschluß für gültig erklärt (517). Durch Zustimmung von ¾ ihrer Mitglieder kann eine freiwillige Genossenschaft aufgelöst werden (518). Die sogenannte Zwangsgenossenschaft, die durch Verfügung der Kreisverwaltungsbehörde entsteht (519), dient der Erhaltung und Vermehrung des Fischbestandes und einer gemeinsamen Nutzung des Fischwassers (662). Die Bildung von Zwangsgenossenschaften erfolgt immer dann, wenn durch widerstreitende und gegensätzliche Interessen einzelner Fischereirechtinhaber eine ordnungsgemäße Bewirtschaftung des Fischwassers nicht mehr stattfindet.

Geschlossene Gewässer   Wie früheren Ausführungen entnommen werden kann, ist die Unterscheidung von *geschlossenen* und *nicht geschlossenen* Gewässern für das Fischereiwesen von Wichtigkeit (520). Eine Reihe rechtlicher Konsequenzen baut auf diesen Unterschied auf. Geschlossene Gewässer sind nach dem Gesetz

1. alle künstlich angelegten, ablaßbaren und gegen den Wechsel der Fische ständig abgesperrten Fischteiche, ob sie mit einem natürlichen Gewässer in Verbindung stehen oder nicht (527).
2. Rinnsale, die ausschließlich dem Zweck der Fischzucht und Fischhaltung dienen, künstlich hergestellt sowie ständig abgesperrt sind (528).
3. Gewässer, denen es an einer für den Wechsel der Fische geeigneten regelmäßigen Verbindung mit einem anderen natürlichen Gewässer fehlt (529).

Altwasser, die diese Voraussetzungen zwar erfüllen, bilden eine Ausnahme. Sie zählen zu den nicht geschlossenen Gewässern (521). Gewässer, in denen Wildfischbestände vorkommen und der sogenannte freie Zug der Fische möglich ist, werden als »nicht geschlossene« Gewässer bezeichnet. Bei Unklarheiten in der Zuordnung unterscheidet die Kreisverwaltungsbehörde (522). Wesentliches Merkmal der nicht geschlossenen Gewässer ist wie gesagt der freie Zug der Fische. Er darf grundsätzlich nicht unterbunden werden. So ist das Fischen mittels Absperren in einem nicht geschlossenen Gewässer verboten (523). Lediglich in Ausnahmefällen ist seine Beeinträchtigung z. B. durch die Anlage von Wehren und Fischfallen, möglich. Sie bedarf aber der Genehmigung durch die zuständige Verwaltungsbehörde (524). Die gleiche Behörde entscheidet auch über Anträge zur Gewinnung und Wegnahme von Fischlaich in nicht geschlossenen Gewässern (525).

Das Schlämmen (= Entnahme von Schlamm) von Fischwassern, das Entnehmen fester Stoffe (wie z. B. Sand und Kies) und die Entfernung von Wasserpflanzen sind ohne Erlaubnis der Kreisverwaltungsbehörde in nicht geschlossenen Gewässern nur vom 15. August bis 31. Oktober zulässig (663). Rohr- und Schilfbestände dürfen ohne Erlaubnis der Kreisverwaltungsbehörde *nur* in Be- und Entwässerungsgräben in der Zeit vom 1. Oktober bis 30. November beseitigt werden (664). Diese Regelung gilt nur wenn die Gräben keine Verbindung zu Salmonidengewässern haben. Wenn in einem nicht geschlossenen Gewässer Fanggeräte wie Netze und Reusen ausgelegt sind, der Fischer aber nicht dabei ist, müssen die Gerätschaften so gekennzeichnet sein, daß sich der Fischer jederzeit ermitteln läßt (665).

Fischereischeine Beim Angeln müssen Sie stets zwei Fischereiausweise mit sich führen (530):

1. Den Staatlichen Fischereischein, den Sie nach bestandener Fischerprüfung erwerben können, und
2. den Berechtigungs- und Erlaubnisschein (Angelkarte), der Sie zum Fischen im jeweiligen Gewässer ermächtigt.

Grundsätzlich gilt, daß für den Fischfang mit der Handangel in *allen* Gewässern ein Erlaubnisschein erforderlich ist (666).

Erlaubnisscheine werden vom Fischereirechtinhaber, dem Pächter oder deren Vertreter ausgestellt (531). Sie können maximal 3 Jahre Gültigkeit haben (532). Sie müssen von der Kreisverwaltungsbehörde, in deren Gebiet das Fischwasser liegt, beglaubigt sein (533). Die Anzahl der auszugebenden Erlaubnisscheine wird von der Kreisverwaltungsbehörde festgelegt (534). Die rechtlichen Bestimmungen sind bezüglich des Erlaubnisscheines ziemlich eng gefaßt. So dürfen z.B. Mitglieder eines Fischereivereins in vereinseigenen Gewässern ohne ihn nicht angeln (535). Die einzigen, die zum Fischen keinen Erlaubnisschein brauchen, sind der Fischereiberechtigte oder der Pächter (536), und höchstens drei weitere Personen, die in Begleitung des Fischereiberechtigten oder des Fischereipächters den Fischfang ausüben (667). Es gibt sogenannte Einzelerlaubnisscheine, solche also, die nur für ein bestimmtes Gewässer Gültigkeit haben und Sammelerlaubnisscheine, die für mehrere bzw. alle Fischwasser (z.B. eines Vereins) ausgestellt werden (668). Die Genehmigung zur Ausstellung von Erlaubnisscheinen für den Fischfang ist an die Voraussetzung gebunden, daß für die betreffenden Fischwasser und die mit diesen in Verbindung stehenden Fischwasser keine Nachteile zu befürchten sind. Dies ist der Grund, daß für jedes Gewässer nur eine bestimmte Zahl von Angelkarten ausgegeben werden darf. Auch Jugendliche, die im Besitz eines Jugendfischereischeines sind, benötigen zum Fischen einen Erlaubnisschein (669). Allerdings brauchen Erlaubnisscheine, die an Inhaber von Jugendfischereischeinen ausgegeben werden, nicht der Genehmigung und Bestätigung der Kreisverwaltungsbehörde (670). Diese Genehmigung bedürfen aber solche Erlaubnisscheine, die für das Angeln in einem künstlich angelegten Fischteich ausgegeben werden (671). Erlaubnisscheine sind Polizeibeamten, Fischereiaufsehern sowie Fischereiberechtigten und Fischereipächtern auf Verlangen zur Prüfung auszuhändigen (672).

Wie aber steht es mit dem Staatlichen Fischereischein und unter welcher Voraussetzung benötigen Sie ihn? Es wurde des öfteren die Frage gestellt, ob man sich auch dann der Fischerprüfung unterziehen muß, wenn man im Garten einen Teich hat und in diesem ab und zu Fische fangen will, die Angelfischerei also in einem künstlich angelegten, geschlossenen Gewässer auszuüben gedenkt? Eindeutige Antwort: Ja (673). Die Rechtsvorschrift, welche die Notwendigkeit der Staatlichen Fischerprüfung regelt, ist das Fischereigesetz (674). Für die Zulassung zur Fischerprüfung ist der Besuch eines Vorbereitungslehrgangs bindend vorgeschrieben (688). Für die Abnahme der Fischerprüfung ist die Bayerische Landesanstalt für Fischerei in Starnberg verantwortlich (675). Nach bestandener Fischerprüfung ist dann Ihre Gemeinde dafür zuständig, daß Sie Ihren Fischereischein ausgehändigt bekommen (676). Von der Prüfung befreit sind Personen, denen nachweislich in der Zeit vom 1. Januar 1961 bis zum 31. Dezember 1970 im Inland ein Fischereischein ausgestellt worden war (677). Ohne Nachweis der bestandenen Fischerprüfung kann der Fischereischein erteilt werden nur an Berufsfischer mit einschlägiger Abschluß- oder Meisterprüfung, an Personen, die zum Berufsfischer ausgebildet werden und an Personen, die sich nur vorübergehend im Bundesgebiet aufhalten, ohne hier einen festen Wohnsitz zu begründen (537). Ebenfalls ohne bestandene Prüfung kann der Fischereischein an Personen erteilt werden, die das 18. Lebensjahr vollendet haben und deren Erwerbstätigkeit durch eine geistige Behinderung um wenigstens 80% gemindert ist, oder um wenigstens 50% gemindert ist und die nachweislich eine Sonderschule für geistig Behinderte besuchen oder besucht haben. Fischereischeine, die in anderen Bundesländern erworben worden sind, gelten dann in Bayern, wenn sie Personen erteilt wurden, die in einem dieser Länder ihren Hauptwohnsitz haben (540, 541). Fischereischeine können für 1, 5 oder 10 Jahre gelöst werden (538). Der Erlös der Fischereischeine wird in Bayern zur Förderung allgemeiner fischereilicher Belange verwendet (542). Keinen Fischereischein benötigt, wer als Helfer den Inhaber eines Fischereischeines bei der Ausübung des Fischfangs unterstützt (543). Besteht die Hilfe aber darin, daß zum Köderfischfang die Handangel verwendet wird, ist auch für den Helfer der Fischereischein erforderlich (544). Für Jugendliche, die das 10. aber noch nicht das 18. Lebensjahr vollendet haben, wird ohne Prüfung ein Jugendfischereischein ausgestellt (545). Das Besondere besteht darin, daß dieser nur dann Gültigkeit besitzt, wenn der Jugendliche in Begleitung eines volljährigen Fischereischeininhabers zum Angeln geht (546). Die staatliche Fischerprüfung kann ab dem 10. Lebensjahr abgelegt werden (539). Bei bestandener Prüfung darf selbständiges Fischen (ohne Begleitung eines volljährigen Fischereischeininhabers) aber erst ab dem 14. Lebensjahr erfolgen. Die Kreisverwaltungsbehörde kann aus zwei Gründen die Erteilung eines Fischereischeins versagen. Erstens, wenn Tatsachen vorliegen, die die Annahme rechtfertigen, daß die beantragende Person zur ordnungsgemäßen Ausübung des Fischfanges ungeeignet ist (547, 687) und zweitens wenn Personen im Inland keinen festen Wohnsitz haben (548).

Fischereiaufsicht   Die Verwaltungsbehörde kann auf Antrag der Fischereiberechtigten, Fischereipächter, Fischereigenossenschaften und Gemeinden von diesen vorgeschlagene oder angestellte, volljährige, zuverlässige Personen als Fischereiaufseher bestätigen. Mit der Bestätigung wird auch der örtliche Zuständigkeitsbereich des Fischereiaufsehers festgelegt. Die Bestätigung ist zu versagen, wenn der Fischereiaufseher nicht Inhaber eines gültigen Fischereischeins ist (678) oder Bedenken gegen seine persönliche oder fachliche Eignung bestehen (679). Der bestätigte Fischereiaufseher erhält von der Kreisverwaltungsbehörde ein Dienstabzeichen und einen Dienstausweis (680). Zu den Aufgaben des Fischereiaufsehers gehört die Überwachung der Einhaltung von Rechtsvorschriften, die den Schutz und die Erhaltung der Fischbestände regeln (681), sowie Zuwiderhandlungen gegen Rechtsvorschriften, die die Ausübung der Fischerei regeln, festzustellen, zu verhüten, zu unterbinden und bei deren Verfolgung mitzuwirken (682). Die Fischereiaufseher haben darüber hinaus die Befugnis, gegenüber Personen, die auf, an oder in der Nähe von Gewässern mit Fanggeräten angetroffen werden, deren Identität festzustellen, sowie die Aushändigung des Fischereischeins sowie des Erlaubnisscheins zur Prüfung zu verlangen (549, 550). Zudem kann er die mitgeführten Geräte kontrollieren und die gefangenen Fische in Augenschein nehmen (551). Wenn der Verdacht besteht, daß Personen gegen die Rechtsvorschriften verstoßen haben, kann der Fischereiaufseher diese Personen von dem Ort verweisen (683), den Personen vorübergehend das Betreten eines Ortes verbieten, sowie Fische und andere unberechtigt erlangte Sachen sicherstellen. Was haben Sie zu tun, wenn Sie beim Fischen vom Boot aus von Fischereiaufsehern angesprochen werden? Sie haben Ihr Boot sofort anzuhalten und auf Verlangen den Fischereiaufseher an Bord zu holen (684). Sie dürfen erst weiterfahren, wenn der Fischereiaufseher dies gestattet. Wenn Fischereiaufseher ihre Tätigkeit ausüben, müssen sie ihr Dienstabzeichen tragen und bei dienstlichem Einschreiten auf Verlangen den Dienstausweis vorzeigen (685), sofern das sich Ausweisen aus Sicherheitsgründen zumutbar ist.

Naturschutz. Fischer verstehen sich in zunehmendem Maße auch als Umweltschützer. Durch die dauernde Anwesenheit am Fischwasser und durch stete Wachsamkeit gegenüber dem, was in der Natur vorgeht, leisten sie in der Tat einen erheblichen Beitrag zum Schutz der Natur. Es versteht sich von selbst, daß Angler die allgemeinen Naturschutzgesetze kennen und achten. So ist verboten, wildlebende Tiere mutwillig zu beunruhigen oder ohne vernünftigen Grund zu fangen, zu verletzen oder zu töten (624). Desweiteren ist untersagt, ohne vernünftigen Grund wildlebende Pflanzen von ihren Standorten zu entnehmen oder zu nutzen oder ihre Bestände niederzuschlagen oder auf sonstige Weise zu verwüsten (625).
Folgende Tiere und Pflanzen am oder im Gewässer sind nach der Bundesartenschutzordnung besonders geschützt: Breitrandkäfer, Wasserspitzmaus, Eisvögel, Wasserfrosch (560), Grasfrosch, Ringelnatter (559), alle einheimischen Libellenarten, Seerose (558), Wassernuß, alle Schwertlilien (557) und

der Biber. Auch sind Rohrsänger und Wasseramseln ganzjährig geschützt (561). Immer wieder ist die Frage zu hören, ob in einem Naturschutzgebiet die Fischerei ruht? Sie ist grundsätzlich zulässig, jedoch sind Einschränkungen möglich (556).

Nordrhein-Westfalen

- Die fischereilichen Bestimmungen gründen auf das seit 01. 01. 1973 geltende Fischereigesetz und die Landesfischereiordnung vom 04.06. 1987.
- Vertreter der *obersten* Fischereibehörde ist der Minister für Ernährung, Landwirtschaft und Forsten.
- Vertreter der *oberen* Fischereibehörde ist der Regierungspräsident.
- *Untere* Fischereibehörde (= Fischereibehörde) ist die Kreisordnungsbehörde.
- Abschluß und Änderung eines Fischereipachtvertrages sind der zuständigen unteren Fischereibehörde binnen eines Monats anzuzeigen.
- Mindestpachtzeit ist 12 Jahre. Geringere Pachtzeiten gelten z. B. für Trinkwassersperren.
- Im Gebiet einer Gemeinde bilden alle Fischereirechte an fließenden Gewässern einen gemeinschaftlichen Fischereibezirk.
- Die Fischereiberechtigten, deren Fischereirechte zu einem gemeinschaftlichen Fischereibezirk gehören, bilden eine Fischereigenossenschaft.
- Satzung oder Satzungsänderung einer Genossenschaft werden durch $^2/_3$ Mehrheit aller Stimmen beschlossen.
- Fischereischeine werden für 1 Jahr oder 5 aufeinander folgende Jahre ausgegeben.
- Jugendlichen, die das 14. Lebensjahr vollendet und die Fischerprüfung bestanden haben, kann der Fischereischein erteilt werden.
- Jugendlichen, die das 10., aber noch nicht das 16. Lebensjahr vollendet haben, darf der Fischereischein ohne Fischerprüfung nur als Jugendfischereischein erteilt werden.
- Keinen Fischereischein braucht der Eigentümer von Privatgewässern.
- Keine Fischerprüfung abzulegen, brauchen Personen, denen der Fischereischein im Zeitraum zwischen 01. 01. 1970 und 31. 12. 1972 erteilt wurden.
- Ein Erlaubnisschein für die Teilnahme an genehmigten fischereilichen Veranstaltungen ist nicht erforderlich.
- Die Gültigkeitsdauer von Erlaubnisscheinen wird durch die zum Abschluß des Fischereierlaubnisvertrages Berechtigten festgelegt.
- Schonbezirke werden durch die obere Fischereibehörde ausgewiesen.
- Das Einlassen zahmen Wassergeflügels (Enten, Gänse, Schwäne) in Fischwasser ist ohne Einverständnis des Fischereiberechtigten nicht gestattet.

- Schonmaße und Schonzeiten (Artenschonzeiten) nach der Landesfischereiordnung:

	Schonmaß (cm)	Schonzeit
Lachs	50	20.10. mit 15.03.
Meerforelle	50	20.10. mit 15.03.
Seeforelle	50	20.10. mit 15.03.
Bachforelle	25	20.10. mit 15.03.
Regenbogenforelle (in Fließgewässern)	25	20.10. mit 15.03.
Bachsaibling	25	20.10. mit 15.03.
Seesaibling	30	20.10. mit 15.03.
Äsche	30	01.03. mit 30.04.
Nase	25	01.03. mit 30.04.
Zander	40	01.05. mit 30.06.
Barbe	35	15.05. mit 15.06.
Hecht	45	15.02. mit 30.04.
Wels	50	–
Aal	35	–
Aland (Nerfling)	25	–
Karpfen	35	–
Schleie	20	–
Amerikanischer Flußkrebs	8	–
Galizischer Flußkrebs	10	–

Ganzjährig geschützt sind: Bachneunauge, Flußneunauge, Meerneunauge, Stör, Maifisch, Finte, Nordseeschnäpel, Stint, Hasel, Zährte, Schneider, Moderlieschen, Bitterling, Elritze, Steinbeißer, Schmerle, Schlammpeitzger, Koppe, Flunder, Zwergstichling, Quappe, Europäischer Flußkrebs, Flußperlmuschel, Kleine Teichmuschel, Malermuschel, Bachmuschel, Flußmuschel.

- Es ist verboten, beim Fischfang künstliches Licht zu gebrauchen.
- Die Verwendung lebender Köderfische bedarf behördlicher Zustimmung; diese wird nur im Einzelfall, befristet und aus Gründen der Hege erteilt.
- Tote Köderfische dürfen nur in dem Gewässer verwendet werden, aus dem sie stammen.
- Nichteinheimische Fische, Neunaugen, Krebse und Muscheln sowie deren Laich dürfen in Gewässer nicht ausgesetzt werden. Ausgenommen hiervon sind Regenbogenforellen und Bachsaiblinge.
- Wettfischen und ähnliche fischereiliche Veranstaltungen bedürfen der Genehmigung durch die zuständige Fischereibehörde. Dies gilt nicht, wenn an der Veranstaltung nur Mitglieder eines Fischereivereines teilnehmen.
- Angaben über die zugelassenen Fanggeräte müssen dem Erlaubnisschein zu entnehmen sein.

Rheinland-Pfalz

- Die fischereirechtlichen Bestimmungen in Rheinland-Pfalz gründen auf das seit 01. 01. 1975 geltende Fischereigesetz und die Landesfischereiordnung vom 01. 01. 1986.
- *Oberste* Fischereibehörde ist das Ministerium für Landwirtschaft, Weinbau und Forsten.
- *Obere* Fischereibehörde ist die jeweilige Bezirksregierung.
- *Untere* Fischereibehörde ist in Landkreisen die Kreisverwaltung in kreisfreien Städten die Stadtverwaltung.
- Ein Altwasser ist dann ein geschlossenes Gewässer, wenn es ihm an einer für den Wechsel der Fische geeigneten dauernden Verbindung zu einem offenen Gewässer fehlt.
- Abschluß und Änderung eines Fischereipachtvertrages sind der zuständigen Fischereibehörde binnen eines Monats anzuzeigen.
- Mindestpachtzeit ist 12 Jahre.
- Die Fischereibehörde hat den Pachtvertrag binnen eines Monats zu beanstanden, wenn er den Bestimmungen des Fischereigesetzes nicht entspricht oder zu erwarten ist, daß der Pächter nicht die Gewähr für die Erhaltung eines angemessenen Fischbestandes bietet.
- Eintragung der Fischereirechte erfolgt ins Fischereibuch.
- Aneignungsrecht für Fische, die nach Rückgang des Hochwassers auf einem fremden Grundstück zurückgeblieben sind, besteht für 2 Wochen.
- Die Verpachtung eines Eigenfischereibezirks in Teilen ist nur zulässig, wenn jeder Teil die gesetzliche Mindestgröße (2 km Länge oder 0,5 ha Fläche) hat.
- Fischereischeine werden für 1 Jahr oder 5 aufeinander folgende Jahre ausgegeben.
- Jugendlichen, die das 14. Lebensjahr vollendet und die Fischerprüfung bestanden haben, kann der Fischereischein erteilt werden.
- Jugendlichen, die das 10. aber noch nicht das 16. Lebensjahr vollendet haben, darf der Fischereischein ohne Fischerprüfung nur als Jugendfischereischein erteilt werden.
- Von der Fischerprüfung ist befreit, wer in der Zeit vom 01. 01. 1970 bis 31. 12. 1974 einen gültigen Jahresfischereischein besaß. Anerkannt wird ein Fischereischein auch dann – und dies stellt eine Abweichung vom Gesetzestext der – wenn er im Jahre 1969 ausgestellt worden war und, da er damals vom Tag der Ausstellung an und nicht für das Kalenderjahr galt, noch in das Jahr 1970 hinein Gültigkeit besaß. Fischereischeine, die vor 1970 ausgestellt worden waren und keine Gültigkeit über den 31. 12. 1969 hinaus besaßen, werden als Grundlage für eine Befreiung nicht anerkannt.
- Die Gültigkeit eines Erlaubnisscheines darf 1 Jahr nicht überschreiten und muß mit Ablauf des Kalenderjahres enden.

- Für die Teilnahme an genehmigten fischereilichen Veranstaltungen (z. B. Wettfischen) bedarf es keines Erlaubnisscheines.
- Schonmaße und Schonzeiten nach der Landesfischereiordnung:

Lachs	60 cm	15.10. bis 15.03.
Meerforelle	60 cm	15.10. bis 15.03.
Seeforelle	60 cm	15.10. bis 15.03.
Bachforelle	25 cm	15.10. bis 15.03.
Regenbogenforelle	25 cm	15.10. bis 15.03.
Bachsaibling	25 cm	15.10. bis 15.03.
Gangfisch	25 cm	15.10. bis 15.03.
Äsche	30 cm	15.02. bis 30.04.
Hecht	50 cm	01.02. bis 15.04.
Zander	45 cm	01.04. bis 31.05.
Wels	60 cm	15.10. bis 15.03.
Aal	40 cm	–
Karpfen	35 cm	–
Barbe	35 cm	01.05. bis 15.06.
Schleie	25 cm	–
Nase	20 cm	15.03. bis 30.04.*
Rotauge	15 cm	–
Rotfeder	15 cm	–
Edelkrebs	10 cm	01.11. bis 31.05.**
Amerikanischer Flußkrebs	8 cm	01.11. bis 31.05.

- Allgemeine Schonzeiten:
  a) Frühjahrsschonzeit: 15.04. mit 31.05. Die dieser Schonzeit unterliegenden Gewässer sind im Fischereigesetz namentlich benannt.
  b) Winterschonzeit: 15.10. mit 15.03. Ihr unterliegen alle Gewässer, für die eine Frühjahrsschonzeit nicht festgesetzt ist.
- Fischereiausübungsberechtigte sowie Inhaber von Fischzuchten und Teichwirtschaften sind verpflichtet, das Auftreten von Fischkrankheiten der oberen Fischereibehörde unverzüglich anzuzeigen.
- Schonbezirke werden durch die obere Fischereibehörde ausgewiesen.
- Das Einlassen von zahmem Wassergeflügel (Enten, Gänse, Schwäne) in die der Winterschonzeit unterliegenden Gewässer ist verboten.
- In andere Fischgewässer darf zahmes Wassergeflügel nur mit Zustimmung des Fischereiberechtigten oder Pächters eingelassen werden.
- Fische, die in der Landesfischereiordnung (§ 17, 20) nicht genannt sind, dürfen nur mit Zustimmung der oberen Fischereibehörde ausgesetzt werden.
- Fische aller Arten (z.B. fangfähige Fische) dürfen nur ausgesetzt werden, wenn dadurch die Zusammensetzung des Fischbestandes nicht nachteilig verändert wird.

  * in allen Gewässern außer Rhein, Mosel und Lahn
 ** weibliche Krebse sind das ganze Jahr über geschützt.

- Der Fischfang ist so auszuüben, daß eine gegenseitige Störung der Fischer vermieden wird.
- Wettfischen bedürfen der Genehmigung der zuständigen Verwaltungsbehörde.
- Während der Frühjahrsschonzeit ist Wettfischen verboten.
- In Gewässern mit Schiffsverkehr ist das Hältern von Fischen in Setzkeschern verboten.
- Zum Hältern von Fischen dürfen Setzkescher nur verwendet werden, wenn sie aus Textilien hergestellt sind.
- Die Verwendung lebender Köderfische ist verboten.
- Zum Schutz der Fischerei kann die Fischereibehörde den Fischfang mit dem lebenden Köderfisch für bestimmte offene oder geschlossene Gewässer oder Gewässerteile zulassen.

Baden-Württemberg

- Oberste Fischereibehörde ist das Ministerium.
- Fischereibehörden sind die Regierungspräsidien.
- Die fischereilichen Bestimmungen gründen auf das seit 01. 01. 1981 geltende Fischereigesetz und die Landesfischereiverordnung vom 10. 12. 1980.
- Der Einsatz nicht einheimischer Fischarten sowie der erstmalige Fischeinsatz in bisher fischfreie Gewässer bedarf der Erlaubnis der Fischereibehörde.
- Aneignungsrecht für Fische, die nach Rückgang des Hochwassers auf einem fremden Grundstück zurückgeblieben sind, besteht für 3 Tage.
- Mindestpachtzeit ist 12 Jahre.
- Fischereipachtverträge sind der Fischereibehörde anzuzeigen.
- Abschluß, Änderung, Kündigung und Erlöschen eines Pachtvertrages sind vom Verpächter der Fischereibehörde unverzüglich anzuzeigen.
- Die Gültigkeit eines Erlaubnisscheines kann bis zu 3 Jahren betragen.
- Die Abgrenzung von Fischereibezirken ist so vorzunehmen, daß der Fischereibezirk eine fischereibiologische Einheit möglichst ganz umfaßt sowie eine sinnvolle Bewirtschaftung zuläßt.
- Ein Eigenfischereibezirk liegt dann vor, wenn das Fischereirecht innerhalb eines Fischereibezirkes nur einer natürlichen oder juristischen Person zusteht.
- Jugendlichen, die das 10. aber noch nicht das 16. Lebensjahr vollendet haben, darf der Fischereischein ohne Fischerprüfung nur als Jugendfischereischein erteilt werden.

- Fischereischeine werden für 1 Jahr oder 5 aufeinanderfolgende Kalenderjahre ausgegeben. Der Jugendfischereischein wird nur für 1 Kalenderjahr erteilt.
- Zuständig für die Fischereischein-Erteilung sind die Gemeinden, bzw. Verwaltungsgemeinschaften.
- Keine Fischerprüfung abzulegen brauchen Personen, denen mindestens ein Jahres(!)-Fischereischein im Zeitraum zwischen 01.01. 1976 und 31.12. 1980 (5 Jahre vor Inkrafttreten des Fischereigesetzes) erteilt wurde.
- Die Fischereiausübungsberechtigten sind verpflichtet, Fischsterben unverzüglich bei der Ortspolizeibehörde anzuzeigen.
- Übertragbare Fischkrankheiten sind zu bekämpfen, kranke oder krankheitsverdächtige Fische sind zu behandeln, abzusondern oder unschädlich zu beseitigen.
- Staatliche und ehrenamtliche Fischereiaufseher werden von der Fischereibehörde bestellt.
- Fischereirechte sind im Grundbuch oder im Verzeichnis der Fischereirechte einzutragen.
- Der Grundstückseigentümer darf sich 3 Tage nach Rückgang des Gewässers die zurückgebliebenen Fische aneignen.
- Der Mindestabstand von Netzen und Reusen beträgt beim Angeln 50 m.
- Im Zeitraum von 1 Stunde nach Sonnenuntergang bis 1 Stunde vor Sonnenaufgang ist Angeln verboten. Ausnahme: Aalfang vom Ufer aus ist bis 24 Uhr gestattet (bei Sommerzeit bis 1.00 Uhr).
- Ein Netz, mit dem Köderfischfang gestattet ist, besitzt höchstens 1 m Seitenlänge und eine Maschenweite nicht kleiner als 14 mm.
- Die Wasserspitzmaus darf *nicht* getötet werden.
- Besondere fischereiliche Bestimmungen (Abweichungen vom Fischereigesetz und der Landesfischereiverordnung) gelten für den Bodensee und den Bodensee-Untersee.
- Schonmaße und Schonzeiten nach der Landesfischereiverordnung: Alle Neunaugen, Lachs, Meerforelle, Wandermaräne (Nordseeschnäpel), Maifisch, Finte, Rapfen (Schied), Flußperlmuschel, Fluß- und Teichmuscheln, sowie Seeforellen in den Bodensee-Zuflüssen ganzjährig.

Seeforelle	40 cm	01. 10. bis 31. 12.
Bachforelle	25 cm	01. 10. bis 15. 02.
Regenbogenforelle	25 cm	01. 01. bis 31. 03.
Huchen	70 cm	01. 02. bis 31. 05.
Seesaibling	25 cm	01. 10. bis 31. 12.
Bachsaibling	25 cm	01. 10. bis 31. 03.
Äsche	30 cm	01. 02. bis 30. 04.
Blaufelchen (Renken, Maränen)	35 cm	15. 10. bis 10. 01.

Übrige Felchen	30 cm	15. 10. bis 10. 01.
Aal	40 cm	—
Hecht	50 cm	15. 02. bis 30. 04.
Zander	45 cm	01. 04. bis 31. 05.
Karpfen	30 cm	—
Schleie	20 cm	15. 05. bis 30. 06.
Barbe	30 cm	01. 05. bis 15. 06.
Nase	20 cm	01. 04. bis 31. 05.
Aland (Nerfling)	25 cm	—
Edelkrebs, Flußkrebs	12 cm	01. 10. bis 31. 07.
Gallizischer Sumpfkrebs	12 cm	01. 10. bis 31. 07.
Steinkrebs	8 cm	01. 10. bis 31. 07.

- Das Schonmaß für Fische ergibt sich als Abstand von der Kopfspitze bis zum Ende der natürlich ausgebreiteten Schwanzflosse.

Schleswig-Holstein

- Die fischereilichen Bestimmungen gründen auf das Fischereigesetz vom 11. 05. 1916, zuletzt geändert am 22. 11. 1982 sowie die Fischereiordnung vom 09. 06. 1971.
- Die Pflicht zur Fischereischeinprüfung besteht seit 01. 03. 1983.
- Der Fischereischein ist zu erteilen, wenn der Antragsteller das 12. Lebensjahr vollendet hat, die Fischerprüfung mit Erfolg abgelegt hat und keine Gründe vorliegen, die zur Versagung führen.
- Von der Fischerprüfung ist befreit
  a) wer nach dem 01. 01. 1970 mindestens drei Jahre oder im Jahr vor Inkrafttreten des Fischereischeingesetzes einen Fischereischein besessen hat oder
  b) wer Nachweis erbringen kann, daß er in einem anderen Bundesland eine Fischerprüfung mit Erfolg abgelegt hat.
- Die Fischereischeinprüfung wird vom Landessportfischerverband Schleswig-Holstein e. V. im Auftrag und unter Aufsicht des Ministers für Ernährung, Landwirtschaft und Forsten abgehalten. Sie ist bis auf die Tatsache, daß der praktische Prüfungsteil weggefallen ist, identisch mit der bisher auf freiwilliger Basis durchgeführten Sportfischerprüfung. Der Landessportfischerverband führt die Prüfung in Anlehnung an die Ausbildungs- und Prüfungsordnung des Verbandes Deutscher Sportfischer (VDSF) durch. Deren Gedankengut ist in der hier vorgelegten Fragensammlung berücksichtigt.

Fachausdrücke

Abködern   Gefangene Fische vom Haken lösen.

Anflug   Auf die Wasseroberfläche niedergegangene Insekten.

Anfüttern   Fische durch Einwerfen spezieller Köder an eine be-
                                stimmte Stelle locken.

Anködern   Köder am Haken befestigen.

Bachauskehr   Ablassen eines Baches zur Säuberung oder Schlamm-
                                räumung. In der Regel werden die Fische vorher mit
                                dem E-Gerät gefangen.

Blei, laufendes   Auch Gleitblei. Frei bewegliches, nicht am Vorfach be-
                                festigtes Blei. Geeignet sind durchlöcherte Bleikugeln,
                                Bleioliven und das Catherineblei.

Brotfisch   Der für die Existenz der Berufsfischer wichtigste Fisch.

Buhnen   Niedrige, quer zur Stromrichtung in den Strom hinein-
                                gebaute Steindämme. Der Buhnenkopf stellt das Ende
                                der Buhne im Wasser dar.

Devonspinner   Nachbildung einer Elritze – erfolgreich als Forellen-
                                köder.

Einzeller   Lebewesen, deren Organismus aus 1 Zelle besteht.

Entschuppung   Entnahme unerwünschter Fischarten aus einem Fisch-
                                wasser, z. B. Aitel aus Forellenbächen.

Fischereiliche   Wett- oder Wettkampffischen
Veranstaltung

Fischfetzen   Köder aus Fischstücken

Floßangeln   Spezielle Methode des Grundangelns zur Befischung
                                mittlerer Wassertiefen. Die gewünschte Tiefe wird mit
                                dem Floß (Schwimmer) eingestellt.

Flucht (Fluchten)   Heftige, oft langandauernde Befreiungsversuche ge-
                                hakter Fische.

Flußverbauungen   Einbauten, die den freien Zug der Fische be- oder ver-
                                hindern, z. B. Kraftwerke, Schleusen, Dämme.

Futterfische   Minderwertige Fischarten (meist Weißfische).

Gonaden   Geschlechtsorgane.

Grobschüttung   Uferbefestigung von Flüssen unter Verwendung von
                                mindestens kindskopfgroßen Steinen. Durch die Hohl-
                                räume ergeben sich sehr gute Fischunterstände.

Gumpen	Auch Kolke – natürliche Vertiefungen im Fluß- oder Bachbett – bevorzugter Standplatz von Fischen.
Hältern	Aufbewahren lebender Fische.
Hauptwirtschafts-fische	Die für die Existenz des Bewirtschafters wichtigsten Fischarten.
Hegene	lange feine Grundleine, deren Ende mit einem 20–30 g schweren Bleigewicht versehen ist. Das etwa 0,25 mm starke Vorfach weist 3 bis 5 kurze Seitenarme auf, deren Haken mit künstlichen Nachahmungen von Nymphen, gelbem Gummi oder auch mit Naturködern (Maden, Fliegenlarven) beködert sind. Mit der Hegene fischt man in der Regel auf tiefstehende Barsche oder Felchen. Sie ist besonders verbreitet am Bodensee und anderen Voralpenseen, vor allem aber in der Schweiz. Mit der Hegene wird vom Boot aus durch Heben und Senken gefischt. Meist von Hand, selten mit der Rute.
Jamisonhaken	Auch Schonhaken genannt. Haken ohne Widerhaken
Legangel	Unbeaufsichtigte Angel, an der sich die Fische meist über Nacht und ohne Beaufsichtigung der Fischer fangen.
Mühlschuß	Stark strömende Stelle hinter Mühlen oder Triebwerken. Guter Fangplatz.
Nymphe (künstliche)	Zur Gruppe der Naßfliegen zählende künstliche Fliege ohne Flügel mit einer nur kurzen Kopfhechel.
Palmer	Künstliche »Fliege«, die Käfer, Raupen oder Hummeln imitiert.
Paternosterangel	Grundangel ohne Schwimmer mit mehreren Seitenarmen. Eignet sich zur gleichzeitigen Befischung unterschiedlicher Wassertiefen.
Photosynthese	Aufbau körpereigener Substanz pflanzlicher Lebewesen aus Kohlendioxid und Wasser unter Zuhilfenahme von Licht als Energiequelle. Bei der Reaktion wird Sauerstoff frei. Im allgemeinen Sprachgebrauch wird Photosynthese mit Assimilation gleichgesetzt.
Population	Fischpopulation – Bestand einer Fischart in einer bestimmten Gewässerstrecke.
Rheinsalm	Lokale Bezeichnung für Lachse.
Rote Liste	Bekanntmachung des Bayerischen Staatsministeriums für Landesentwicklung und Umweltfragen über bestandsbedrohte Pflanzen und Tiere.

Schneider	Kommt ein Angler ohne Beute heim, ist er Schneider (auch Fischart).
Sedge	Künstliche Fliege: Imitation einer Köcherfliege.
Steckerlfisch	Fische, die über der Glut auf einem Stock aufgespießt gargeröstet werden.
Steigen	Fische kommen zur Nahrungsaufnahme an die Wasseroberfläche.
Stellfisch	Lebender Köderfisch.
Stippose	Feiner, leichter Schwimmer (Pose), der zum Stippfischen verwendet wird. Unter Stippfischen oder Stippen versteht man Grundangeln mit feinstem Zeug.
Tauwürmer	Regenwürmer.
Teig	Fischköder aus teigförmiger Masse
Überhege	Zu geringe Fischentnahme oder zu hoher Besatz.
Verblinkertes Gewässer	Übermäßiges und einseitiges Fischen mit Blinkern hat dazu geführt, daß die Fische diesem Köder gegenüber mißtrauisch geworden sind und nicht mehr beißen.
Verbuttung	Kleinwüchsigkeit von Fischen auf Grund zu hoher Bestandsdichten.
Waidgerechtes Fischen	Angeln nach den Regeln der Fischgerechtigkeit.

Literaturverzeichnis

Altnöder, K., u. B. Lang, 1988: Der Weg zur Fischerprüfung. – München.

Altnöder, K. und G. Keiz, 1983: Fischereirecht in Bayern. – München.

Amlacher, E., 1976: Taschenbuch der Fischkrankheiten. – Stuttgart.

Bachmaier, R., 1977: Angeln will gelernt sein. – München.

Bacmeister, A., 1969: Das große Lexikon der Fischwaid. – Stuttgart.

Bay, K., und M. Vinciguerra, 1978: Süßwasserfliegen selbst gemacht. – München, Zürich.

Bensch, H., 1977: Die Sportfischerprüfung. – Melsungen.

Borne, M. v. d. und W. Quint, 1976: Angelfischerei. – Hamburg, Berlin.

Engelhardt, W., 1977: Was lebt in Tümpel, Bach und Weiher? – Stuttgart.

Jens, G. und F. J. Gehendges, 1980: Fischereirecht Rheinland-Pfalz. – Gemeindeverlag.

Kölbing, A., 1983: Angeltechnik, Bd. 2, Angel- und Fischereischule. – München, Wien, Zürich.

Kölbing, A. und K. Seifert, 1981: Richtig angeln. – München, Wien, Zürich.

Landesfischereiverband Baden-Württemberg, o. J.: Fragenkatalog. – Stuttgart.

Lohmeier, M., 1979: Fischereirecht und Fischerprüfung in Nordrhein-Westfalen. – Hamburg, Berlin.

Menzebach, F., 1970: Fischgerechtigkeit. – München.

Meulengracht-Madsen, J., 1974: Aquarienfische in Farben. – Berlin.

Murray, D., 1977: Die Anglerfibel (Grundschule). – München, Bern, Wien.

Muus, B. J., und P. Dahlström, 1978: Süßwasserfische. – München, Bern, Wien.

Onck, H. van, und P. Melief, 1978: Besser angeln. – München, Bern, Wien.

Plomann, J., 1976: Salmoniden. – Berlin.

Pott, E., 1979: Bach. Fluß. See. – München, Zürich, Wien.

Reichenbach-Klinke, H., 1970: Grundzüge der Fischkunde. – Stuttgart.

Riedel, D., 1974: Fisch und Fischerei. – Stuttgart.

Schindler, O., 1968: Unsere Süßwasserfische. – Stuttgart.

Schwoerbel, J., 1977: Einführung in die Limnologie. – Stuttgart.

Seifert, K., 1983: Allgemeine Fischkunde, Bd. 1, Angel- und Fischereischule. München, Wien, Zürich.

Seifert, K., 1984: Spezielle Fischkunde, Bd. 3, Angel- und Fischereischule.

Terofal, F., 1978: Fische. – München, Bern, Wien.

Tesch, E.-W., 1973: Der Aal. – Hamburg, Berlin.

VDSF, 1980: Ausbildungs- und Prüfungsordnung. – Offenbach.

Wiederholz, E., 1967: Die fangsichere Zusammenstellung von Angelgerät. – Hamburg, Berlin.

Zeiske, W., und J. Plomann, 1978: Fisch- und Gewässerkunde. – Berlin.

Fragenkatalog

Die richtigen Antworten finden Sie jeweils am unteren Seitenrand.

1. Welche Fische waren ursprünglich nur im Donaueinzugsgebiet heimisch?
a) Barbe, Nase, Bitterling
b) Huchen, Perlfisch, Frauennerfling
c) Rußnase, Rutte, Güster

2. Welche Fischarten sind nur im Donaueinzugsgebiet heimisch?
a) Schrätzer, Streber, Zingel
b) Waller, Schneider, Nerfling
c) Rutte, Stint, Kaulbarsch

3. Welcher Gruppe sind die meisten heimischen Fische zuzurechnen?
a) Schmelzschupper
b) Rundmäuler
c) Knochenfische

4. Für welche Fischart bildet der Nerfling die Stammform?
a) Goldfisch
b) Goldorfe
c) Goldschleie

5. Welche Fischart ist die Stammform des Goldfisches?
a) Karausche
b) Silberfisch
c) Giebel

6. Die Urform der Karpfen ist der?
a) Lederkarpfen
b) Spiegelkarpfen
c) Schuppenkarpfen

7. Welche Cyprinidenarten sind, wenn sie ausgewachsen sind, Raubfische?
a) Karpfen, Schleie
b) Nase, Barbe
c) Schied, Aitel

8. Welcher Fisch besitzt einen torpedoförmigen Körper?
a) Bachsaibling
b) Rotauge
c) Wels

9. Welcher Fisch besitzt einen Körper, der im Querschnitt annähernd drehrund ist?
a) Wels
b) Aitel
c) Schleie

10. Welcher Fisch besitzt seitlich abgeplattete, hochrückige Körperform?
a) Barbe
b) Perlfisch
c) Güster

11. Welcher der nachstehenden Fische hat die hochrückigste Körperform?
a) Nerfling
b) Aitel
c) Perlfisch

12. Was ist ein Schwarzreuter?
a) Kümmerform des Bachsaiblings
b) Kümmerform der Bachforelle
c) Zwergform des Seesaiblings

13. Wie unterscheidet man Sumpfkrebs und Edelkrebs?
a) Der Sumpfkrebs ist viel kleiner und am ganzen Körper rot
b) Der Sumpfkrebs hat auffallend schmale Scheren
c) Der Sumpfkrebs bleibt klein, hat aber auffallend große Scheren

1b   2a   3c   4b   5c   6c   7c   8a   9b   10c   11a   12c   13b

14. Welchem Tier fehlen alle paarigen Flossen?
a) Aal
b) Neunauge
c) Wels

15. Welcher Fischart fehlen die Bauchflossen?
a) Aal
b) Hecht
c) Wels

16. Welche Fischart besitzt einen durch Verbindung von Afterflosse und Rükkenflosse entstandenen Flossensaum?
a) Aal
b) Zwergwels
c) Nase

17. Welche Fischart besitzt Stachelstrahlen in der 1. Rückenflosse?
a) Renke
b) Forelle
c) Barsch

18. Bei welcher Fischart ist die 1. Rükkenflosse mit Stacheln und Flossenhäuten versehen?
a) Stichling
b) Wels
c) Mühlkoppe

19. Bei welcher Fischart stehen die Rückenstacheln ohne Flossenhäute?
a) Stichling
b) Schrätzer
c) Schneider

20. Bei welcher Fischart fehlen die Stachelstrahlen in der 1. Rückenflosse?
a) Schrätzer
b) Forellenbarsch
c) Rutte

21. Welche Fische haben brustständige Bauchflossen?
a) Karpfen, Aitel, Forellen
b) Zander, Barsch, Schrätzer
c) Hecht, Aal

22. Die Bauchflossen der Koppe sind?
a) Kehlständig
b) Bauchständig
c) Brustständig

23. Welche Fischart besitzt kehlständige Bauchflossen?
a) Wels
b) Zander
c) Rutte

24. Was sind kehlständige Bauchflossen?
a) Bauchflossen vor den Brustflossen
b) Bauchflossen hinter den Brustflossen
c) Bauchflossen auf Höhe der Brustflossen

25. Wie kann man Brachse und Güster unterscheiden?
a) Die Brustflossen der Brachse sind sehr kurz
b) Die Brustflossen der Brachse reichen bis zum Ansatz der Bauchflossen
c) Die Brustflossen der Güster reichen bis zum Ansatz der Bauchflossen

26. Womit erfolgt in der Hauptsache die Fortbewegung der Fische?
a) Brustflossen
b) Bauchflossen
c) Schwanz und Schwanzflosse

27. Bei welcher Fischart ist die Schwanzflosse symmetrisch?
a) Zobel
b) Zander
c) Stör

28. Eine unsymmetrische Schwanzflosse besitzen?
a) Hecht, Zander
b) Stör, Zobel
c) Barbe, Aitel

29. Welcher Fisch hat eine nicht eingebuchtete Schwanzflosse?
a) Karpfen
b) Brachse
c) Schleie

14b   15a   16a   17c   18c   19a   20c   21b   22c   23c   24a   25b   26c
27b   28b   29c

30. Welcher Fisch hat eine gerundete Schwanzflosse?
a) Schleie
b) Regenbogenforelle
c) Rutte

31. Was ist die Hauptaufgabe von After- und Rückenflossen?
a) Fortbewegung
b) Stabilisation der Körperhaltung
c) Richtungsänderung

32. Charakteristisch für den Hecht ist?
a) Das Fehlen der Bauchflossen
b) Das Fehlen der Afterflosse
c) Eine weit zurückversetzte Rückenflosse

33. Welche Fische besitzen zwei Rückenflossen?
a) Barsch, Rutte, Koppe
b) Karpfen, Hecht, Wels
c) Äsche, Bachforelle

34. Bei welchem Fisch ist die 1. Rückenflosse deutlich von der 2. Rückenflosse getrennt?
a) Kaulbarsch
b) Schrätzer
c) Barsch

35. Wie ist die Rückenflosse des Bachneunauges beschaffen?
a) Beide Rückenflossen getrennt
b) Beide Rückenflossen sind miteinander verbunden
c) Es gibt nur eine Rückenflosse

36. Wie sieht die 1. Rückenflosse des Barsches aus?
a) Farblos
b) Mit großem, dunklem Punkt versehen
c) Gestreift

37. Wie sieht die 1. Rückenflosse des Schrätzers aus?
a) Farblos
b) Mit großem, dunklem Punkt versehen
c) Mit regelmäßig angeordneten, dunklen Flecken versehen

38. Wie kann man Jungzander von Barschen unterscheiden?
a) Auf den Rücken- und der Schwanzflosse hat der Zander dunkle, in Reihen angeordnete Punkte, der Barsch nicht
b) Eindeutige Unterschiede gibt es nicht
c) Der Zander hat einen dunklen Punkt auf der zweiten Rückenflosse

39. Wie kann man Bach- und Regenbogenforellen voneinander unterscheiden?
a) Bachforelle hat schwarze Punkte am Körper
b) Regenbogenforelle besitzt rote Punkte auf den Flossen
c) Regenbogenforelle besitzt schwarze Punkte auf Rücken-und Schwanzflosse

40. Wie sind Regenbogenforelle und Huchen zu unterscheiden?
a) Huchen ist rotgetupft
b) Rücken- und Schwanzflosse des Huchens haben keine schwarzen Punkte
c) Regenbogenforelle ist rotgetupft

41. Bei welchem Fisch ist die Rückenflosse leicht nach außen gebogen?
a) Brachse
b) Nase
c) Karausche

42. Welche Fischart besitzt eine auffallend kleine Rückenflosse?
a) Karpfen
b) Wels
c) Äsche

43. Wie unterscheiden sich Rotauge und Rotfeder?
a) Beim Rotauge ist der Ansatz der Rückenflosse senkrecht über dem Ansatz der Bauchflossen
b) Der Ansatz der Rückenflosse ist hinter dem Ansatz der Bauchflossen
c) Der Ansatz der Rückenflosse ist vor dem Ansatz der Bauchflossen

---

30 c   31 b   32 c   33 a   34 c   35 b   36 b   37 c   38 a   39 c   40 b   41 c   42 b   43 a

44. Bei welcher Fischart ist die After-flosse sehr lang und der untere Schwanzflossenlappen länger als der obere?
a) Barsch
b) Zobel
c) Nase

45. Welche Fische besitzen eine lange Afterflosse?
a) Brachse, Güster
b) Schleie, Karpfen
c) Zander, Barsch

46. Eine sehr lange Afterflosse ist charakteristisch für?
a) Barbe
b) Nase
c) Wels

47. Wodurch können Hasel und Aitel zuverlässig unterschieden werden?
a) Der Afterflossenrand des Aitels ist nach außen gebogen (konvex)
b) Der Afterflossenrand des Hasels ist nach außen gebogen
c) Der Afterflossenrand des Aitels ist einwärts gebogen (konkav)

48. Für welche Fischarten ist die Fettflosse charakteristisch?
a) Cypriniden
b) Salmoniden
c) Barschartige

49. Welche Fischart besitzt eine Fettflosse?
a) Karpfen
b) Wels
c) Zwergwels

50. Welche Funktion hat die Fettflosse?
a) Unbekannt
b) Fettproduktion
c) Steuerorgan

51. Welche Fischart besitzt keine Fettflosse?
a) Stint
b) Mairenke
c) Äsche

52. Welche Fischart besitzt auffallend dunkelgraue Flossen?
a) Karpfen
b) Karausche
c) Brachse

53. Durch welche Art der Flossenfärbung ist der Bachsaibling gekennzeichnet?
a) Alle paarigen Flossen und die Afterflosse haben einen weißen Vorderrand mit anschließendem, schwarzem Streifen
b) Weißer Vorderrand der paarigen Flossen
c) Schwarz-weiß Färbung der Schwanzflosse

54. Bei welcher Fischart ist der Hauptstrahl der Bauchflossen stark verdickt?
a) Karpfen
b) weibliche Schleie
c) männliche Schleie

55. Welches ist das deutlichste Erkennungsmerkmal der Äsche?
a) Große, hohe und lange Rückenflosse
b) Ungewöhnliche große Fettflosse
c) Sehr kleine Rückenflosse

56. Wodurch unterscheidet sich der Äschen-Milchner vom Äschen-Rogner?
a) Der Äschen-Milchner wird größer
b) Der Äschen-Milchner besitzt eine noch größere Rückenflosse
c) Der Äschen-Milchner liefert einen besseren Kampf an der Angel

57. Welcher Fisch schmeckt nach Thymian?
a) Zander
b) Äsche
c) Huchen

58. Womit ist die Außenseite der Schuppen bedeckt?
a) Es gibt keine Bedeckung
b) Von der Oberhaut, die von stark schleimabsondernden Zellen durchsetzt ist und der Lederhaut
c) Nur von der Lederhaut

44b   45a   46c   47a   48b   49c   50a   51b   52c   53a   54c   55a   56b
57b   58b

59. Was geschieht nach Verletzung der Oberhaut?
a) Verpilzung der Wunde
b) Auf der Haut bilden sich Geschwüre
c) Keine Reaktion

60. Wann kommt es zur Schädigung der Oberhaut?
a) Wenn die Fische nicht schonend genug behandelt werden (z. B. beim Besatz)
b) Bei hohen Wassertemperaturen
c) Bei Eisbedeckung

61. Warum muß z. B. beim Besatz ein Wassertemperaturausgleich erfolgen?
a) Zur Verbesserung der Sauerstoffverhältnisse
b) Um die Oberhaut nicht zu schädigen
c) Um Parasiten zu beseitigen

62. Welche Schuppen besitzt die Mehrzahl der heimischen Süßwasserfische?
a) Kammschuppen
b) Rundschuppen
c) Schmelzschuppen

63. Fische mit Rundschuppen sind?
a) Brachse, Hecht
b) Barsch, Schrätzer
c) Stör, Stichling

64. Welche Fische haben Kammschuppen?
a) Cypriniden
b) Wels, Aal
c) Barschartige

65. Soll man Kamm- und Rundschupper in einem Behälter gleichzeit hältern oder befördern?
a) Nein, weil die rauhen Kammschuppen die Oberhaut der Rundschupper verletzen
b) Ohne Probleme möglich
c) Nur bei hohen Sauerstoffkonzentrationen

66. Welche Fische haben große Schuppen?
a) Barsch, Streber

b) Schleie, Aal
c) Spiegelkarpfen, Brachse

67. Sehr kleine Schuppen haben?
a) Aal und Rutte
b) Wels und Koppe
c) Stichlinge

68. Welche Fische sind schuppenlos?
a) Wels, Koppe
b) Aal, Rutte
c) Barbe, Nase

69. Womit ist der Körper von Stichlingen bedeckt?
a) Kammschuppen
b) Rundschuppen
c) Mit Knochenplättchen an Flanken und Schwanzstiel

70. Welcher Fisch hat vor allem im Alter dunkelumrandete Schuppen?
a) Streber
b) Zingel
c) Aitel

71. Welcher Fisch hat Schuppen ohne Silberglanz?
a) Barbe
b) Stint
c) Schneider

72. Welcher Fisch besitzt keine Schuppen?
a) Schmerle
b) Stör
c) Aal

73. Welche Fische haben Seiten- und Bauchschilde am Körper?
a) Rotaugen
b) Schneider
c) Störe

74. Was versteht man unter Schuppensträube?
a) Zur Abwehr aufgestellte Schuppen
b) Fischkrankheit
c) Verletzung, die beim Keschern der Fische entsteht

59a 60a 61b 62b 63a 64c 65a 66c 67a 68a 69c 70c 71b
72b 73c 74b

75. Bei welcher Fischart sind die Schuppen zwischen Bauchflossen und Afterflosse so geformt, daß man den Bauch als gekielt bezeichnen kann?
a) Rotauge
b) Rotfeder
c) Schuppenkarpfen

76. Was stellt man mit Hilfe der Schuppen fest?
a) Alter der Fische
b) Geschlecht
c) Widerstandskraft

77. Bei welcher Fischart sollte zur Altersbestimmung der Kiemendeckel herangezogen werden?
a) Renke
b) Wels
c) Brachse

78. Wie bestimmt man das Alter von Welsen?
a) Indem man die Schuppen »liest«
b) Mit Hilfe der Wachstumszonen von Wirbel- und Kiemendeckelknochen oder Gehörsteinchen
c) Mit Hilfe von Länge und Gewicht

79. Welche Farbe tritt bei vielen Fischen besonders während der Laichzeit deutlich in Erscheinung?
a) Lila
b) Rot
c) Blau

80. Wie unterscheiden sich Bachforelle und Huchen?
a) Der Huchen hat rote Tupfen am Körper
b) Die Bachforelle ist rotgetupft
c) Die Bachforelle ist schwarzgetupft

81. Welches ist ein typisches Körpermerkmal der Regenbogenforelle?
a) Rote Tupfen am Körper
b) Schwarze Bepunktung am Körper und an der Rücken- und Schwanzflosse
c) Schwarze Punkte weder am Körper noch an den Flossen

82. Was ist für den Huchen charakteristisch?
a) Rote Punkte am Körper
b) Schwarze Punkte auf der Schwanzflosse
c) Ohne rote Punkte am Körper, ohne schwarze Punkte auf den Flossen

83. Wodurch ist die erwachsene Seeforelle gekennzeichnet?
a) Der Körper ist mit x-förmigen, schwarzen Tupfen bedeckt
b) Der Körper weist leuchtend rote Punkte auf
c) Der Körper ist ohne Bepunktung

84. Welche Fischart besitzt am Körper auffallend dunkelbraune Partien?
a) Zingel
b) Schrätzer
c) Kaulbarsch

85. Welche Fischart hat am Körper scharf abgegrenzte Querbinden?
a) Zingel
b) Streber
c) Schrätzer

86. Bei welcher Fischart verlaufen am Körper drei bis vier schmale, unterbrochene, schwarze Längsstreifen?
a) Streber
b) Zingel
c) Schrätzer

87. Bei welcher Krebsart ist die Unterseite der Scheren meist rot?
a) Edelkrebs
b) Steinkrebs
c) Sumpfkrebs

88. Welcher Fisch hat das größte Maul?
a) Zander
b) Hecht
c) Bachforelle

89. Welcher Fisch hat ein entenschnabelförmiges Maul?
a) Rutte
b) Hecht
c) Schlammpeitzger

---

75 b 76 a 77 b 78 b 79 b 80 b 81 b 82 c 83 a 84 a 85 b 86 c 87 a
88 b 89 b

90. Bei welcher Fischart reicht die Maulspalte bis hinter die Augen?
a) Kaulbarsch
b) Schwarzbarsch
c) Forellenbarsch

91. Wie unterscheidet man Schied und Aitel?
a) Maul beim Aitel unterständig und quergespalten
b) Maul beim Schied oberständig, weit gespalten und bis zur Augenmitte reichend
c) Maul beim Schied unterständig und bezahnt

92. Welche Maulform hat der Aitel?
a) Unterständig und klein
b) Endständig und weit gespalten
c) Oberständig und weit gespalten

93. Wie unterscheidet man Rotauge und Rotfeder?
a) Maulspalte beim Rotauge fast horizontal, Bauch zwischen Brust- und Afterflosse nicht gekielt
b) Maulspalte beim Rotauge groß, Bauch gekielt
c) Maul beim Rotauge unterständig, Bauch gekielt

94. Bei welcher Fischart ist das Maul rüsselartig vorstülpbar?
a) Lachs
b) Karpfen
c) Schneider

95. Für welche Fischart ist die dunkle Schnauze charakteristisch?
a) Schied
b) Barbe
c) Zährte (Rußnase)

96. Das Maul welcher Fischart hat hornige Lippen mit scharfkantigen Rändern?
a) Rußnase
b) Nase
c) Barbe

97. Für welche Fischart ist ein quergespaltenes Maul charakteristisch?
a) Barbe
b) Nase
c) Güster

98. Bei welchen Fischen finden sich Hunds- oder Fangzähne?
a) Zander und Hecht
b) Wels und Rutte
c) Aal und Schlammpeitzger

99. Welche Fische besitzen Hechelzähne?
a) Schmerle, Steinbeißer
b) Wels, Rutte
c) Nase, Aitel

100. Ohne auffallende Zahnbewaffnung sind?
a) Wels, Rutte
b) Hecht, Zander
c) Schied, Aitel

101. Für welche Fische sind Schlundknochen und Kauplatte wichtige Bestimmungsmerkmale?
a) Salmoniden
b) Cypriniden
c) Barschartige

102. Welche Tierart hat ein Maul mit Hornzähnen?
a) Neunauge
b) Steinbeißer
c) Gründling

103. Wodurch hat das Neunauge seinen Namen?
a) Es besitzt neun Augen
b) Es besitzt ein Auge und acht Kiemenöffnungen
c) Von jeder Seite sind das unpaare Nasenloch, 1 Auge und 7 Kiemenöffnungen zu erkennen

104. Welche Fischarten haben ein endständiges Maul?
a) Schied, Perlfisch
b) Aitel, Nerfling
c) Rotfeder, Äsche

---

90 c   91 b   92 b   93 a   94 b   95 c   96 b   97 b   98 a   99 b   100 c   101 b   102 a
103 c   104 b

105. Welche Fischarten haben ein oberständiges Maul?
a) Karpfen, Brachse
b) Nerfling, Frauennerfling
c) Hecht, Schied

106. Welche Fischarten haben ein unterständiges Maul?
a) Zährte, Gründling, Frauennerfling, Nase, Barbe
b) Aitel, Barsch, Zander, Hecht
c) Aal, Steinbeißer, Schied

107. Welche Maulstellung hat der Perlfisch?
a) endständig
b) halbunterständig
c) halboberständig

108. Welche Maulstellung hat die Rotfeder?
a) endständig
b) halbunterständig
c) halboberständig

109. Was sind Barteln?
a) Geschmacks- und Tastorgan
b) Gleichgewichtsorgan
c) ohne Bedeutung

110. Wie ist der Geschmackssinn bei Fischen ausgeprägt?
a) schlecht
b) nicht besonders
c) gut

111. Wo befinden sich bei Fischen die meisten Geschmacksnerven?
a) An der Seitenlinie
b) An den Barteln und am Kopf
c) Gleichmäßig über den Körper verteilt

112. Wo befinden sich außer auf den Barteln die Geschmacksnerven am häufigsten?
a) In der Seitenlinie
b) In Maul und Kiemenhöhle
c) Am Kiemendeckel

113. Für welche Fische eignen sich Barteln zur Artunterscheidung?
a) Salmoniden
b) Cypriniden
c) Barschartige

114. Wie kann man Karpfen und Giebel unterscheiden?
a) Der Karpfen hat keine, der Giebel vier Barteln
b) Der Karpfen hat zwei, der Giebel vier Barteln
c) Der Karpfen hat vier, der Giebel keine Barteln

115. Wieviel Barteln besitzt der Schlammpeitzger?
a) Vier
b) Acht
c) Zehn

116. Wieviel Barteln besitzt der Karpfen?
a) Zwei
b) Vier
c) Sechs

117. Wieviel Barteln besitzt die Barbe?
a) Zwei
b) Vier
c) Sechs

118. Wieviel Barteln besitzt der Zwergwels?
a) Vier
b) Sechs
c) Acht

119. Wieviel Barteln besitzt die Schleie?
a) Zwei
b) Vier
c) Keine

120. Wieviel Barteln besitzt die Nase?
a) Keine
b) Zwei
c) Sechs

121. Wieviel Barteln besitzt der Wels?
a) Vier
b) Sechs
c) Acht

105c 106a 107b 108c 109a 110c 111b 112b 113b 114c 115c
116b 117b 118c 119a 120a 121b

122. Welche Fischart besitzt nur eine Bartel?
a) Aal
b) Rutte
c) Barbe

123. Wieviel Barteln besitzt der Stein-beißer?
a) Vier
b) Sechs
c) Acht

124. Wie unterscheidet man mit Hilfe der Barteln Rutte und Wels?
a) Rutte zwei, Wels vier
b) Rutte vier, Wels vier
c) Rutte eine, Wels sechs

125. Wie hat man sich zu verhalten, um von Fischen möglichst nicht gesehen zu werden?
a) Die Stellung zum Fisch soll durch einen möglichst spitzen Winkel gekennzeichnet sein
b) Keine hastigen Bewegungen
c) Die Stellung zum Fisch soll durch einen möglichst stumpfen Winkel gekennzeichnet sein

126. Welche Fischart hat relativ kleine Augen?
a) Rotauge
b) Wels
c) Steinbeißer

127. Welche Fische rauben hauptsächlich nachts, wo das Sehvermögen eine nicht so große Rolle spielt?
a) Hecht und Zander
b) Wels und Aal
c) Saibling und Lachs

128. Für welche Fische spielt beim Beutefang das Sehvermögen keine allzu große Rolle?
a) Forelle, Lachs
b) Wels, Aal
c) Zander, Hecht

129. Bei welchen Fischen ist die Pupille nicht kreisrund, sondern nach vorne zugespitzt?
a) Äsche, Renke
b) Nase, Barbe
c) Neunauge, Stör

130. Welche Aufgabe hat die Seiten-linie?
a) Sie ist ein Organ für den Ferntastsinn
b) Sie dient der Schleimabsonderung
c) Keine besondere Funktion

131. Bei welchen Fischen ist das Seitenlinienorgan am Kopf stark entwickelt?
a) Bei Cypriniden
b) Bei Raubfischen
c) Bei Schmerlen

132. Was fällt an der Seitenlinie des Schneiders auf?
a) Die schwarze Einfassung
b) Ohne schwarze Einfassung
c) Keine Besonderheit

133. Was ist an der Seitenlinie des Stintes auffallend?
a) Seitenlinie nur verkürzt vorhanden
b) Seitenlinie fehlt
c) Seitenlinie mit schwarzer Einfassung

134. Welche Gefahren gehen von Fischen mit Stachelstrahlen, Körperdornen und spitzen Zähnen aus?
a) Dem Menschen zugefügte Verletzungen heilen schlecht
b) Bei Verletzung gibt es grundsätzlich Blutvergiftungen
c) Verletzungen sind äußerst schmerzhaft, weil Giftstoffe abgeschieden werden

135. Hat der Stichling neben seinen Stacheln noch weitere Körperbewaffnung?
a) Nein
b) Dornen am Kopf
c) Dorn am Kiemendeckel

136. Welcher Fisch hat einen Dorn am Kiemendeckel?
a) Renke
b) Barsch
c) Wels

---

122 b   123 b   124 c   125 a   126 b   127 b   128 b   129 a   130 a   131 b   132 a
133 a   134 a   135 a   136 b

137. Warum heißt der Steinbeißer auch Dorngrundel?
a) Er hat einen Dorn in der Rückenflosse
b) Er hat zweispitzige Dorne unter den Augen
c) Die Haut ist mit Dornen übersät

138. Welcher Fischart fehlen die Zwischenmuskelgräten?
a) Karpfen
b) Hecht
c) Aal

139. Welche Tierart hat ein knorpeliges Skelett?
a) Forellen
b) Karpfen
c) Neunaugen

140. Warum muß man die Lage des Fischgehirns genau kennen?
a) Um die Fische laut Tierschutzgesetz korrekt abschlagen (betäuben) zu können
b) Um einen Gehirnstich richtig anbringen zu können
c) Genaue Kenntnis ist nicht erforderlich

141. Wo verläuft bei Fischen der Hauptnervenstrang?
a) Am Darm entlang
b) In der Wirbelsäule
c) Oberhalb der Wirbelsäule

142. Wie sind Aale zu töten?
a) Durch Zerschmettern auf Betonboden
b) Durch Abschneiden des Kopfes
c) Ohne Betäubung. Dicht hinter dem Kopf Schnitt durch die Wirbelsäule. Herausnahme von Eingeweiden und Herz

143. Besitzen Fische ein von außen sichtbares Gehörorgan?
a) Ja
b) Nein
c) Ja, an den Kiemen

144. Hören Fische Töne?
a) Ja
b) Nein
c) Nur im flachen Wasser

145. Was befähigt Fische zum Hören?
a) Ein äußerliches Gehörorgan
b) Ein inneres Gehörorgan
c) Die Seitenlinie

146. Welche Fische hören besonders gut?
a) Renken, Saiblinge
b) Perlfisch, Frauennerfling
c) Karpfen, Welse

147. Wo liegen bei Fischen die Geruchsorgane?
a) An der Seitenlinie
b) Am unteren Rand des Kiemendeckels
c) Im Bereich zwischen den Augen und der Maulspitze

148. Können Knochenfische riechen?
a) Ja, sie haben paarige Riechgruben
b) Nein, sie haben kein Riechorgan
c) Nur, wenn genügend Barteln vorhanden sind

149. Wie ist bei Neunaugen das Riechorgan ausgebildet?
a) Unpaare Riechgrube
b) Paarige Riechgruben
c) In Form von Barteln

150. Kann der Aal gut riechen?
a) ganz ausgezeichnet
b) nicht gut
c) gar nicht

151. Womit atmen unsere heimischen Fische?
a) Lungen
b) Kiemen
c) Schwimmblase

152. Wieviel Kiemenbogen besitzt ein Fisch?
a) Ein Paar
b) Vier Paar
c) Zwei Paar

153. Was geschieht mit dem Blut in den Kiemen?
a) Es wird mit Sauerstoff angereichert
b) Es wird an das Wasser abgegeben
c) Blutaustausch

137 b 138 c 139 c 140 a 141 c 142 c 143 b 144 a 145 b 146 c 147 c
148 a 149 a 150 a 151 b 152 b 153 a

154. Welche Sauerstoffwerte sollen für Salmoniden nicht unterschritten werden?
a) 3 Milligramm Sauerstoff im Liter Wasser
b) 5 Milligramm Sauerstoff im Liter Wasser
c) 7 Milligramm Sauerstoff im Liter Wasser

155. Was tun Fische bei akutem Sauerstoffmangel?
a) Sie wandern ab
b) Sie gehen sofort ein
c) Sie kommen an die Wasseroberfläche und schnappen nach Luft

156. Welche Fischart ist zur Darmatmung befähigt?
a) Steinbeißer
b) Schlammpeitzger
c) Schmerlen

157. Wo befindet sich das Herz der Fische?
a) Bei der Schwimmblase
b) Unterhalb der Leber
c) Kehlständig unterhalb der Kiemen

158. Wie groß ist die Körpertemperatur von Fischen?
a) Etwa gleich der Wassertemperatur
b) Höher als die Wassertemperatur
c) Etwa gleich der Lufttemperatur

159. Warum gilt für die meisten Fischarten, daß sie während der warmen Jahreszeit besser wachsen?
a) Weil dann fettreicheres Futter vorliegt
b) Weil die Stoffwechselvorgänge im Fisch beschleunigt werden
c) Weil sie sich dann wohler fühlen

160. Das rohe Blut welcher Fischarten ruft im menschlichen Auge Entzündungen hervor?
a) Von Aal und Wels
b) Von Zander und Barsch
c) Von Hecht und Schied

161. Welche Aufgabe haben Kiemenreusendornen?
a) Keine genau bekannte

b) Filter für die Nahrung
c) Mechanischer Schutz für die Kiemen

162. Welche Fische besitzen keinen Magen?
a) Salmoniden
b) Cypriniden
c) Welse

163. Wie lang ist beim Karpfen der Darm?
a) Mindestens doppelte Körperlänge
b) Etwa so lang wie der Körper
c) Etwa dreimal so lang wie der Körper

164. Welche Fische besitzen einen kurzen Darm?
a) Nasen, Barben
b) Zährte, Perlfisch
c) Salmoniden, Hecht, Zander

165. Welcher Fisch hat eine besonders große Leber?
a) Lachs
b) Stint
c) Rutte

166. Wo befindet sich beim Fisch die Gallenblase?
a) Am Dünndarm
b) An der Leber
c) Bei den Nieren

167. Was trifft meist zu, wenn die Gallenblase prall gefüllt ist?
a) Die Fische haben schon länger nicht gefressen
b) Die Fische sind krank
c) Die Leber ist außer Funktion

168. Wo verlaufen die Nieren im Fisch?
a) Zwischen Leber und Dünndarm
b) Unter der Wirbelsäule vom Kopfansatz bis auf Höhe des Afters
c) In der Wirbelsäule

169. Welcher Fisch besitzt ein schwarzes Bauchfell?
a) Barbe
b) Rußnase
c) Nase

154c 155c 156b 157c 158a 159b 160a 161b 162b 163a 164c
165c 166b 167a 168b 169c

170. Womit ist die Schwimmblase gefüllt?
a) Mit Sauerstoff
b) Mit Kohlendioxid
c) Mit einem Gasgemisch

171. Welche Funktion hat die Schwimmblase?
a) Sauerstoffreserve
b) Ermöglicht schwereloses Schwimmen
c) Funktion unbekannt

172. Bei welchen Fischen ist die Schwimmblase sackförmig und einteilig?
a) Forelle
b) Karpfen
c) Zährte

173. Bei welchem Fisch ist die Schwimmblase zweigeteilt?
a) Brachse
b) Hecht
c) Lachs

174. Welche Fische besitzen an ihren Schwimmblasen Verbindungsgänge zum Vorderdarm?
a) Barsche
b) Salmoniden
c) Stichlinge

175. Was versteht man unter Trommelsucht?
a) Wölbung des Leibes, wobei der Darm wie eine Blase zum Maul herausgepreßt wird
b) Erkrankung des Trommelfells
c) Zuviel Sauerstoff im Blut

176. Welche Fische besitzen eine Schwimmblase ohne Schwimmblasengang?
a) Salmoniden
b) Cypriniden
c) Barschartige

177. Welche Fischart besitzt eine Schwimmblase, die mit dem Bauchfell verwachsen ist?
a) Aal
b) Wels
c) Hecht

178. Bei welcher Fischart gibt es eine Verbindung von der Schwimmblase zum Innenohr?
a) Hecht
b) Aal
c) Wels

179. Welche Fische besitzen keine Schwimmblase?
a) Koppe, Streber
b) Bitterling, Zingel
c) Steinbeißer, Schlammpeitzger

180. Welcher Fisch hat eine rückgebildete Schwimmblase?
a) Schmerle
b) Stichling
c) Koppe

181. Bei welchem Fisch sind die Geschlechtsorgane unpaar ausgebildet?
a) Wels
b) Barsch
c) Hecht

182. Ab welcher Körperlänge ist beim Aal die Geschlechtsbestimmung anhand der Geschlechtsorgane möglich?
a) Ab 20 cm
b) Ab 50 cm
c) Ab 70 cm

183. Was versteht man unter einem Milchner?
a) Milchfisch
b) Männlicher Fisch
c) Weiblicher Fisch

184. Was versteht man unter einen Rogner?
a) Weiblicher Fisch
b) Männlicher Fisch
c) Lebendgebärenden Fisch

---

170 c   171 b   172 a   173 a   174 b   175 a   176 c   177 b   178 c   179 a   180 a
181 b   182 b   183 b   184 a

185. Wer wird in der Regel jünger geschlechtsreif – Milchner oder Rogner?
a) Beide gleichzeitig
b) Milchner
c) Rogner

186. Wieviele Eier trägt ein vollreifer Bachforellenrogner pro Kilogramm Körpergewicht?
a) 150–250
b) 1500–2500
c) 15000–25000

187. Wieviele Eier trägt ein vollreifer Karpfenrogner pro Kilogramm Körpergewicht?
a) 10000–30000
b) 100000–300000
c) 1000000–3000000

188. Welcher Fisch besitzt einen während der Laichzeit giftigen Rogen?
a) Karpfen
b) Stör
c) Barbe

189. Was ist Laichausschlag?
a) Fischkrankheit
b) Verdorbener Fischlaich
c) Normale Reaktion bestimmter laichbereiter Fische

190. Für welche Fischarten ist Laichausschlag charakteristisch?
a) Cypriniden
b) Welse
c) Barschartige

191. Welche Fischart besitzt Laichausschlag?
a) Bachforelle
b) Hecht
c) Brachse

192. Welche Fische sind ohne Laichausschlag?
a) Barschartige
b) Renken
c) Perlfische

193. Was besitzen die Milchner großmäuliger Salmoniden während der Laichzeit?
a) Laichhaken
b) Laichausschlag
c) Deutlich größere Fettflosse

194. Was ist ein Laichhaken?
a) Spezieller Angelhaken
b) Hakenartiges Gebilde am Unterkiefer von Milchnern großmäuliger Salmoniden
c) Gaff zum Fangen von Laichfischen

195. Wie erfolgt die Geschlechtsbestimmung an männlichen Krebsen?
a) Sie haben Griffelpaare an der Unterseite des ersten Schwanzsegmentes
b) Deutlich kleinere Scheren
c) Deutlich größerer Schwanzfächer

196. Welche Fische sind Kieslaicher?
a) Salmoniden
b) Stichlinge, Bitterlinge
c) Welse und Aale

197. Welcher Fisch schlägt Laichgruben?
a) Renke
b) Bachforelle
c) Stichling

198. Welcher Fisch laicht in der Regel in der Freiwasserzone von Seen?
a) Äsche
b) Aal
c) Renke

199. Welche Fische sind typische Krautlaicher?
a) Karpfen, Schleie
b) Nase, Barbe
c) Renke, Äsche

200. Wo laichen Zander?
a) Über Laichgruben
b) Die Eier werden an Wurzelwerk und Steine angeklebt
c) In quellnahen Bereichen

185b 186b 187b 188c 189c 190a 191c 192a 193a 194b 195a
196a 197b 198c 199a 200b

213

201. Wie laichen Barsche?
a) Die Eier werden in netzartigen Gallertschnüren an Wasserpflanzen geheftet
b) Die Eier werden in Klumpen in Laichgruben abgelegt
c) Die Eier werden in kleinen Portionen im
Bereich großer Strömung abgegeben

202. Welcher Fisch legt seine Eier in Muscheln ab?
a) Stint
b) Stichling
c) Bitterling

203. Welche Fischart legt die Eier in selbstgebaute Nester?
a) Bitterling
b) Bachforelle
c) Stichling

204. Welcher Fisch betreibt Brutpflege?
a) Koppe
b) Hecht
c) Bachforelle

205. Was versteht man unter Wanderfischen?
a) Fische, die weite Wege zu ihren Laichplätzen zurücklegen
b) Fische, die sehr viel schwimmen
c) Fische, die nicht standorttreu sind

206. Welche Fische wandern zur Laichabgabe vom Meer ins Süßwasser?
a) Makrele, Dorsch
b) Kaulbarsch, Flunder
c) Lachs, Meerforelle, Stint

207. Wo laichen Aale?
a) Im Brackwasser
b) Im Sargassomeer
c) In Altwässern

208. Was versteht man unter Blankaalen?
a) Zum Laichen abwandernde Aale
b) Geräucherte Aale
c) Filetierte Aale

209. Was versteht man unter Glasaalen?
a) Aale, die von der Porzellankrankheit befallen sind
b) Eine Kümmerform des Aales
c) Aale im Jugendstadium mit durchsich-
tigem Körper

210. Was versteht man unter Gelbaalen?
a) Aale, die sich durch Parasitenbefall gelb
färben
b) Aale, die sich im sog. Freßstadium befinden
c) Aale, die durch Gewässerverschmutzung eingegangen sind

211. Was sind Fischtreppen oder Fischpässe?
a) Zugänge zu Angelplätzen
b) Bevorzugte Routen im Zuge von Fischwanderungen
c) Spezielle Bauten, die den Fischen die
Überwindung von Hindernissen wie
Stauen ermöglichen

212. Dürfen Fische an oder in Fischpässen gefangen werden?
a) Ja, aber nur vom Fischereirechtinhaber
b) Nein
c) Ja, aber nur während der Laichzeit

213. Gibt es für den Fang von Fischen in Fischpässen eine Ausnahmegenehmigung?
a) Nein, es besteht generelles Verbot
b) Der Vereinsvorsitzende kann Kraft seines Amtes Erlaubnis erteilen
c) Ja, die Regierung kann Ausnahmegenehmigung erteilen

214. Welcher Fisch laicht im Frühjahr?
a) Zander
b) Renke
c) Schleie

215. Welche Fische sind Sommerlaicher?
a) Zander, Hecht
b) Renke, Rutte
c) Schleie, Barbe

---

201 a   202 c   203 c   204 a   205 a   206 c   207 b   208 a   209 c   210 b   211 c
212 b   213 c   214 a   215 c

216. Bei welcher Wassertemperatur laicht der Grasfisch?
a) Um 18°
b) Um 21°
c) Um 25°

217. Welcher Fisch laicht in der Regel im Januar?
a) Zander
b) Schleie
c) Rutte

218. Was sind Sprockwürmer?
a) Bachflohkrebse
b) Köcherfliegenlarven
c) Junge Neunaugen

219. Welche Fischnährtiere leben in der Bodenzone?
a) Larven der Kriebelmücke und Roten Zuckmücke
b) Wasserflöhe und Hüpferlinge
c) Der sog. Anflug

220. Welches Fischnährtier bewohnt die Bodenzone?
a) Wasserfloh
b) Schlammröhrenwurm
c) Hüpferling

221. Welches ist ein für den Forellenbach typisches Fischnährtier?
a) Schlammröhrenwurm
b) Hüpferling
c) Bachflohkrebs

222. Das Massenvorkommen welches Fischnährtieres zeigt starke Belastung des Wassers mit fäulnisfähigen Stoffen an?
a) Kleingehäusige Eintagsfliegenlarve
b) Steinfliegenlarve
c) Schlammröhrenwurm

223. Welcher Fisch nimmt seine Nahrung weitgehend am Boden auf?
a) Hecht
b) Barbe
c) Schied

224. Was frißt die Brachse bevorzugt?
a) Bodennahrung
b) Anflug
c) Kleine Fische

225. Welche Nahrung nimmt die Schleie bevorzugt auf?
a) Anflug
b) Plankton
c) Bodensiedelnde Lebewesen

226. Wovon ernähren sich Jungfische in der Hauptsache?
a) Von kleinen Schnecken und Muscheln
b) Von bodensiedelnden Lebewesen
c) Von tierischem Plankton

227. Welcher Fisch nimmt seine Nahrung bevorzugt in der Freiwasserzone eines Sees auf?
a) Karpfen
b) Schleie
c) Renke

228. Was fressen Renken bevorzugt?
a) Kleine Fische
b) Tierisches Plankton
c) Pflanzliches Plankton

229. Woraus besteht die Hauptnahrung von Marmorfischen?
a) Aus tierischem Plankton
b) Aus pflanzlichem Plankton
c) Aus Anflug

230. Welche sind die bekanntesten Vertreter tierischen Planktons?
a) Wasserflöhe und Hüpferlinge
b) Algen und Bakterien
c) Fliegenlarven

231. Was versteht man unter Wasserblüte?
a) Starkes Vorkommen blütentragender Wasserpflanzen
b) Auf dem Wasser niedergegangener Blütenstaub
c) Übermäßige Entwicklung pflanzlichen Planktons

---

216 c   217 c   218 b   219 a   220 b   221 c   222 c   223 b   224 a   225 c   226 c
227 c   228 b   229 a   230 a   231 c

232. Wo halten sich Lauben (Ukelei) bevorzugt auf?
a) Dicht unter der Wasseroberfläche
b) Am Gewässergrund
c) Im Freiwasser

233. Zu welcher Familie gehören die Grasfische?
a) Salmoniden
b) Cypriniden
c) Barschartigen

234. Woraus besteht die Hauptnahrung von Silberfischen?
a) Aus tierischem Plankton
b) Aus pflanzlichem Plankton
c) Aus Aufwuchs

235. Welche Nahrung nehmen ausgewachsene Grasfische bevorzugt auf?
a) Wasserpflanzen
b) Pflanzliches Plankton
c) Aufwuchs

236. Wodurch wird das sog. Mooseln der Fische bewirkt?
a) Durch das Fressen von Blaualgen
b) Durch den Aufenthalt in stark veralgten Gewässerbereichen
c) Durch Moosansiedlungen auf dem Körper

237. Was ist Aufwuchs?
a) Junges Plankton
b) Wasserpflanzenbeete
c) Fischnahrung, die sich aus winzig kleinen Organismen zusammensetzt

238. Was ist zu tun, wenn ein Gewässer nur kleine Weißfische und Barsche enthält?
a) Intensiver Fang der Weißfische und Barsche sowie Besatz mit geeigneten Raubfischen
b) Neuer Besatz mit gleichen Arten zur »Blutauffrischung«
c) Nichts, weil der Bestand ohnedies zugrunde geht

239. Gehört es zur ordnungsgemäßen Bewirtschaftung, große Hechte zu schonen?
a) Ja, da große Fische größere Erträge pro ha liefern
b) Ja, der besseren Angelfischerei wegen
c) Nein, große Fische sind schlechtere Futterverwerter

240. Was erschwert die fischereiliche Bewirtschaftung von Talsperren?
a) Starke Auskühlung im Winter
b) Häufige Änderung des Wasserstandes
c) Starke Erwärmung im Sommer

241. Wodurch wird die Bewirtschaftung junger Baggerseen erschwert?
a) Zu hoher pH-Wert
b) Geringe Fruchtbarkeit
c) Zu kaltes Wasser

242. Was ist das Hegerecht?
a) Fische in Netzgehegen halten zu dürfen
b) Maßnahmen, die auf Schutz, Erhaltung und positive Entwicklung von Fischbeständen abzielen
c) Erlaubnis zum Fang untermaßiger Fische während der Laichzeit

243. Wozu dient eine Fangstatistik?
a) Zur Rechenschaft gegenüber dem Finanzamt
b) Zum Nachweis über vorgenommenen Besatz
c) Zur Kontrolle der fischereilichen Bewirtschaftung

244. Welche Angaben sind für die Fangstatistik wichtig?
a) Fischart, Fangzeit, Länge, Gewicht, Alter, Geschlecht
b) Köderwahl, Fanggerät
c) Witterung, Wassertemperatur

245. Welchen Zweck hat das Schonmaß?
a) Möglichst große Fische im Gewässer zu haben
b) Sicherzustellen, daß Fische mindestens einmal im Leben ablaichen können
c) Fische am Laichen zu hindern

232a   233b   234b   235a   236a   237c   238a   239c   240b   241b   242b
243c   244a   245b

246. Wie ist das Schonmaß im Fischereigesetz definiert?

a) Mindestlänge für Tiere, für die Aneignungsrecht besteht
b) Vorgeschriebene Länge für Besatzfische
c) Mindestlänge zum Verkauf bestimmter Fische

247. Wie wird das Schonmaß für Fische festgestellt?

a) Man mißt von der Kopfspitze bis zur Afteröffnung
b) Länge zwischen Kopfspitze und ausgebreiteter Schwanzflosse
c) Länge zwischen Kopfspitze und Körperende einschließlich Flossen

248. Wie wird das Schonmaß für Krebse festgestellt?

a) Es gibt keine vorgeschriebene Methode
b) Länge zwischen Kopfspitze und Hinterrand des Schwanzfächers
c) Länge zwischen Scherenspitzen und Hinterrand des Schwanzfächers

249. Warum gibt es eine Schonzeit?

a) Um zu verhindern, daß zu viele Fische auf den Markt kommen
b) Um den Fischern die Möglichkeit zum Urlaub zu geben
c) Um den Fischen ungestörte Laichablage zu ermöglichen

250. Welches Tier ist ganzjährig unter Schutz gestellt?

a) Lachsforelle
b) Steinforelle
c) Bachneunauge

251. Welche Fischarten sind ganzjährig unter Schutz gestellt?

a) Streber, Zingel
b) Kaulbarsch, Schwarzbarsch
c) Saibling, Lachs

252. Welche Fischarten sind ganzjährig unter Schutz gestellt?

a) Steinforelle, Tigerforelle
b) Perlfisch, Schrätzer
c) Sonnenbarsch, Forellenbarsch

253. Welche Tierart ist ganzjährig unter Schutz gestellt?

a) Bisam
b) Perlmuschel
c) Edelkrebs

254. Schonzeit und Schonmaß des Huchens?

a) 15.2. mit 31.5. und 70 cm
b) 15. 2. mit 15. 5. und 60 cm
c) 01. 10. mit 31. 12. und 70 cm

255. Schonzeit und Schonmaß der Seeforelle?

a) 15. 12. mit 15. 04. und 60 cm
b) 01.10. mit 28.02. und 60 cm
c) 01. 10. mit 31. 12. und 65 cm

256. Schonzeit und Schonmaß des Bachsaiblings?

a) 01. 10. mit 28. 02. und 20 cm
b) 01. 10. mit 28. 02. und 26 cm
c) 15. 10. mit 15. 02. und 20 cm

257. Schonzeit und Schonmaß des Seesaiblings?

a) 01. 10. mit 28. 02. und 20 cm
b) 15. 10. mit 31. 12. und 20 cm
c) 01.10. mit 28.02. und 30 cm

258. Schonzeit und Schonmaß der Bachforelle?

a) 01. 10. mit 31. 12. und 26 cm
b) 01. 10. mit 28. 02. und 26 cm
c) 01. 10. mit 28. 02. und 20 cm

259. Schonzeit und Schonmaß der Regenbogenforelle?

a) 15. 12. mit 15. 04. und 26 cm
b) 15. 12. mit 15. 04. und 30 cm
c) 01. 10. mit 28. 02. und 26 cm

260. Schonzeit und Schonmaß der Äsche?

a) 15. 03. mit 30. 04. und 26 cm
b) 01.01. mit 30.04. und 35 cm
c) 01. 03. mit 30. 04. und 30 cm

---

246 a 247 c 248 b 249 c 250 c 251 a 252 b 253 b 254 a 255 b 256 a
257 c 258 b 259 a 260 b

261. Schonzeit und Schonmaß von Renken (Felchen)?
a) 15. 10. mit 31. 01. und 30 cm
b) 31. 10. mit 15. 02. und 28 cm
c) 15.10. mit 31.12. und 35 cm

262. Schonzeit und Schonmaß des Zanders?
a) 15. 03. mit 30. 04. und 50 cm
b) 15. 03. mit 15. 05. und 50 cm
c) 01. 03. mit 30. 04. und 45 cm

263. Schonzeit und Schonmaß des Hechtes?
a) 15.02. mit 15.04. und 50 cm
b) 15. 02. mit 30. 04. und 45 cm
c) 01. 02. mit 15. 04. und 50 cm

264. Schonzeit und Schonmaß der Barbe?
a) 01. 05. mit 30. 06. und 40 cm
b) 01. 05. mit 30. 06. und 35 cm
c) 01. 05. mit 15. 06. und 38 cm

265. Schonzeit und Schonmaß des Aales?
a) Keine Schonzeit und kein Schonmaß
b) Keine Schonzeit, 40 cm Schonmaß
c) 01. 03. mit 15. 06., kein Schonmaß

266. Schonzeit und Schonmaß des Nerflings?
a) Keine Schonzeit, 30 cm Schonmaß
b) Keine Schonzeit, kein Schonmaß
c) 01. 05. mit 15. 06. und 30 cm

267. Schonzeit und Schonmaß für den Edelkrebs?
a) 01. 09. mit 31. 07. und 12 cm
b) 01. 09. mit 30. 06. und 12 cm
c) Keine Schonzeit und kein Schonmaß

268. Welche Fischarten haben gleiche Schonzeiten?
a) Bachforelle und Bachsaibling
b) Bachforelle und Seeforelle
c) Bachsaibling und Seesaibling

269. Schonzeit und Schonmaß des Schuppenkarpfens?
a) 15. 06. mit 15. 08. und 30 cm
b) Keine Schonzeit, kein Schonmaß
c) Keine Schonzeit, 30 cm Schonmaß

270. Wer hat das größte Schonmaß?
a) Wels
b) Hecht
c) Seeforelle

271. Welches ist die Rechtsvorschrift, in der Schonzeiten und Schonmaße für Fische festgelegt sind?
a) Die jeweilige Vereinssatzung
b) AVFiG
c) Naturschutzergänzungsgesetz

272. In welcher Rechtsvorschrift sind verbotene Fangmethoden aufgezählt?
a) AVFiG
b) Fischereischeingesetz
c) Naturschutzgesetz

273. Darf ein Fischereirechtinhaber die gesetzlichen Bestimmungen in seinem Fischwasser verändern?
a) Nein
b) Ja, nach Belieben
c) Ja, die Bestimmungen dürfen jedoch nur strenger gefaßt werden

274. Von welcher Behörde können die in der AVFiG festgelegten Schonbestimmungen geändert oder aufgehoben werden?
a) Von der Landesanstalt für Fischerei
b) Vom Landratsamt
c) Von der Regierung

275. Welche Rechtsverordnung regelt den Umgang mit Fischen, die in der Schonzeit und unter dem Schonmaß gefangen wurden?
a) Naturschutzgesetz
b) AVFiG
c) Bürgerliches Gesetzbuch

---

261 c   262 a   263 a   264 c   265 b   266 a   267 b   268 a   269 c   270 a   271 b
272 a   273 c   274 c   275 b

276. Was hat der Angler mit untermäßigen oder während der Schonzeit gefangenen Fischen zu tun?
a) Sie können unbedenklich mitgenommen werden
b) Sie sind zu töten und zu vergraben
c) Sie sind augenblicklich ins Gewässer zurückzusetzen

277. Haben Schonmaße und Schonzeiten auch im Hinblick auf die fischereiliche Bewirtschaftung von Teichwirtschaften Gültigkeit?
a) Ja
b) Nein
c) Ja, aber nur in der Forellenteichwirtschaft

278. Dürfen Fische auch unter dem Schonmaß und zu jeder Zeit aus Gründen der Hege und Zucht gefangen, erworben oder veräußert werden?
a) Nur vom Fischereirechtinhaber oder Pächter
b) Ja, wenn Staatliche Fischerprüfung bestanden wurde
c) Nur, wenn Berechtigung zur Fischhaltung und Fischzucht vorliegt

279. Wer kann ein Fischwasser oder Teile eines Fischwassers zum Laichschonbezirk erklären?
a) Der Fischereiberechtigte
b) Die Regierung
c) Die Kreisverwaltungsbehörde

280. Dürfen zahme Enten, Gänse und Schwäne in einen Laichschonbezirk eingelassen werden?
a) Ja
b) Nein
c) Nur mit Erlaubnis des Fischereiberechtigten

281. Dürfen Fische während der von der Kreisverwaltungsbehörde erlassenen Schonzeit in einem Laichschonbezirk gefangen werden?
a) Ja
b) Nein

c) Die Kreisverwaltungsbehörde kann den ausnahmsweisen Fang von Raubfischen gestatten

282. Welcher Fisch taugt zum Besatz in der Quellregion?
a) Seesaibling
b) Nase
c) Bachsaibling

283. Welche Fischart eignet sich zum Besatz tiefer und sauerstoffreicher Baggerseen?
a) Schleien
b) Karpfen
c) Forellen

284. Womit muß gerechnet werden, wenn in ein Fließgewässer Regenbogenforellen eingesetzt werden?
a) Mit dem Abwandern der Fische
b) Mit der Vernichtung der Brut aller anderen Fische
c) Mit Kanibalismus untereinander

285. Wonach hat sich das Ausmaß des Fischbesatzes zu richten?
a) Nach Größe und Tiefe des Gewässers
b) Nach der Zahl der Angler
c) Nach den natürlichen Nahrungsverhältnissen im Gewässer

286. Wann können Forellen in Baggerseen eingesetzt werden?
a) Wenn genügend Nährtiere vorhanden sind
b) Nur wenn nicht mehr Kies gebaggert wird
c) Nach Ausweisung zum Angelgewässer

287. Wovon ist die Höhe des Hechtbesatzes abhängig?
a) Von der Menge vorhandener Futterfische
b) Vom Wasserchemismus
c) Von der Zahl ausgegebener Erlaubnisscheine

276c 277b 278c 279c 280b 281c 282c 283c 284a 285c 286a
287a

288. Wieviel Äschensetzlinge werden gewöhnlich pro ha und Jahr in Fließgewässer eingesetzt?
a) 50–100
b) 200–2000
c) 5000

289. Wieviel Forellensetzlinge werden gewöhnlich pro ha und Jahr in ein Forellengewässer eingesetzt?
a) 50–100
b) 200–2000
c) 5000

290. Wieviel freßfähige Forellenbrut wird gewöhnlich pro ha und Jahr in ein Forellengewässer eingesetzt?
a) 50000–60000
b) 1000–10000
c) 100–1000

291. Ab wann sind sogenannte Hechtsömmerlinge frühestens zu beziehen?
a) Ab August
b) Ab Juli
c) Ab Juni

292. Wieviele Hechtsömmerlinge sollten pro ha und Jahr in geeignete Gewässer eingesetzt werden?
a) 5–10
b) 100–300
c) 1000

293. Welcher Fisch lebt bevorzugt in der flachen Uferzone eines Sees?
a) Hecht
b) Forelle
c) Saibling

294. Wie werden Hechtsömmerlinge ausgesetzt?
a) In kleinen Mengen im Freiwasser
b) Alle Fische auf einmal am Ufer
c) Einzeln in Ufernähe, wenn möglich über Krautbänken

295. Wieviele Glasaale sind in einem Kilogramm enthalten?
a) ca. 1000 Stück
b) ca. 3000 Stück
c) ca. 5000 Stück

296. Wieviel Glasaale werden gewöhnlich pro ha und Jahr in einen See eingesetzt?
a) 10–20 Stück
b) 100–200 Stück
c) 1000–2000 Stück

297. Mit welchen Fischarten sollte ein Fischwasser nicht gemeinsam bewirtschaftet werden?
a) Karpfen und Hecht
b) Forelle und Hecht
c) Forelle und Saibling

298. Warum sollen in Krebsgewässer keine Aale eingesetzt werden?
a) Weil Krebsgewässer zu flach und warm sind
b) Weil Aale die sog. Butterkrebse fressen
c) Weil die Krebse die kleinen Aale mit ihren Scheren töten

299. Was ist beim Erwerb von Satzfischen besonders zu beachten?
a) Alle Fische sollen gleich groß sein
b) Die Fische müssen frei von Parasiten und Fischkrankheiten sein
c) Die Fische sollen preisgünstig sein

300. Was versteht man unter dem Auf- oder Wundliegen der Fische?
a) Entzündung der Körperunterseite – hervorgerufen durch langes Hältern – häufig bei Karpfen zu beobachten
b) Entzündungen über den ganzen Körper verteilt – tritt bei Forellen nach der Laichzeit auf
c) Entzündungen beim Hecht, fleckenartig über den Körper verteilt

301. Unter welchem Leitgedanken sollte jeder Besatz vorgenommen werden?
a) Die Fische so billig wie möglich
b) Der richtige Fisch ins richtige Gewässer
c) Lieber zuviel als zu wenig Fische

---

288 b   289 b   290 b   291 c   292 b   293 a   294 c   295 b   296 b   297 b   298 b
299 b   300 a   301 b

302. Was ist »Entschuppung« eines Forellengewässers?

a) Fang unerwünschter Weißfische
b) Fischkrankheit, bei der die Forellen ihre Schuppen verlieren
c) Bestandsregulierung durch Totalabfischung

303. In welcher Rechtsvorschrift ist die Elektrofischerei geregelt?

a) Naturschutzgesetz
b) Fischereischeingesetz
c) AVFiG

304. Bedarf es zur Ausübung der E-Fischerei einer Ausnahmegenehmigung?

a) Ja, wird durch Regierung erteilt
b) Nein, jedermann darf fischen
c) Ja, Genehmigung erfolgt durch Fischereirechtinhaber

305. Welche Zeit gilt als die aussichtsreichste für den Fang des Zanders?

a) Januar, Februar
b) Juni, Juli
c) September, Oktober

306. Wann lassen sich Nasen gut fangen?

a) Januar–März
b) Mai–Juli
c) Oktober–Dezember

307. Welche Zeit gilt allgemein als die aussichtsreichste für den Huchenfang?

a) Januar
b) Juli
c) Oktober

308. Was ist zu tun, wenn man einen krankheitsverdächtigen Fisch gefangen hat?

a) Töten und vergraben
b) Zurücksetzen, damit er schnell gesund wird
c) Sofort die Fischereiberechtigten verständigen

309. Dürfen Medikamente von jedermann ins Gewässer eingebracht werden?

a) Ja
b) Nein
c) Ja, aber nur zur Behandlung von Fischkrankheiten

310. Wie sollen krankheitsverdächtige, tote Fische zur Untersuchung kommen?

a) Tot und ausgenommen
b) Tiefgefroren und luftdicht verpackt
c) Möglichst schnell, eisgekühlt, einzeln in Pergamentpapier verpackt

311. Woran erkennt man ein durch Krankheit hervorgerufenes Fischsterben?

a) Vernichtung aller Fische innerhalb kurzer Zeit
b) Nur am Boden lebende Fische werden erfaßt
c) Das Fischsterben verläuft schleichend und erstreckt sich nur auf eine oder verwandte Fischarten

312. Woran sind Fischsterben durch Einleitung von Fischgiften erkennbar?

a) Es verenden nur empfindliche Fische
b) Alle Fische verenden schlagartig
c) Das Sterben dauerte mehrere Tage

313. Was muß bei Bekanntwerden eines Fischsterbens sofort getan werden?

a) Benachrichtigung von Polizei und zuständiger Verwaltungsbehörde
b) Zählen und Wiegen der toten Fische
c) Angeln einstellen

314. An welchen Stellen sind bei Fischsterben in einem Fließgewässer Wasserproben zu nehmen?

a) Am Gewässergrund
b) An und oberhalb von Einleitungsstellen
c) Möglichst weit flußabwärts

---

302 a   303 c   304 a   305 c   306 c   307 a   308 c   309 b   310 c   311 c   312 b
313 a   314 b

315. Bei welcher Fischart tritt Drehkrankheit auf?
a) Renken
b) Nasen
c) Forellen

316. Wodurch ist Drehkrankheit bei Forellen u. a. gekennzeichnet?
a) Durch Schwarzschwänzigkeit
b) Totale Schwarzfärbung
c) Ausfall des Drehreflexes der Augen

317. Woran erkennt man die Grießkörnchenkrankheit?
a) Weiße Punkte auf den Kiemen
b) Weiße Punkte über den ganzen Körper verteilt
c) Weiße Punkte nur im Kopfbereich

318. Was ist ein Kiemenkrebs?
a) Ein kiemenatmender Krebs
b) Ein auf Kiemen schmarotzender Parasit
c) Ein Nährtier für Krebse

319. Welcher Fisch ist durch Kiemenkrebse besonders gefährdet?
a) Karpfen
b) Forelle
c) Schleie

320. Welcher Parasit schmarotzt auf der Haut der Fische?
a) Kiemenkrebs
b) Karpfenlaus
c) Riemenwurm

321. Welcher Parasit ist ein blutsaugender Hautschmarotzer?
a) Bandwurm
b) Kiemenkrebs
c) Fischegel

322. Welche Unart von Fischern trägt dazu bei, Fischkrankheiten zu verbreiten?
a) Verfüttern roher Fischeingeweide an Fische und Wasservögel
b) Die Fischer sind völlig unschuldig
c) Es werden zu wenig Gewässerwarte aufgestellt

323. Welche Fischart wird von der Bauchwassersucht häufig heimgesucht?
a) Forellen
b) Hechte
c) Karpfen

324. Was läßt auf Bauchwassersucht schließen?
a) Schwarzfärbung der Fische
b) Weiße Punkte über den Körper verteilt
c) Flüssigkeitsansammlung in der Leibeshöhle, z. T. Glotzaugen, bis in die Muskulatur hineinreichende, offene Geschwüre

325. Welcher Infektionskrankheit sind besonders Salmoniden ausgesetzt?
a) Furunkulose
b) Bauchwassersucht
c) Fleckenseuche

326. Woran erkennt man Furunkulose bei Forellen?
a) Es bilden sich eitrige Geschwüre unter der Haut, die nach außen aufbrechen
b) Der Fisch verliert seine Farbe und schwimmt wie besessen umher
c) Am sofortigen Verlust von Schuppen und Flossen

327. Woran erkennt man die Krebspest?
a) Das letzte Schwanzsegment wird abgestoßen
b) Aus dem Wasser gehoben, lassen Krebse Beine und Scheren kraftlos nach unten hängen
c) An der Blaufärbung der Krebse

328. Welche Tiere sind Fischfeinde?
a) Die Larven von Kriebelmücken, Eintagsfliegen und Steinfliegen
b) Libellenlarven, Gelbrandkäfer und ihre Larven sowie Rückenschwimmer
c) Wasserflöhe, Hüpferlinge, Schlammröhrenwürmer

---

315 c 316 a 317 b 318 b 319 c 320 b 321 c 322 a 323 c 324 c 325 a
326 a 327 b 328 b

329. Sind Gelbrandkäfer und ihre Larven durch Vorschriften des Naturschutzes unter Schutz gestellt?
a) Ja
b) Nein
c) Nur die Larven

330. Warum sind Bisamratten für die Fischerei so schädlich?
a) Sie fressen Fische und vernichten ganze Bestände
b) Sie übertragen Fischkrankheiten
c) Sie zerstören Uferanlagen und Dämme

331. Muß der Fischereiausübungsberechtigte nach einem Fischsterben, die toten Fische beseitigen?
a) Ja
b) Nein
c) Nur nach Anordnung des Wasserwirtschaftsamtes

332. Steht die Wasserspitzmaus unter Naturschutz oder darf sie getötet werden?
a) Sie ist geschützt und darf auf keinen Fall getötet werden
b) Sie ist nicht geschützt und darf getötet werden
c) Sie ist geschützt, darf aber mit Ausnahmegenehmigung getötet werden

333. Dürfen Fischadler, Fischreiher sowie Fischotter, wenn sie nachweislich große Schäden unter den Fischen anrichten, gefangen oder getötet werden?
a) Ja
b) Nein, denn Fang und Bejagung unterliegen dem Jagdgesetz
c) Ja, aber der Jagdberechtigte muß die Erlaubnis geben

334. Was darf ein Fischzüchter, der keine Jagdberechtigung besitzt, auf dem Gebiet seiner Teichanlage tun, wenn Fischreiher, Fischadler, Säger und Taucher erhebliche Mengen an Jungfischen töten?
a) Er kann die Tiere abschießen

b) Er darf die Tiere fangen
c) Er kann die Tiere lediglich verscheuchen

335. Welche rechtliche Vorschrift regelt das Töten von Eisvögeln?
a) Fischereigesetz
b) Naturschutzergänzungsgesetz
c) Jagdgesetz

336. In welchen Mengen darf Fischfutter in ein offenes Gewässer eingebracht werden?
a) Soviel, daß alle Fische in einem guten Ernährungszustand sind
b) Beliebig
c) Nur so viel, daß das Gewässer in seinen Eigenschaften nicht nachteilig beeinflußt wird

337. Dürfen Fischer Gelege ganzjährig geschützter, dem Jagdrecht unterliegender Vögel vernichten?
a) Ja, nach Belieben
b) Ja, mit Erlaubnis des Vorsitzenden des Hegerings
c) Nein. Vernichten darf nur der Jagdberechtigte. Dieser bedarf aber der Genehmigung der Jagdbehörde

338. Was können Fischer tun, wenn dem Jagdrecht unterstehende Tiere dauernde Schäden in fischereilich genutzten Gewässern anrichten?
a) Die Tiere fangen und töten
b) Den örtlichen Jagdberechtigten zum Abschuß veranlassen
c) Sie müssen tatenlos zusehen

339. Wann ist ein Gewässer eutroph?
a) Wenn es reich an Nährstoffen ist
b) Wenn es arm an Nährstoffen ist
c) Wenn überhaupt keine Nährstoffe im Wasser sind

340. Wo gibt es Perlmuscheln?
a) In kalkarmen Gewässern
b) In kalkreichen Gewässern
c) In eutrophen Gewässern

---

329 b   330 c   331 b   332 a   333 b   334 c   335 b   336 c   337 c   338 b   339 a
340 a

341. Wie sehen Perlmuscheln aus?
a) Hellgrün mit großen, dünnen Schalen
b) Dunkel gefärbt, dicke Schalen, rauhe Außenseite
c) Dunkel gefärbt, dünne, durchscheinende Schalen

342. Was versteht man unter dem Säurebindungsvermögen (SBV)?
a) Es ist ein Maß für den Kalkgehalt des Wassers
b) Es beschreibt den Reaktionszustand des Wassers
c) Es gibt Auskunft über die Größenordnung eingeleiteter Fischgifte

343. Ist ein Fischwasser fruchtbar, wenn das SBV unter 1 liegt?
a) Es ist ausgesprochen ertragsarm
b) Ja, sehr fruchtbar
c) Von mittlerer Fruchtbarkeit

344. Was versteht man unter dem pH-Wert?
a) Er beschreibt den Reaktionszustand des Wassers
b) Er gibt über die Ertragsfähigkeit Auskunft
c) Er ist das Maß für die Sauerstoffkonzentrationen

345. Wie ist Wasser mit pH 7?
a) Sauer
b) Neutral
c) Alkalisch

346. Welcher pH-Wert ist für die heimischen Fische am günstigsten?
a) Um 5
b) Um 6
c) Um 7

347. Wie können Fische die Sauerstoffaufnahme vergrößern?
a) Durch heftiges Fecheln mit den Flossen
b) Durch dauerndes Abspreizen der Kiemendeckel
c) Durch vermehrte Atembewegungen

348. Woran erkennt man an Sauerstoffmangel eingegangene Fische?
a) An Glotzaugen
b) An den auffallend abstehenden Kiemendeckeln
c) An der gekrümmten Körperhaltung

349. In welcher Beziehung steht Wassertemperatur und Sauerstoffgehalt?
a) Kein unmittelbarer Bezug
b) Kaltes Wasser hat höhere Sauerstoffsättigungswerte
c) Warmes Wasser hat höhere Sauerstoffsättigungswerte

350. Wie hoch ist der Sauerstoffsättigungswert bei 10°C?
a) Etwa 3 mg/l
b) Etwa 5 mg/l
c) Etwa 11 mg/l

351. Was ist für die Sauerstofferzeugung von Unterwasserpflanzen entscheidend?
a) Licht
b) Hohe Wassertemperatur
c) Niedrige Wassertemperatur

352. Wann ist wenig Sauerstoff im Wasser?
a) Wenn das Wasser kalt ist
b) Bei niedrigem pH-Wert
c) Bei starker Verschmutzung

353. Welches Wasser ist in der Regel sauerstoffarm?
a) Wasser in Teichen
b) Grund- und Quellwasser
c) Das Wasser kalter Gebirgsbäche

354. Wodurch tritt gefährlicher Sauerstoffschwund auf?
a) Wenn nach starker Algenblüte die abgestorbenen Substanzen zu Boden sinken
b) Durch starken Witterungsumschlag
c) Wenn der pH-Wert unter 2 absinkt

355. Bei welcher Wassertemperatur hat Wasser seine größte Dichte?
a) Bei 0°C
b) Bei 4°C
c) Bei −1°C

---

341 b   342 a   343 a   344 a   345 b   346 c   347 c   348 b   349 b   350 c   351 a
352 c   353 b   354 a   355 b

356. Warum schwimmt Eis?

a) In ihm ist immer Luft eingeschlossen
b) Weil es geringeres spezifisches Gewicht als Wasser hat
c) Weil es größeres spezifisches Gewicht als Wasser hat.

357. Welche Ansprüche stellen Forellen an ihren Lebensraum?

a) Warmes Wasser mit nicht zu hohen Sauerstoffkonzentrationen
b) Kaltes und sauerstoffreiches Wasser
c) Strömendes, warmes Wasser mit hoher Leitfähigkeit

358. Welche Fischart ist in der Forellenregion unerwünscht?

a) Bachsaibling
b) Elritze
c) Rutte

359. Warum ist die Tierwelt der Bäche besonders empfindlich gegenüber Sauerstoffmangel?

a) Weil sie an die in Bächen gewöhnlich vorherrschenden hohen Sauerstoffgehalte angepaßt ist
b) Weil sie sich unter Sauerstoffmangel nicht vermehren kann
c) Weil die pHWerte zu sehr steigen

360. Ist die Gestalt eines Gewässeruntergrundes von fischereibiologischer Bedeutung?

a) Nein
b) Ja, da unregelmäßiger Untergrund vielfältige Entwicklungsmöglichkeiten für bodensiedelnde Lebewesen eröffnet
c) Bedingt, da die Nachteile die Vorteile aufwiegen

361. Welche Eigenschaften kennzeichnen die Barbenregion?

a) Stehendes, brackiges und kaltes Wasser
b) Schlammiger Untergrund und geringe Sauerstoffgehalte
c) Kiesig-sandiger Untergrund, schnellfließend und sauerstoffreich

362. In welcher Fischregion sind die meisten Fischarten anzutreffen?

a) Forellenregion
b) Äschenregion
c) Brachsenregion

363. Welche Fischarten leben überwiegend in der Brachsenregion?

a) Schied, Barbe
b) Güster, Barsche
c) Stint, Flunder

364. Was versteht man unter einem Altwasser?

a) Ein Gewässer mit überaltertem Fischbestand
b) Einen alten, häufig durch Regulierung abgeschnittenen Teil eines Flusses
c) Ein Gewässer mit brackigem Wasser

365. Wie lautet die richtige Reihenfolge der Regionen im Fließgewässer?

a) Brachsenregion, Äschenregion, Barbenregion, Forellenregion, Brackwasserregion
b) Forellenregion – Barbenregion – Brachsenregion, Brackwasserregion, Äschenregion
c) Forellenregion, Äschenregion, Barbenregion, Brachsenregion, Brackwasserregion

366. Zu welcher Familie gehört die Elritze?

a) Barschartigen
b) Cypriniden
c) Salmoniden

367. Welcher Weißfisch kommt im hochgelegenen Bergsee oft massenhaft vor?

a) Frauennerfling
b) Schleie
c) Elritze

---

356 b   357 b   358 c   359 a   360 b   361 c   362 c   363 b   364 b   365 c   366 b
367 c

368. Was ist für den Forellen- oder Saiblingssee charakteristisch?
a) Er ist nährstoffarm, meist tief mit steilscharigem und hartgründigem Ufer
b) Er ist nährstoffreich mit schlammigem Gewässeruntergrund
c) Er ist nährstoffarm, flach und sommerwarm

369. Was ist charakteristisch für einen nährstoffarmen See?
a) Reiches Algenwachstum und geringe Sichttiefen
b) Hohe Sauerstoffgehalte auch in den Tiefenzonen
c) Hohe Sauerstoffgehalte aber nur im Oberflächenwasser

370. Welche seltene Fischart kommt in Voralpenseen vor?
a) Frauennerfling
b) Streber
c) Perlfisch

371. Wie ist das Wohngewässer des Zanders gewöhnlich beschaffen?
a) Krautreich, kalt, klarsichtig
b) Krautarm, hartgründig, meist trüb
c) Krautarm, schlammiger Untergrund, klarsichtig

372. Welche Pflanzen gehören in die Gruppe der Überwasserpflanzen?
a) Hornkraut, Wasserpest, Laichkraut
b) Igelkolben, Seggen, Tannenwedel
c) Quellmoos, Wasserlinsen, Froschbiß

373. Aus welchen Gründen ist starke Ausbreitung von Überwasserpflanzen unerwünscht?
a) Sie entziehen dem Boden Nährstoffe und tragen zur Verlandung bei
b) Sie sind die Brutplätze fischfeindlicher Vogelarten
c) Sie behindern die Fischereiausübung

374. Welche Arten gehören zu den Schwimmblattpflanzen?
a) Igelkolben, Tannenwedel, Laichkraut
b) Seerosen, Froschbiß, Wasserlinsen
c) Quellmoos, Seggen, Hornkraut

375. Welche Wasserpflanzen beeinflussen die Fischproduktion positiv?
a) Schwimmblattpflanzen
b) Überwasserpflanzen
c) Unterwasserpflanzen

376. Was ist Wasserpest?
a) Verpestetes Wasser
b) Fischkrankheit
c) Unterwasserpflanze

377. Wie sollte eine Rute beschaffen sein, wenn die gewählte Schnurstärke 0,15 mm beträgt und ein Goldhaken der Größe 14 verwendet wird?
a) Lang und weich
b) Lang und Hart
c) Kurz und hart

378. Was ist die Aktion einer Rute?
a) Art des Durchbiegens beim Wurf, Rutenausschlag
b) Weitest möglicher Wurf mit einer Rute
c) Aktionsradius einer Rute

379. Wo brechen Ruten am ehesten?
a) Im Mittelteil
b) An der Spitze
c) Am Sitz der Hülsen

380. Was ist zur Schonung von Teleskopruten zu beachten?
a) Spitze wird stets zuletzt eingeschoben
b) Spitze muß beim Zusammenschieben sofort eingeschoben werden
c) Es dürfen keine Fische schwerer als 5 kg gefangen werden

381. Wo am Rutengriff befindet sich die Fliegenrolle?
a) In der Mitte des Handteils
b) Im oberen Drittel des Handteils
c) Am unteren Ende des Handteils

368a 369b 370c 371b 372b 373a 374b 375c 376c 377a 378a
379c 380a 381c

382. Was ist das Charakteristische einer Stationärrolle?
a) Die Schnurspule steht fest
b) Drehende Schnurspule
c) Schnurfangbügel fehlt

383. Was ist das Charakteristische einer Multirolle?
a) Die Schnurspule steht fest
b) Drehende Schnurspule
c) Besonders großer Schnurfangbügel

384. Für welche Art der Fischerei eignet sich Multi- und Stationärrolle nicht?
a) Grundangeln
b) Fliegenfischen
c) Spinnfischen

385. Zu welcher Rolle gehört der Schnurfangbügel?
a) Multirolle
b) Fliegenrolle
c) Stationärrolle

386. Welche Einrichtung an der Rolle ist im Hinblick auf die sichere Landung eines Fisches am wichtigsten?
a) Das Fassungsvermögen der Schnurtrommel
b) Die Schnurbremse
c) Die gleichmäßige Übersetzung

387. Warum sind Rollen mit geringem Schnurfassungsvermögen für den Fang großer Raubfische ungeeignet?
a) Weil sie bei starker Belastung zerbrechen
b) Weil diese Modelle keine Schnurbremse haben
c) Weil solche Rollen zu wenig der benötigten starken Angelschnur aufnehmen können

388. Wieviel Schnur welcher Stärke soll eine Stationärrolle aufnehmen können, die zum Fang schwerer Welse geeignet ist?
a) Mindestens 100 m der Schnurstärke 0.35 mm
b) Mindestens 100 m der Schnurstärke 0.45 mm
c) Mindestens 100 m der Schnurstärke 0.60 mm

389. Wo befindet sich bei der Stationärrolle die Wurfhand?
a) Vor der Rolle
b) Hinter der Rolle
c) Direkt über der Rolle an deren Halterung

390. Zum Fang welcher Fischart ist Schnurstärke 0.20 mm geeignet?
a) Aal
b) Hecht
c) Nase

391. Welche Schnurstärke ist zum Fang der Äsche am geeignetsten?
a) 0.25 mm
b) 0.40 mm
c) 0.55 mm

392. Zum Fang welcher Fische mit der Grundangel ist Schnurstärke 0.30 mm geeignet?
a) Hecht, Zander
b) Forelle, Aitel
c) Rotauge, Hasel

393. Mit welcher Schnurstärke fängt man am besten Karpfen von mittlerer Größe?
a) 0.20 mm
b) 0.35 mm
c) 0.45 mm

394. Welche Schnurstärke sollte beim Barbenfang nicht unterschritten werden?
a) 0.25 mm
b) 0.30 mm
c) 0.40 mm

395. Welche Schnurstärke sollte gewählt werden, wenn der Fang größerer Fische erwartet werden darf?
a) 0.18 mm – 0.25 mm
b) 0.25 mm – 0.35 mm
c) 0.40 mm – 0.45 mm

---

382 a   383 b   384 b   385 c   386 b   387 c   388 c   389 c   390 c   391 a   392 b
393 b   394 b   395 c

396. Welche Schnurstärke sollte zum Fang größerer Aale gewählt werden?
a) 0.30 mm
b) 0.40 mm
c) 0.50 mm

397. Welche Tragkraft besitzt eine monofile Angelschnur der Stärke 0,50 mm?
a) 5.0 kg
b) 8.0 kg
c) 13.0 kg

398. Müssen monofile Perlonschnüre besonders gepflegt werden?
a) Sie müssen nach dem Fischen in der Sonne getrocknet werden
b) Nein
c) Sie müssen ständig gefettet werden

399. Wo nützt sich die Angelschnur am stärksten ab?
a) Auf den ersten Metern hinter dem Haken
b) Im mittleren Teil wegen der Wirkung der Schnurbremse
c) Es erfolgt gleichmäßige Abnützung

400. Was geschieht mit der Angelschnur, wenn die ersten Meter aufgerauht sind?
a) Die Schnur wird über die ganze Länge eingefettet
b) Der aufgerauhte Teil der Schnur wird abgeschnitten
c) Die gesamte Schnur muß gegen eine neue ausgewechselt werden

401. Fällt achtloses Wegwerfen von Perlonschnur unter dem Begriff der Umweltverschmutzung?
a) Ja, die Schnur verrottet nicht
b) Nein, die Schnur verrottet sofort
c) Fällt nicht ins Gewicht, weil die Schnur kaum zu sehen ist

402. Wie verhindert man, daß sich Hechte mit Hilfe ihrer spitzen Zähne von der Angelschnur befreien?
a) Die Schnur so dick wie möglich wählen
b) Die Schnurbremse so leicht wie möglich einstellen
c) Durch Verwendung eines Stahlvorfaches

403. Wie groß soll die Bruchfestigkeit von Stahlvorfächern sein?
a) Mindestens so groß wie die der Hauptschnur
b) Kleiner als die der Hauptschnur
c) Kleiner als die des Vorfaches

404. Wie wird das Verdrehen der Angelschnur vermieden?
a) Man verwendet Laufbleie
b) Man verwendet sog. Wirbel
c) Man verwendet Schnurstrecker

405. Wie sollen Wirbel beschaffen sein?
a) Sie sollen mindestens gleiche Bruchfestigkeit wie die Angelschnur haben
b) Sie sollen größere Bruchfestigkeit als die Angelschnur haben
c) Sie sollen geringere Bruchfestigkeit als die Angelschnur haben

406. Wann ist ein Schnurknoten richtig gebunden?
a) Wenn beide Schnurenden sichtbar sind
b) Wenn er groß ist
c) Wenn er sich weder aufziehen noch abwürgen läßt

407. Wie hängen Bruchfestigkeit der Schnur und Schnurknoten zusammen?
a) Größere Bruchfestigkeit am Knoten
b) Geringere Bruchfestigkeit am Knoten
c) Bruchfestigkeit von Schnur und Knoten sind gleich

408. Mit welchem Knoten werden am zweckmäßigsten zwei Enden einer monofilen Perlonschnur miteinander verbunden?
a) Flämischer Knoten
b) Turleknoten
c) Doppelter Fischerknoten, Blutknoten

---

396 b   397 c   398 b   399 a   400 b   401 a   402 c   403 a   404 b   405 a   406 c
407 b   408 c

409. Wann entsteht ein Knoten von besonderer Haltbarkeit?

a) Wenn der Knoten mit einer größeren Zahl von Windungen gebunden ist
b) Wenn der Knoten maschinengebunden ist
c) Wenn der Knoten besonders klein ist

410. Welcher Knoten ist zum Anbinden künstlicher Fliegen geeignet?

a) Doppelter Fischerknoten
b) Turleknoten
c) Flaggenstich

411. Was versteht man unter einem Lipphaken?

a) Einfachhaken mit kurzem Schenkel
b) Drilling mit zwei kurzen Schenkeln
c) Drilling mit zwei langen und einem kurzen Schenkel

412. Was ist der Zweck des Widerhakens?

a) Köder und gehakte Fische können sich nicht ohne weiteres vom Haken befreien
b) Schonung gehakter Fische
c) Bessere Sichtbarkeit des Hakens für die Fische

413. Mit welcher Hakengröße liegt man beim Fang von Rotaugen und Köderfischen richtig?

a) 3/0 bis 1/0
b) 3 bis 8
c) 8 bis 12

414. Welche Fische werden mit feindrähtigen Haken, wie z. B. Goldhaken gefangen?

a) Aale und Äschen
b) Hechte und Saiblinge
c) Kleine Friedfische

415. Zu welcher Angelmethode eignen sich kleinste Haken – etwa der Größen 18 – 20?

a) Spinnfischerei
b) Fliegenfischen
c) Grundfischen auf Brachsen

416. Welche Hakengrößen bezeichnet man als mittlere Haken?

a) 1/0 – 1
b) 4 – 7
c) 8 – 12

417. Zum Fang welcher Fische sind starkdrähtige Haken mit kurzem Schaft geeignet?

a) Haseln, Schneider, Bitterlinge
b) Barben, Karpfen
c) Barsche, Streber, Schrätzer

418. Wann sind Hakengrößen und Schnurstärke aufeinander abgestimmt?

a) Hakengröße 12 – Schnurstärke 0.20 mm
b) Hakengröße 8 – Schnurstärke 0.60 mm
c) Hakengröße 2/0 – Schnurstärke 0.18 mm

419. Welche Gerätezusammenstellung ist aufeinander abgestimmt?

a) Lange, weiche Rute – starke Schnur – kleiner Haken
b) Lange, weiche Rute – dünne Schnur – großer Haken
c) Lange, mittelstarke Rute – 0.35 mm Schnurstärke – Hakengröße 3

420. Warum sollen Haken kleiner als Größe 3 beim Forellenfang nicht verwendet werden?

a) Weil mit kleinen Haken nur untermaßige Fische gefangen werden
b) Zu kleine Haken werden gewöhnlich so tief abgeschluckt, daß die Fische davon nicht mehr befreit werden können, ohne Schaden zu nehmen
c) Es werden zu viele Fische gefangen

421. Welche Einfachhakengrößen sind beim Karpfenangeln angebracht?

a) 3/0 bis 1/0
b) 1 – 4
c) 8 – 12

409a 410b 411c 412a 413c 414c 415b 416b 417b 418a 419c
420b 421b

422. Zum Fang welcher Fische sind Drillinge den Einfachhaken vorzuziehen?
a) Barben, Nasen
b) Karpfen, Schleien
c) Zander, Hecht

423. Bei welcher Angelmethode werden in der Regel Drillinge verwendet?
a) Flugangeln
b) Grundangeln auf Brachsen
c) Spinnangeln

424. Welche Drillingsgröße ist beim Hechtfang angebracht?
a) 1–3
b) 5–8
c) 9–12

425. Welches ist der wichtigste Gerätetest vor Beginn des Angelns?
a) Kontrolle von Schnurlänge und -stärke
b) Die Festigkeit der gesamten Angelflucht wird durch Zugprobe überprüft
c) Wirbel und Vorfach werden auf ordnungsgemäßen Sitz überprüft

426. Worauf muß während des Drills geachtet werden?
a) Die Schnur ist möglichst locker zu führen
b) Durch stete Spannung der Schnur ist Fühlung mit dem Fisch zu halten
c) Der Fisch ist so schnell wie möglich zu landen

427. Wie werden größere Fische gelandet?
a) Mit den Händen ergreifen und aus dem Wasser heben
b) Der Fisch wird im Wasser betäubt und dann herausgehoben
c) Die Landung erfolgt mit Kescher oder Gaff

428. Wie ist ein für die Angelfischerei geeigneter Kescher beschaffen?
a) Er besitzt einen sehr schmalen Eingang, damit der Fisch nicht mehr zurück kann
b) Netzsack klein und engmaschig
c) Netzsack tief und geräumig, aus kräftigem Garn

429. Welche Fische werden am zweckmäßigsten gegafft?
a) Sehr große Fische mit torpedoförmigem Körper
b) Salmoniden gleich welcher Größe
c) Nur Welse und Hechte mit mehr als 10 kg Gewicht

430. Welche Fische werden gewöhnlich mit der Grundangel gefangen?
a) Hecht, Zander
b) Karpfen, Brachse
c) Huchen, Saibling

431. Welche Fischart kann gut mit gekochten Kartoffeln als Köder gefangen werden?
a) Seesaibling
b) Huchen
c) Karpfen

432. Welcher Fisch kann durch vorheriges Anfüttern leichter gefangen werden?
a) Hecht
b) Karpfen
c) Zander

433. Wie füttert man im Fließgewässer am zweckmäßigsten an?
a) Das Futter wird oberhalb der Fangstelle eingebracht
b) Das Futter wird direkt an der Fangstelle eingebracht
c) Es wird nur bei trüben Wasser angefüttert

434. Welches sind die wichtigsten Aufgaben eines Schwimmers (Floß, Pose)?
a) Der Köder wird in der gewünschten Tiefe gehalten und der Biß wird angezeigt
b) Man kann weit auswerfen und bleibt nicht im Kraut hängen
c) Man kann gezielt auswerfen und umgeht damit Hindernisse

---

422 c 423 c 424 a 425 b 426 b 427 c 428 c 429 a 430 b 431 c 432 b
433 a 434 a

435. Welche Angelmethode ist zum Fang des Nerflings gewöhnlich am erfolgreichsten?
a) Spinnangeln
b) Flugangeln
c) Floßangeln

436. Wie wird die senkrechte Stellung des Floßes im Wasser erreicht?
a) Durch Einschalten eines Stoppers
b) Durch das auf Grundliegen des Köders
c) Durch eine auf die Tragkraft des Floßes abgestimmte Bleibeschwerung

437. Darf von Segelbooten aus die Schleppfischerei stattfinden?
a) Nein
b) Ja
c) Nicht während einer Regatta

438. Für welche Art des Schwimmers wird ein Stopper verwendet?
a) Wasserkugel
b) Stachelschweinpose
c) Durchlaufschwimmer

439. Welche Fische werden vorzugsweise mit der Spinnangel gefangen?
a) Schied, Hecht, Huchen
b) Nerfling, Schrätzer, Nase
c) Karpfen, Schleie, Aal

440. Was ist für das Spinnangeln charakteristisch?
a) Fein gesponnene Angelschnüre
b) Durch Zug mit der Schnur wird ein Köder in Bewegung versetzt
c) Köder sind Insekten und Würmer

441. Was ist für den Fangerfolg beim Spinnangeln mit ausschlaggebend?
a) Rutenlänge
b) Schnurstärke
c) Führung des Köders

442. Das Zusammenwirken welcher Faktoren bestimmt bei der Schleppangelei die Tiefe, in der der Köder angeboten wird?
a) Länge der ausgegebenen Schnur
b) Länge der ausgegebenen Schnur und Bleibeschwerung
c) Länge der ausgegebenen Schnur, Bleibeschwerung, Bootsgeschwindigkeit

443. Welches Wurfgewicht soll für die leichte Spinnangel nicht überschritten werden?
a) 30 Gramm
b) 50 Gramm
c) 60 Gramm

444. Welches Blei eignet sich am besten zum Spinnangeln auf Hechte?
a) Catherine-Blei
b) Rollblei
c) Spiral- oder Spinnblei

445. Welche Spinnköder versprechen bei trübem Wasser in der Regel am ehesten Erfolg?
a) Matte, kupferfarbene
b) Silberglänzende
c) Unauffällig dunkle

446. Was ist der Heintz-Blinker?
a) Ein Wobbler aus Metall
b) Eine silberglänzende Fischimitation
c) Ein dunkel blinkender Kupferkunstfisch

447. Was versteht man unter einem Wobbler?
a) Ein- oder mehrteilige Fischimitation mit Tauchschaufel
b) Metallfisch
c) Spinnköder aus Kupfer

448. Welcher Spinnköder hat eine verstellbare Tauchschaufel?
a) Heintz-Blinker
b) Augenblinker
c) Wobbler

449. Wie muß die Tauchschaufel eines Wobblers eingestellt sein, damit man tief fischen kann?
a) Senkrecht nach unten
b) Horizontal
c) Fast senkrecht

---

435 c   436 c   437 a   438 c   439 a   440 b   441 c   442 c   443 a   444 c   445 b
446 b   447 a   448 c   449 b

450. Zum Fang welchen Fisches verwendet man den Neunaugenzopf?
a) Hecht
b) Aal
c) Huchen

451. Was ist eine Hakenflucht?
a) Der Fisch hat sich vom Haken befreit
b) Der Fisch ist mit dem Haken im Maul von der Angel abgekommen
c) Für einen Köder wird mehr als ein Haken verwendet

452. Welche Fische können mit Trockenfliegen gefangen werden?
a) Aale, Welse
b) Rutten, Schrätzer
c) Aitel, Hasel

453. Wie unterscheidet man künstliche Fliegen?
a) Große und kleine Fliegen
b) Bunte und einfarbige Fliegen
c) Trocken-, Naßfliegen, Streamer

454. Was ist für Trockenfliegen charakteristisch?
a) Die Fliege saugt sich bei Wasserberührung sofort voll
b) Trockenfliegen schwimmen auf dem Wasser
c) Es handelt sich um getrocknete Schmeißfliegen

455. Was ist eine Hechelfliege?
a) Trockenfliege ohne Flügel
b) Nymphe mit Hecheln
c) Streamer

456. Was ist ein Streamer?
a) Augenblinker
b) Bleikopfsystem
c) Große, künstliche Fliege

457. Was ist ein Springer?
a) Fisch, der nach Insekten springt
b) Wasserfloh, der sich springend übers Wasser bewegt
c) Zusätzliche Fliege, die vor der Endfliege angebunden ist

458. Auf welche Haken werden Fliegen am zweckmäßigsten gebunden?
a) Kein besonderer Haken
b) Plättchenhaken
c) Öhrhaken

459. Was sind Leer- oder Luftwürfe?
a) Versuchswürfe beim Spinnfischen
b) Probewürfe beim leichten Grundangeln
c) Wurftechnik der Fliegenfischerei

460. Was ermöglicht beim Flugangeln das Auswerfen?
a) Das Gewicht der Schnur
b) Kleine Bleikugeln vor der Fliege
c) Das Eigengewicht der Fliege

461. Welcher Grundsatz sollte Leitsatz jeder Fischerei sein?
a) Keinem Tier sollten ohne Grund Schmerzen und Leiden zugefügt werden
b) Fische kann man gar nicht genug fangen
c) Da Fische ohne Schmerzempfindung sind, können sie grob behandelt werden

462. Welche Fangmethoden sind in Bayern nach der AVFiG verboten?
a) Schluckangel, Pilker, Neunaugenzopf
b) Köderfisch, Fischfetzen
c) Schlingen, Abzugseisen, Reißangeln, Harpunen, Sprengstoffe, Schußwaffen

463. Mit wieviel Handangeln darf in Bayern gefischt werden?
a) Mit einer
b) Mit zwei
c) Mit drei

---

450 c   451 c   452 c   453 c   454 b   455 a   456 c   457 c   458 c   459 c   460 a
461 a   462 c   463 b

464. Welche Zeitspanne gilt als Nacht, in der aktives Angeln verboten ist?

a) Sonnenuntergang bis Sonnenaufgang
b) Eine Stunde vor Sonnenuntergang bis eine Stunde nach Sonnenaufgang
c) Eineinhalb Stunden nach Sonnenuntergang bis eine Stunde vor Sonnenaufgang

465. Welche Regel für die Wahl von Haken und Schnur ist fischgerecht?

a) Haken nie kleiner, Schnur nie dünner als nötig
b) Haken so klein, Schnur so dünn wie möglich
c) Haken so groß, Schnur so dick wie möglich

466. Warum sind schadhafte Schnurführungsringe nicht fischgerecht?

a) Sie behindern das widerstandslose Auswerfen
b) Die Schnurführungsringe brechen über kurz oder lang
c) Die Schnur wird so beschädigt, daß sie bei geringer Belastung reißt

467. Warum ist die Verwendung von Würmern als Köder zum Forellenfischen nicht fischgerecht?

a) Es werden zu viele Forellen gefangen
b) Es beißen besonders die Untermaßigen
c) Der Köder wird vielfach abgeschluckt, was vor allem bei untermaßigen Forellen zu großen Verlusten führt

468. Warum sind sehr kleine Drillinge für den Forellen- und Hechtfang als nicht fischgerecht abzulehnen?

a) Die Haken biegen sich zu leicht auf, so daß es zu Reißwunden kommt
b) Für untermaßige Fische besteht die Gefahr des Verangelns
c) Es werden zu viele Fische gefangen

469. Warum ist die Verwendung kleinster Drillinge beim Angeln auf Karpfen mit Kartoffeln als nicht fischgerecht abzulehnen?

a) Man fängt zu viel
b) Der Köder kann am Haken nicht dauerhaft befestigt werden
c) Für untermaßige Karpfen besteht die Gefahr des Verluderns

470. Warum ist das Fischen mit einer Legangel nicht fischgerecht?

a) Es werden zu viele Fische gefangen
b) Die meist langandauernden Befreiungsversuche stellen eine Tierquälerei dar
c) Die Fische erdrosseln sich an den Mundschnüren

471. Was ist nach dem Landen eines maßigen Fisches, der für den unmittelbaren Verbrauch bestimmt ist, am wichtigsten?

a) Wiegen und Längenmessung
b) Photographieren
c) Betäuben und Töten

472. Welche Fische, die zum Verzehr bestimmt sind, müssen vor dem Töten betäubt werden?

a) Alle Fische
b) Nur Aale
c) Alle Fische außer Aalen und Plattfischen

473. Wie sind Krebse, die zum Verzehr vorgesehen sind, zu töten?

a) Sie werden in lauwarmes Wasser gelegt, das dann zum Kochen gebracht wird
b) Sie werden betäubt und anschließend ausgeweidet
c) Sie werden einzeln in stark kochendes Wasser geworfen

474. Was macht man, wenn man einen untermaßigen Fisch gefangen hat?

a) Man schneidet die Schnur durch und läßt den Fisch frei
b) Man ködert den Fisch mit nassen Händen ab und setzt ihn ins Wasser zurück
c) Man hält den Fisch mit einem trockenen Tuch und ködert ihn vorsichtig ab

---

464c 465a 466c 467c 468b 469c 470b 471c 472c 473c 474b

475. Was ist zu tun, wenn ein maßiger Fisch den Haken tief geschluckt hat?
a) Der Fisch ist sofort fischgerecht zu töten
b) Man wartet, bis der Fisch verendet
c) Der Haken wird unter Kraftaufwand aus dem Fisch gezogen

476. Welche Zusatzausrüstung gehört zum fischgerechten Angeln?
a) Waage, Ersatzteile, Messer
b) Photoapparat, Fischerei-Zeitung
c) Längenmaß, Fischtöter, Lösegerät

477. Wie führt man den Welsgriff aus?
a) Man packt den Wels hinter den Kiemendeckeln
b) Man nimmt Welse grundsätzlich zwischen den Augen
c) Der Daumen drückt im Maul den Unterkiefer nach unten. Die übrigen Finger bilden an der Kieferaußenseite das Widerlager

478. Dürfen Fischreusen zum Trocknen aufgehängt werden?
a) Nur, wenn sie mit einer Vorrichtung versehen sind, die Vögeln das Entweichen ermöglicht
b) Nur mit Genehmigung des Genossenschaftsvorsitzenden
c) Ja

479. Welche Tiere unterliegen dem Fischereirecht?
a) Fischnährtiere
b) Frösche
c) Schildkröten

480. Unterliegen Frösche und Schildkröten dem Fischereirecht?
a) Nur einige Froscharten
b) Ja
c) Nein

481. Auf wen erstreckt sich das Fischereirecht?
a) Fischadler, Eisvögel
b) Neunaugen, Fischnährtiere
c) Frösche, Schildkröten

482. Gegenstand des Fischereirechts sind?
a) Fischlaich, Fischbrut
b) Bisam, Fischotter
c) Frösche, Wasserschlangen

483. In welcher rechtlichen Vorschrift ist die Perlmuschelfischerei geregelt?
a) Im Fischereigesetz
b) Im Naturschutzergänzungsgesetz
c) Im Bayerischen Wassergesetz

484. Wer kann Verordnungen über die Ausübung der Perlfischerei erlassen?
a) Die Regierung
b) Der Fischereiberechtigte
c) Der Innenminister

485. Wer ist fischereiberechtigt?
a) Alle Inhaber des Fischereischeines
b) Grundsätzlich nur der Gewässereigentümer oder der Pächter
c) Der Staat

486. Was versteht man unter einem selbständigem Fischereirecht?
a) Jedermann darf selbständig fischen
b) Das Fischereirecht gehört einem anderen als dem Gewässereigentümer
c) Der Fischereirechtinhaber ist unabhängig von allen staatlichen Auflagen

487. Wohin werden selbständige Fischereirechte auf Antrag eingetragen?
a) Ins Grundbuch
b) In die Gewässerstatistik
c) Ins Wasserbuch

---

475 a   476 c   477 c   478 a   479 a   480 c   481 b   482 a   483 a   484 a   485 b
486 b   487 a

488. Gibt es in Bayern das Recht auf freien Fischfang?

a) Ja
b) Nur am Bodensee
c) Nein

489. Was ist Fischwilderei?

a) Fischen ohne Fischereischein
b) Fischen in der Schonzeit
c) Fischen, ohne zur Fischereiausübung in dem Gewässer berechtigt zu sein

490. Macht sich ein rechtswidrig Fischender auch dann strafbar, wenn er nichts fängt?

a) Ja, denn allein schon das Auswerfen der Angel ist strafbar
b) Liegt im Ermessen des Fischereirechtinhabers
c) Nein

491. Wonach hat man sich grundsätzlich zu erkundigen, wenn man die Erlaubnis hat, in einem Gewässer zu angeln?

a) Beißzeiten, Angelplätze, bewährte Köder
b) Besondere Auflagen, Gebietsgrenzen, Schonzeiten, Schonmaße
c) Strafmaß bei Übertretungen

492. Wem gehört das Fischereirecht in künstlich hergestellten Abzweigungen fließender Gewässer?

a) Dem Staat
b) Demjenigen, der die neuen Gewässerteile geschaffen hat
c) Zumindest anteilig dem im Hauptstrom Berechtigten

493. Wann liegt im Sinne des Fischereigesetzes ein selbständiger Fischereibetrieb vor?

a) Wenn das Fischereirecht so ausgedehnt ist, daß ordnungsgemäße und nachhaltige fischereiliche Bewirtschaftung möglich ist
b) Wenn durch Ablegung der Fischermeisterprüfung ein selbständiger Beruf erlangt wurde

c) Wenn ein Fischereibetrieb unabhängig von staatlichen Auflagen ist

494. Ab welcher Größenordnung liegt in einem Fließgewässer ein selbständiger Fischereibetrieb vor?

a) Bei einer zusammenhängenden Strecke von 2 km
b) Bei einer zusammenhängenden Strecke von 4 km
c) Bei einer zusammenhängenden Strecke von 6 km

495. Wer übt die Aufgaben der sog. unteren Fischereibehörde aus?

a) Die Gemeinde
b) Die Kreisverwaltungsbehörde
c) Die Regierung

496. Was versteht man unter einem gemeinschaftlichem Fischereibetrieb?

a) Die Vereinigung mehrerer selbständiger Fischereibetriebe
b) Die Vereinigung mehrerer nicht selbständiger Fischereibetriebe an einer bestimmten Gewässerstrecke
c) Einen Betrieb, in dem mehr als 3 Fischzuchtmeister angestellt sind

497. Was kann Eigentümern von Turbinen und Triebwerken zum Schutz der Fische vom Staat zur Auflage gemacht werden?

a) Vorrichtungen anzubringen und zu unterhalten, die das Eindringen der Fische in die Anlagen unmöglich machen
b) Den Kraftwerksbetrieb einzustellen
c) Die getöteten Fische ordnungsgemäß zu beseitigen

498. Was versteht man unter Koppelfischerei?

a) Wenn ein Fischereirecht an viele Personen verpachtet ist
b) Wenn ein Fischereirecht an derselben Wasserstrecke mehreren Personen zusteht
c) Wenn mehrere Fischereirechte einer Person zustehen

488 c   489 c   490 a   491 b   492 c   493 a   494 a   495 b   496 b   497 a   498 b

499. Unter welcher Voraussetzung ist ein Pachtvertrag gültig?
a) Wenn er schriftlich abgefaßt ist
b) Wenn er durch Handschlag besiegelt ist
c) Ein von beiden Seiten gegebenes Ehrenwort genügt

500. Wann nur ist Unterpacht möglich?
a) Überhaupt nicht
b) Wenn sie der Verpächter genehmigt
c) Wenn die Pachtsumme zehn Jahre im voraus entrichtet wurde

501. Nach wieviel Tagen der Unterzeichnung eines Pachtvertrages muß dieser bei der zuständigen Kreisverwaltungsbehörde hinterlegt werden?
a) Binnen 5 Tagen
b) Binnen 8 Tagen
c) Binnen 14 Tagen

502. Welche Mindestlaufzeit haben Pachtverträge in Bayern?
a) 5 Jahre
b) 10 Jahre
c) 15 Jahre

503. Welche Voraussetzung muß innerhalb eines Pachtverhältnisses erfüllt sein?
a) Dem Pächter darf der Fischereischein nicht versagt worden sein.
b) Der Pächter muß ein erfahrener Fischer sein
c) Der Pächter muß den Pachtzins im voraus überweisen

504. Was ist bei der Verpachtung von Fischwassern zu beachten?
a) Der Pächter soll ein erfahrener Fischer sein
b) Die Verpachtung ist nur dann zulässig, wenn die Bestimmungen des Fischereirechtes inhaltlich voll eingehalten werden
c) Die Laufzeit des Pachtvertrags sollte 5 Jahre nicht überschreiten

505. Welche Möglichkeiten hat der Verpächter eines Fischereirechtes, wenn dem Pächter während der Pachtzeit der Fischereischein entzogen wird?
a) Keine, da der Pachtvertrag davon unberührt bleibt
b) Fristlose Kündigung, wenn nicht etwaige Mitpächter die Verpflichtung des Ausgeschlossenen übernehmen
c) Das Pachtverhältnis erlischt automatisch

506. Darf ein Fischereigebiet zum Zwecke der Verpachtung in Abteilungen aufgeteilt werden?
a) Nein
b) Ja
c) Nur mit Genehmigung der zuständigen Verwaltungsbehörde

507. Darf der Fischereiberechtigte, wenn sein Fischwasser über die Ufer getreten ist, im überfluteten Grundstück fischen?
a) Nein, es besteht grundsätzliches Verbot
b) Ja, unter Beachtung der rechtlichen Vorschriften
c) Nur, wenn Erlaubnis vom Grundstückseigentümer vorliegt

508. Fällt die sog. Fischnacheile in den Rahmen des Aneignungsrechtes?
a) Nein
b) Ja
c) Nur, wenn unmittelbar bei Überflutung gefischt wird

509. Innerhalb welcher Frist muß der Fischereiberechtigte Fische bergen, die auf einem fremden Grundstück in Vertiefungen zurückgeblieben sind?
a) Binnen 1 Woche
b) Binnen 2 Wochen
c) Binnen 3 Wochen

510. Dürfen beim über die Ufer treten eines Fischwassers Vorrichtungen angebracht werden, die die Rückkehr der Fische ins Fischwasser verhindern?
a) Ja
b) Nein
c) Nur mit Erlaubnis der Gemeinden

---

499 a   500 b   501 b   502 b   503 a   504 b   505 b   506 a   507 b   508 b   509 a
510 b

511. Wem steht das Uferbenutzungsrecht grundsätzlich zu?
a) Dem Vorsitzenden
b) Dem Fischereiberechtigten und dessen Hilfs- und Aufsichtspersonal
c) Dem Fischereirat

512. Für welche Grundstücke gilt das Uferbenutzungsrecht nicht?
a) Für Grundstücke, die landseitig von Mauern, Gittern u. ä. umschlossen sind
b) Für Viehweiden
c) Für bestellte Felder

513. Gilt eine einfach eingezäunte Viehweide als eingefriedetes Grundstück?
a) Ja
b) Nein
c) Nur, wenn der Zaun elektrisch geladen ist

514. Dürfen außerhalb öffentlicher Wege, in der Nähe von Fischwassern, für die keine Fischereiberechtigung vorliegt, Fischereigeräte in gebrauchsfertigem Zustand mitgeführt werden?
a) Ja, ohne Einschränkung
b) Nur vom Inhaber eines Fischereischeines
c) Nein, nur in Begleitung des zuständigen Fischereiberechtigten oder dessen Vertreter

515. Wieviele Personen sind zur Gründung einer öffentlichen Fischereigenossenschaft mindestens notwendig?
a) Zwei
b) Drei
c) Fünf

516. Wer hat die Satzung einer öffentlichen Fischereigenossenschaft zu genehmigen?
a) Gemeinde
b) Kreisverwaltungsbehörde
c) Regierung

517. Wodurch wird eine Genossenschaftssatzung für gültig erklärt?

a) Durch einfachen Mehrheitsbeschluß
b) Durch ²/₃-Mehrheit
c) Durch ³/₄-Mehrheit

518. Wodurch wird eine freiwillige Genossenschaft aufgelöst?
a) Durch einfachen Mehrheitsbeschluß
b) Durch ²/₃-Mehrheit
c) Durch ³/₄-Mehrheit

519. Wodurch erfolgt die Bildung einer Zwangsgenossenschaft?
a) Durch Verfügung der Kreisverwaltungsbehörde
b) Durch freiwilligen Zusammenschluß der Beteiligten
c) Durch Auflösung einer freiwilligen Genossenschaft

520. Ist es in der Fischerei von Bedeutung, ob ein geschlossenes oder nicht geschlossenes Gewässer vorliegt?
a) Egal
b) Ja
c) Nein

521. Zählt ein Altwasser zu den nicht geschlossenen oder geschlossenen Gewässern?
a) Zu den nicht geschlossenen
b) Zu den geschlossenen
c) Wird jeweils durch die Kreisverwaltungsbehörde entschieden

522. Wer entscheidet, ob ein geschlossenes oder ein nicht geschlossenes Gewässer im Sinne des Fischereirechtes vorliegt?
a) Die Gemeinde
b) Die Kreisverwaltungsbehörde
c) Die Regierung

523. Welche Art der Fischerei ist in einem nicht geschlossenen Gewässer verboten?
a) Absperren bestimmter Gewässerabschnitte
b) Zugnetzfischerei
c) Legangelfischerei

---

511 b   512 a   513 b   514 c   515 b   516 b   517 a   518 c   519 a   520 b   521 a
522 b   523 a

524. Dürfen in einem nicht geschlossenen Gewässer Vorrichtungen angebracht werden, die den freien Zug der Fische behindern oder unmöglich machen?
a) Nein, in keinem Fall
b) Ja, jedoch nur mit Erlaubnis der zuständigen Verwaltungsbehörde
c) Ja, ohne Genehmigung der Kreisverwaltungsbehörde

525. Wer kann die Wegnahme von Fischlaich in nicht geschlossenen Gewässern genehmigen?
a) Der Fischereirechtinhaber
b) Jeder, der im betreffenden Gewässerabschnitt fischereiberechtigt ist
c) Die zuständige Verwaltungsbehörde

526. Ist es gestattet, in nicht geschlossene Gewässer tote Fische einzubringen?
a) Ja
b) Grundsätzlich verboten
c) Ja, jedoch nur als Futterfische im Zuge von Netzgehegehaltung oder als Fischköder

527. Welches Gewässer ist ein geschlossenes?
a) Altwasser
b) Künstlich angelegtes, ablaßbares und gegen den Wechsel der Fische ständig abgesperrtes
c) Himmelsteich

528. Wann ist ein Rinnsal ein geschlossenes Gewässer?
a) Wenn es periodisch austrocknet
b) Wenn es eingefriedet ist
c) Wenn es der Fischzucht dient, künstlich hergestellt und ständig abgesperrt ist

529. »Geschlossen« ist nach dem Fischereigesetz
a) Ein Gewässer, dem es an einer für den Wechsel der Fische geeigneten regelmäßigen Verbindung mit einem anderen natürlichen Gewässer fehlt
b) Ein Altwasser
c) Ein nicht ablaßbarer Teich von mindestens 2500 m^2

530. Welche Ausweise hat man beim Fischen stets mit sich zu führen?
a) Personalausweis oder Reisepaß
b) Fischereischein und Erlaubnisschein
c) Vereinsausweis

531. Von wem wird der Erlaubnisschein ausgestellt?
a) Landratsamt
b) Kreisverwaltungsbehörde
c) Fischereirechtinhaber oder Pächter

532. Für welche Dauer kann ein Erlaubnisschein maximal ausgestellt werden?
a) Ein halbes Jahr
b) Zwei Jahre
c) Drei Jahre

533. Wer hat die Erlaubnisscheine zu beglaubigen?
a) Die Kreisverwaltungsbehörde, zu der das Fischwasser gehört
b) Der Vereinsvorsitzende
c) Der Fischereirechtinhaber oder Pächter

534. Unter welcher Voraussetzung darf die zuständige Verwaltungsbehörde eine Genehmigung zur Ausstellung von Erlaubnisscheinen nur erteilen?
a) Wenn die finanzielle Seite geregelt ist
b) Wenn keine Nachteile für das Fischwasser entstehen
c) Wenn die Bewerber schon mehr als 3 Jahre in dem Gewässer angeln

535. Dürfen Mitglieder eines Fischereivereines im vereinseigenen Gewässer ohne Erlaubnisschein angeln?
a) Ja
b) Generell nein
c) Nur mit Zustimmung der Mehrheit aller Mitglieder

536. Wer benötigt zum Fischen keinen Erlaubnisschein?
a) Der Fischereirechtinhaber oder Pächter
b) Mitglieder der Landesanstalt für Fischerei
c) Gäste und Freunde des Fischereirechtinhabers

---

524 b   525 c   526 c   527 b   528 c   529 a   530 b   531 c   532 c   533 a   534 b
535 b   536 a

537. Wem kann der Fischereischein ohne Nachweis einer bestandenen Fischerprüfung erteilt werden?
a) Berufsfischer mit Meisterprüfung
b) Fischereibeamten
c) Personen, die Kurse für die Fischerprüfung abhalten

538. Für welche Dauer können Fischereischeine erteilt werden?
a) Ein halbes Jahr
b) 2 Jahre
c) 10 Jahre

539. Wann kann die Fischerprüfung frühestens abgelegt werden?
a) Mit 10 Jahren
b) Mit 12 Jahren
c) Mit 14 Jahren

540. Gilt ein in einem anderen Bundesland ohne Fischerprüfung erteilter Fischereischein auch dann, wenn der Inhaber seinen Hauptwohnsitz nach Bayern verlegt?
a) Nein, weil Fischereischeine anderer Bundesländer in Bayern grundsätzlich keine Gültigkeit haben
b) Ja, die Fischereischeine aller Bundesländer gelten auch in Bayern
c) Ja, aber nur für 2 Jahre, wenn eine Anmeldebestätigung der Gemeinde vorgelegt wird

541. Gelten in anderen Bundesländern ausgestellte Fischereischeine auch in Bayern?
a) Nur, wenn die untere bayerische Verwaltungsbehörde zustimmt
b) Auf keinen Fall
c) Ja, wenn sie Personen erteilt wurden, die in einem dieser anderen Bundesländer ihren Hauptwohnsitz haben

542. Wozu dient der Erlös aus dem Fischereischeinverkauf?
a) Zur Förderung allgemeiner fischereilicher Belange
b) Zum Bau von Fischerhütten
c) Zur Bezahlung von Fischereiaufsehern

543. Wer braucht keinen Fischereischein?
a) Gäste des Fischereirechtinhabers
b) Personen, die den Erlaubnisscheininhaber beim Fischfang unterstützen
c) Fischwasserbesitzer

544. Braucht jemand, der dem Erlaubnisscheininhaber hilft, in dem er mit der Angel Köderfische fängt, einen Fischereischein?
a) Ja
b) Nein
c) Nein, weil nur kleine Fische gefangen werden

545. Für welche Altersgruppe kann der Jugendfischereischein ausgestellt werden?
a) Für Jugendliche, die das 10., jedoch noch nicht das 18. Lebensjahr vollendet haben
b) Für Jugendliche, die das 10., jedoch noch nicht das 14. Lebensjahr vollendet haben
c) Für Jugendliche, die das 8., jedoch noch nicht das 12. Lebensjahr vollendet haben

546. Was ist das Besondere am Jugendfischereischein?
a) Er gilt nur, wenn der Jugendliche von einem volljährigen Fischereischeininhaber begleitet wird
b) Er gestattet den Gebrauch von lediglich einer Handangel
c) Er gilt nur, wenn der Jugendliche von seinen Eltern begleitet wird

547. Wann kann die Kreisverwaltungsbehörde die Erteilung eines Fischereischeines versagen?
a) Wenn Tatsachen bekannt sind, die zeigen, daß der Antragsteller zum ordnungsgemäßen Fischfang ungeeignet ist
b) Wenn der Antragsteller noch nicht 18 Jahre alt ist
c) Wenn der Antragsteller Fischzuchtmeister ist

---

537 a 538 c 539 a 540 c 541 c 542 a 543 b 544 a 545 a 546 a 547 a

548. Wann kann die Erteilung eines Fischereischeines versagt werden?
a) Wenn Personen kein eigenes Fischereirecht haben
b) Wenn Personen keine Mitglieder im Fischereiverein sind
c) Wenn Personen im Inland keinen festen Wohnsitz haben

549. Wem muß der Fischereischein auf Verlangen zur Prüfung ausgehändigt werden?
a) Fischermeistern und Fischwirten
b) Fischereirechtinhabern, Pächtern, Fischereiaufsehern
c) Mitgliedern der Landesanstalt für Fischerei

550. Welche Aufgaben haben Fischereiaufseher?
a) Erteilung von Erlaubnisscheinen
b) Erlaß von Fischfangverordnungen
c) Kontrolle, daß gesetzliche und vereinsinterne Bestimmungen eingehalten werden

551. Darf ein Fischereiaufseher verbotswidrig gefangene Fische in Augenschein nehmen?
a) Ja
b) Nein
c) Nur bei untermaßigen Fischen

552. Welche rechtliche Vorschrift regelt das Einlassen von Enten in Fischwasser?
a) AVFiG
b) Fischereischeingesetz
c) Jagdgesetz

553. Wann besteht für Enten Einlaßverbot in Fischwasser?
a) Es besteht kein generelles Einlaßverbot
b) Mit Beginn der Schonzeit für die vorherrschenden Fischarten bis jeweils zwei Monate nach Ablauf der Schonzeit
c) Mit Beginn der Schonzeit für die vorherrschenden Fischarten bis nach Ende der Schonzeit

554. Darf bei erklärtem Winterlager für die Fische die Eisdecke in diesem Bereich entfernt werden?
a) Nein
b) Ja
c) Ja, aber nur mit Erlaubnis des Fischereirechtinhabers

555. Darf in erklärten Winterlagern gefischt werden?
a) Ja
b) Nein
c) Nur von Berufsfischern

556. Hat im Naturschutzgebiet Jagd und Fischerei zwangsläufig zu unterbleiben?
a) Nein
b) Ja, es besteht generelles Verbot
c) Nur Jagd ist erlaubt

557. Darf die an einem Fischwasser stehende blaue Iris gepflückt werden?
a) Ja
b) Nein
c) Nur ein Handstrauß

558. Dürfen wildwachsende Seerosen gepflückt, ausgerissen oder ausgegraben werden?
a) Ja, ohne Einschränkung
b) Nein
c) Ja, aber nur drei Pflanzen

559. Dürfen Ringelnattern vom Fischereiberechtigten getötet werden?
a) Ja, nach Belieben
b) Nein, ohne Einschränkung
c) Nur, wenn sie länger als einen Meter sind

560. Dürfen Molche, Salamander, Kröten, Unken und Laubfrösche sowie deren Eier und Larven auch wenn sie fischschädlich sind, getötet werden?
a) Ja
b) Nein
c) Nur die Eier und Larven

---

548 c 549 b 550 c 551 a 552 a 553 b 554 a 555 a 556 a 557 b 558 b
559 b 560 b

561. Sind Rohrsänger und Wasseramseln ganzjährig geschützt?
a) Ja
b) Nein
c) Nur der Rohrsänger

562. Welche Fischarten lassen sich anhand der Schlundknochen bestimmen?
a) Alle Weißfische
b) Nur die Karpfen
c) Alle Barschartigen

563. Was passiert, wenn ein Fisch Schuppen verliert?
a) Es werden Ersatzschuppen gebildet
b) Es werden keine neuen Schuppen gebildet
c) Andere Schuppen vergrößern sich und überdecken die kahle Stelle

564. Woran läßt sich der Steinkrebs bestimmen?
a) An den auffallend großen Scheren
b) An den auffallend schlanken Scheren
c) Am schmutzig-weißen Bauch und der Dunkelfärbung von Scheren und Körperoberseite

565. Welche Maulform besitzt die Äsche?
a) Endständig
b) Oberständig
c) Halbunterständig

566. Was ist hinsichtlich der Körperlänge weiblicher und männlicher Aale richtig?
a) Männliche Aale werden länger
b) Weibliche Aale werden länger
c) Beide Geschlechter werden gleich lang

567. Wo entwickeln sich die Eier der Krebse?
a) An Gewässerboden
b) Unter dem Hinterleib des weiblichen Tieres
c) In Wasserpflanzen

568. Was versteht man unter Fischwegen?
a) Die Wege der Fische bei Ihren Wanderungen

b) Künstlich angelegte Fischtreppen, die den Fischen das Überwinden von Hindernissen ermöglichen
c) Wege, die die Fische während ihrer Vermarktung nehmen

569. Welche Fischnährtiere nehmen Äschen bevorzugt auf?
a) Hüpferlinge
b) Wasserasseln
c) Köcherfliegenlarven

570. Was sind Kriebelmückenlarven?
a) Fischnährtiere
b) Schmarotzer auf Fischen
c) Nährtiere, die zum Plankton zählen

571. Wo leben die Larven von Stein- und Eintagsfliegen?
a) In der Freiwasserzone
b) Auf der Wasseroberfläche
c) Am Gewässerboden

572. Wann läßt sich mit Sicherheit sagen, daß es sich um keine Steinfliegenlarve handelt?
a) Wenn 2 Schwanzfäden vorhanden sind
b) Wenn 3 Schwanzfäden vorhanden sind
c) Wenn sich das Tier in sauberem Wasser befindet

573. In wenig abwasserbelasteten Bächen leben bevorzugt
a) Schlammröhrenwürmer und Wasserasseln?
b) Hüpferlinge und Wasserflöhe?
c) Die Larven von Stein- und Eintagsfliegen?

574. Wo kommen vermehrt Wasserasseln vor?
a) In unbelastetem Wasser
b) In Gewässern mit starker Abwasserbelastung
c) In der Freiwasserzone eines Sees

---

561 a 562 a 563 a 564 c 565 c 566 b 567 b 568 b 569 c 570 a 571 c
572 b 573 c 574 b

575. Warum dürfen Fischnährtiere nicht von jedermann aus einem Gewässer entnommen werden?
a) Weil die naturnahen Lebensbedingungen für die Fische in Mitleidenschaft gezogen werden
b) Weil die Wasserqualität leidet
c) Weil sich damit Unbefugte am Fischwasser aufhalten

576. Sind Fischnährtiere Gegenstand des Fischereirechts?
a) Nur in geschlossenen Gewässern
b) Ja
c) Nein

577. Dürfen einem Gewässer Fischnährtiere entnommen werden?
a) Nein, weil Gegenstand des Fischereirechts
b) Ja, aber nur mit Genehmigung der Kreisverwaltungsbehörde
c) Der Fischereiberechtigte darf dies tun, sofern das Hegeziel nicht darunter leidet und naturschutzrechtliche Bestimmungen nicht verletzt werden

578. Dürfen einheimische Fischnährtiere in geeignete Gewässer eingebracht werden?
a) Nein, weil durch AVFiG verboten
b) Nein, weil sich die Gefahr der Eutrophierung erhöht
c) Ja, wenn dies dem Hegeziel nicht entgegensteht

579. Ist zum Fang von Fischnährtieren ein Fischereischein erforderlich?
a) Ja, weil sie dem Fischereirecht unterliegen
b) Nein
c) Der Fang ist nur mit Genehmigung der Kreisverwaltungsbehörde erlaubt

580. Welchem Schonmaß unterliegen Bachforellen in Seen mit einem naturgegebenen Seeforellenbestand?
a) 26 cm
b) 28 cm
c) 60 cm

581. Welchem Schonmaß unterliegen Regenbogenforellen in Seen mit einem naturgegebenen Seeforellenbestand?
a) 26 cm
b) 60 cm
c) 30 cm

582. Wie weit darf das Schonmaß für Steinforellen durch Verordnung herabgesetzt werden?
a) Bis auf 25 cm
b) Bis auf 23 cm
c) Bis auf 22 cm

583. Gilt eine Schonzeit bei Krebsen für beide Geschlechter?
a) Ja
b) Nur für männliche Tiere
c) Nur für weibliche Tiere

584. Welche Fischart ist ganzjährig geschützt?
a) Stör
b) Rutte
c) Bachsaibling

585. Welches Schonmaß hat die Schleie?
a) Keins
b) 30 cm
c) 26 cm

586. Welche Schonzeit hat der Zobel?
a) 01.05. bis 30.06.
b) Keine
c) Ganzjährig

587. Das Schonmaß des Schieds ist genau so groß wie des
a) Des Nerflings?
b) Des Aales?
c) Der Schleie?

588. Ganzjährig geschützt sind
a) Elritzen?
b) Kaulbarsche?
c) Schneider?

589. Hat der Bitterling
a) Eine bestimmte Schonzeit?
b) Keine Schonzeit?
c) Oder ist er ganzjährig geschützt?

---

575 a   576 b   577 c   578 c   579 b   580 c   581 a   582 c   583 c   584 a   585 c
586 c   587 b   588 c   589 c

590. Welche Barschart hat ganzjährige Schonzeit?
a) Kaulbarsch
b) Schwarzbarsch
c) Schrätzer

591. Welcher Schonzeit sind Muscheln unterworfen?
a) Ganzjährig
b) Nur während der Laichzeit
c) Ist vom jeweiligen Gewässer abhängig

592. Das Schonmaß der Nase beträgt
a) 26 cm?
b) 28 cm?
c) 30 cm?

593. Welche Fischarten haben das gleiche Schonmaß?
a) Seeforelle und Huchen
b) Rutte und Bachsaibling
c) Seesaibling und Regenbogenforelle

594. Das Schonmaß für den Steinkrebs beträgt?
a) 10 cm
b) 12 cm
c) 14 cm

595. Welcher Stichling ist ganzjährig geschützt?
a) Der dreistachelige
b) Der neunstachelige
c) Keiner von beiden

596. Welche Fischarten sind ganzjährig geschützt?
a) Elritzen und Mühlkoppen
b) Frauennerfling und Schied
c) Steinbeißer und Perlfische

597. Welche Fischarten sind ganzjährig geschützt?
a) Schied und Nerfling
b) Schlammpeitzger und Steinbeißer
c) Steinforellen und Tigerforellen

598. Gilt für die Bartgrundel (Schmerle) eine Schonzeit?
a) Ja, aber nur im Frühjahr

b) Nein
c) Das ganze Jahr über

599. Dürfen untermaßige Fische vom Angler vermarktet werden?
a) Nein, in keinem Fall
b) Nur mit der Erlaubnis der Verwaltungsbehörde
c) Ja

600. Besitzen die Vorschriften über Schonmaße und Schonzeiten auch Gültigkeit in für den Fischfang speziell angelegten künstlichen Teichen (sogenannten Angelteiche)?
a) Ja
b) Nein
c) Nur, wenn der Teich so groß ist, daß er die Definition eines selbstständigen Fischereibetriebes genügt

601. Wer kann für Fische, die bisher weder Schonmaß noch Schonzeit hatten, vorübergehend solche Schutzmaßnahmen erlassen?
a) Die Gemeinde, in der das Fischwasser liegt
b) Die Kreisverwaltungsbehörde
c) Die Regierung

602. Wenn Sie beim Angeln einen bereits toten Fisch aus dem Wasser holen, dürfen Sie diesen in das Gewässer zurückwerfen?
a) Nein, weil gesetzlich verboten
b) Ja, weil es sich um das gleiche Gewässer handelt
c) Der Angler kann sich entscheiden wie er will

603. Darf in einem Betrieb der Forellenteichwirtschaft mit toten Fischen gefüttert werden?
a) Nein, weil Gewässerverschmutzung zu befürchten ist
b) Ja, weil es sich um ein geschlossenes Gewässer handelt
c) Nur, wenn ein Tierarzt bestätigt, daß die Futterfische gesund sind

---

590 c 591 a 592 c 593 b 594 a 595 b 596 c 597 b 598 c 599 a 600 a
601 c 602 a 603 b

604. Wo können Schonbezirke ausgewiesen werden?
a) In geschlossenen Gewässern
b) In nicht geschlossenen Gewässern
c) Nur in Gewässern mit selbständigem Fischereirecht

605. Was kann in Schonbezirken verboten werden?
a) Handlungen, die den Wechsel, die Fortpflanzung oder den Bestand der Fische gefährden
b) Die Fischereiaufsicht
c) Bootsbetrieb zu dicht an den Grenzen

606. Welche Fischart ist zum Besatz freigegeben?
a) Rutte
b) Mühlkoppe
c) Äsche

607. Welche Fischarten sind für Besatz nicht freigegeben?
a) Spiegel- und Schuppenkarpfen
b) Sonnen- und Forellenbarsche
c) Welse und Zander

608. Darf ein Bach der Äschenregion mit Hechten besetzt werden?
a) Nein, in keinem Fall
b) Nur mit Genehmigung des Fischereiberechtigten
c) Unbeschränkt

609. Dürfen in Gewässern mit einem sich selbst erhaltenden Edelkrebsbestand Aale eingesetzt werden?
a) Ja
b) Nein
c) Nur mit Erlaubnis der unteren Naturschutzbehörde

610. Dürfen in Gewässern mit vornehmlich Forellen- und Saiblingsbeständen untermaßige Hechte während der Schonzeit gefangen werden?
a) Ja – ohne Einschränkung
b) Nein
c) Sie müssen unverzüglich zurückgesetzt werden

611. Die Erlaubnis zum Besatz mit Perlfischen kann gegeben werden nur
a) Für den Walchensee
b) Für den Chiemsee
c) Für den Starnberger- und Ammersee

612. Wie lange muß der Fischereiausübungsberechtigte die schriftlichen Aufzeichnungen über Besatzmaßnahmen aufheben?
a) Eine Fangsaison
b) 2 Jahre
c) 3 Jahre

613. Ist der Fischereiausübungsberechtigte verpflichtet, schriftliche Aufzeichnungen über Besatzmaßnahmen zu führen?
a) Ja
b) Nein
c) Nur aus Gründen der Vereinsstatistik

614. Kann der Besatz mit bestimmten Fischarten verboten werden?
a) Nein, weil die Bestimmungen hierzu klar gefaßt sind
b) Nein, weil nur der Gewässerbesitzer verantwortlich ist
c) Ja, wenn das Hegeziel gefährdet ist

615. Wodurch kann die Wirksamkeit von Besatzmaßnahmen kontrolliert werden?
a) Durch Fischmarkierung
b) Durch regelmäßige Netzfischerei
c) Durch das Führen einer Fangstatistik

616. Was muß beim Kauf von Satzfischen beachtet werden?
a) Daß die Fische preisgünstig sind
b) Daß man nur dort kauft, wo Nachweis über gesunde Bestände geführt werden kann
c) Wo pünktliche Lieferung erfolgt

617. Dürfen kranke oder krankheitsverdächtige Fische in den Verkehr gebracht werden?
a) Nein, in keinem Fall
b) Nur wenn ein Tierarzt dies gestattet
c) Ja, weil Fischkrankheiten auf Menschen nicht übertragbar sind

---

604 b   605 a   606 c   607 b   608 a   609 b   610 a   611 b   612 c   613 a   614 c
615 a   616 b   617 a

618. Welche sind Innenparasiten?
a) Karpfenlaus und Fischegel
b) Kratzer und Bandwürmer
c) Kiemenkrebse und Fischläuse

619. Wo schmarotzt der Riemenwurm?
a) Im Darm der Fische
b) In der Bauchhöhle
c) In den Kiemen

620. Erreger der Bauchwassersucht (Karpfen) und der Forellenseuche sind
a) Bakterien
b) Einzeller
c) Viren

621. Was sind die Erreger der Furunkulose bei Forellen?
a) Pilze
b) Bakterien
c) Viren

622. Welche Pflicht hat der Fischer, wenn Bisame auftreten?
a) Meldung an den Fischereiberechtigten oder die Kreisverwaltungsbehörde
b) Mit allen Mitteln bekämpfen
c) Verscheuchen

623. Wer kann von der zuständigen Behörde verpflichtet werden, den Bisam zu bekämpfen?
a) Fischereiberechtigte
b) Besitzer von Ufer- und Gewässergrundstücken
c) Nur ausgebildete Gewässerwarte

624. Worauf hat ein Angler immer zu achten?
Daß es verboten ist,
a) wildlebende Tiere mutwillig zu beunruhigen oder ohne vernünftigen Grund zu fangen, zu verletzen oder zu töten
b) Streit mit den Kollegen zu haben
c) Im Fischwasser nicht zu baden, wenn andere angeln

625. Welches Verbot gilt?
a) Wildlebende Pflanzen ohne vernünftigen Grund von ihrem Standort zu entnehmen oder ihre Bestände niederzuschlagen oder auf sonstige Weise zu verwüsten
b) Dort zu fischen, wo wildlebende Tiere vorkommen
c) Im Naturschutzgebiet zu angeln

626. Darf Ufergehölz zur Verbesserung von Fangplätzen beseitigt werden?
a) Nur vom Fischereirechtinhaber
b) Nur mit Genehmigung der unteren Naturschutzbehörde
c) Nur mit Erlaubnis des Wasserwirtschaftsamtes

627. Was ist sofort zu tun, wenn eine Abwassereinleitung und die damit verbundene Gewässerverunreinigung bekannt wird?
a) Nachricht an den Vereinsvorsitzenden
b) Nachricht an den Gewässerwart
c) Nachricht an Kreisverwaltungsbehörde, Polizei und Wasserwirtschaftsamt

628. Am besten mit Sauerstoff versorgt ist
a) Brachsenregion?
b) Forellenregion?
c) Zandersee?

629. Welche Wassertemperatur ist für die Forellenregion charakteristisch?
a) 15 °C
b) 10 °C
c) 20 °C

630. Für die Forellenregion typische Fischarten sind
a) Koppen und Elritzen?
b) Äschen und Barben?
c) Huchen und Felchen?

631. Warum sind Rutten im Forellenbach unerwünscht?
a) Laichräuber
b) Verbrauchen zu viel Sauerstoff
c) Nahrungskonkurrent

---

618 b   619 b   620 c   621 b   622 a   623 b   624 a   625 a   626 b   627 c   628 b
629 b   630 a   631 a

**632. Welche Fischarten kommen ver-
mehrt in der Äschenregion vor?**
a) Aale und Brachsen
b) Huchen und Nasen
c) Rotaugen und Perlfische

**633. Was ist seiner Definition nach ein
Teich?**
a) Künstlich angelegt und ablaßbar
b) Kleiner natürlicher See
c) Künstlich angelegt, aber nicht ablaßbar

**634. Wo halten sich Koppen und Aitel be-
vorzugt auf?**
a) Äschenregion
b) Brackwasserregion
c) Karpfenteich

635. Unterwasserpflanzen sind
a) Igelkolben, Seggen?
b) Seerosen, Froschbiß?
c) Hornkraut, Quellmoos?

**636. Was ist beim Einsatz von Kohle-
faserruten zu beachten?**
a) Es muß stets ein harter Anhieb gesetzt
werden
b) Es muß die weiche Aktion berücksichtigt werden
c) Die Rute ist von elektrischen Leitungen
fernzuhalten und bei Gewittern ist das
Angeln einzustellen

637. Was ist ein Jamisonhaken?
a) Ein Spezialhaken für Hechte
b) Ein Haken ohne Widerhaken
c) Ein langschenkliger Drilling

**638. Was versteht man unter einem
Schonhaken?**
a) Haken, der nur verwendet werden darf,
wenn bestimmte Fische Schonzeit haben
b) Haken mit besonders kurzem Schenkel
c) Haken ohne Widerhaken

**639. Innerhalb der Fliegenfischerei be-
deutet »Naßfischen«**
a) Die Fliegenschnur wird nicht getrocknet
b) Die künstliche Fliege wird unter Wasser
geführt

c) Vor Gebrauch werden die künstlichen
Fliegen durchnäßt

**640. Wie viele Anbißstellen darf eine
Handangel höchstens haben?**
a) 2, die Hegene 3
b) 3, die Hegene 5
c) 4, die Hegene 6

**641. Darf man Handangeln unbeaufsich-
tigt am Gewässer zurücklassen?**
a) Nein, in keinem Fall
b) Nur mit akustischem Bißanzeiger
c) Bleibt dem Angler überlassen

**642. Ist das Fischen mit dem lebenden
Köderfisch verboten?**
a) Ja
b) Nein
c) Nur in der Hechtlaichzeit

**643. Wieviel Anbißstellen darf eine Hege-
ne haben?**
a) 3
b) 4
c) 5

**644. Mit wieviel Handangeln darf zusätz-
lich zur Hegene gefischt werden?**
a) Mit einer
b) Mit zweien
c) Mit gar keiner

**645. Darf die Hegene unmittelbar nach
dem Auswerfen wieder eingezogen werden?**
a) Ja
b) Nein
c) Nur wenn es die Vereinsstatuten gestatten

**646. Bis wann dürfen Aale und Welse ge-
fangen werden?**
a) Bis eineinhalb Stunden nach Sonnenuntergang
b) 1 Uhr Sommerzeit
c) 24 Uhr Sommerzeit

---

632 b 633 a 634 a 635 c 636 c 637 b 638 c 639 b 640 b 641 a 642 a
643 c 644 c 645 b 646 b

647. Darf beim Fischfang künstliches Licht verwendet werden?

a) Nein

b) Ja

c) Unterliegt keiner Bestimmung

648. Darf während der Schleppfischerei ein Echolot eingesetzt werden?

a) Ja

b) Nein

c) Nur mit Genehmigung des Fischereirechtinhabers

649. Wie müssen Setzkescher beschaffen sein?

a) Maschenweite nicht kleiner als 10 mm

b) Maschenweite nicht kleiner als 12 mm

c) Hinreichend geräumig und aus knotenfreien Textilien hergestellt

650. Ein nicht geschlossenes Gewässer wird mit Satzfischen besetzt. Wann darf ein Wettfischen stattfinden?

a) Sofort

b) Wenn nicht auszuschließen ist, daß Satzfische gefangen werden, erst nach 2 Wochen

c) In jedem Fall erst nach 2 Wochen

651. Offene Gewässer werden mit fangfähigen Fischen besetzt. Wann dürfen diese im Rahmen einer fischereilichen Veranstaltung gefangen werden?

a) Sofort

b) 1 Woche nach Besatz

c) 2 Wochen nach Besatz

652. Wer sich in einem geschlossenen Privatgewässer widerrechtlich Fische aneignet begeht

a) Einen Kavaliersdelikt

b) Diebstahl

c) Fischwilderei

653. Wieviel Wasser darf einem Fischwasser zu gewerblichen Zwecken abgezapft werden?

a) Gar keins

b) Nur so viel, daß die fischereiliche Bewirtschaftung keinen Schaden nimmt

c) Der freie Zug der Fische darf nicht behindert werden

654. Dürfen Koppelfischereirechte neu begründet werden?

a) Ja

b) Nein

c) Nur mit Einverständnis des Fachberaters für Fischerei

655. Das Fischwasser ist an eine juristische Person (z. B. Fischereiverein) verpachtet. Wieviel Personen dürfen ohne Erlaubnisschein fischen?

a) 1

b) 3

c) 5

656. Muß der Pächter Inhaber eines gültigen Fischereischeins sein?

a) Nein

b) Ja

c) Wird im Einzelfall entschieden

657. Kann ein Fischereiverein ein Fischwasser pachten, wenn der Vereinsvorsitzende keinen gültigen Fischereischein hat?

a) Ja, wenn einer seiner Vertreter einen solchen besitzt

b) Nein

c) Nur wenn der Vorsitzende so schnell wie möglich die Fischerprüfung ablegt.

658. Muß ein Grundstücksbesitzer dem Fischer den Zugang zu seinem Fischwasser auch dann gestatten, wenn der Weg durch das eigene Grundstück führt?

a) Ja, in jedem Fall

b) Nein

c) Nur wenn das Fischwasser auf andere Weise nicht zu erreichen, und die Fischerei im Sinne der Hegepflicht erforderlich ist

---

647 a   648 b   649 c   650 b   651 c   652 b   653 b   654 b   655 b   656 b   657 a
658 c

659. Muß ein Fischer Entschädigung zahlen, wenn er von einem eingefriedeten Grundstück aus angelt?
a) Nein
b) Ja, wenn sie vom Grundstücksbesitzer gefordert wird
c) Nur, wenn er vom Uferbenützungsrecht zu oft Gebrauch macht.

660. Hat der Fischer grundsätzlich Schadensersatz zu leisten, wenn er auf einem eingefriedeten Grundstück Schaden anrichtet?
a) Ja, in jedem Fall
b) Nein, weil er nur ein bestehendes Recht ausübt
c) Hängt vom Anlieger ab

661. Welchem Ziel dient die Gründung einer Fischereigenossenschaft?
a) Einer gemeinsamen Vermarktung
b) Gemeinsamer Bewirtschaftung und Nutzung eines Fischwassers
c) Vergünstigten Einkaufsbedingungen von Fanggeräten

662. Wann ist eine Zwangsgenossenschaft zu gründen?
a) Wenn es im Interesse einer Vermehrung des Fischbestandes liegt
b) Wenn ein Fischwasser zwangsversteigert wurde
c) Wenn eine Genossenschaft in sich zerstritten ist

663. Wann nur dürfen Fischwasser ohne Erlaubnis der Kreisverwaltungsbehörde geschlämmt werden?
a) 15. August bis 31. Oktober
b) 1. August bis 15. Oktober
c) 1. August bis 31. Oktober

664. Wann dürfen ohne Erlaubnis der Kreisverwaltungsbehörde Rohr- und Schilfbestände in Be- und Entwässerungsgräben beseitigt werden?
a) 1. Oktober bis 30. November
b) 15. August bis 31. Oktober
c) 1. August bis 15. November

665. Was ist zu beachten, wenn ohne Beisein eines Fischers in einem nicht geschlossenen Gewässer Netze und Reusen ausliegen?
a) Die Geräte sollten für Unbefugte nicht zu sehen sein
b) Die Geräte müssen so gekennzeichnet sein, daß der Fischer zu ermitteln ist
c) An die Geräte darf auf keinen Fall herangefahren werden

666. Ein Erlaubnisschein für den Fischfang mit der Handangel ist notwendig
a) In allen Gewässern
b) Nur in nicht geschlossenen
c) In allen Gewässern mit Ausnahme künstlich angelegter Fischteiche

667. Der Pächter eines Fischwassers hat 2 Freunde zum Fischen mit der Handangel eingeladen. Brauchen die beiden jeweils einen Erlaubnisschein?
a) Ja, in jedem Fall
b) Nein, weil der Pächter dabei ist
c) Hängt von der Großzügigkeit des Gastgebers ab

668. Grundsätzlich zulässig sind?
a) Erlaubnisscheine für Personengruppen
b) Einzel- und Sammelerlaubnisscheine
c) Nur Einzelerlaubnisscheine

669. Benötigen Inhaber von Jugendfischereischeinen zum Fischen einen Erlaubnisschein?
a) Ja
b) Nein
c) Nur wenn sie älter als 14 Jahre sind

670. Müssen Erlaubnisscheine, die an Inhaber von Jugendfischereischeinen ausgegeben werden, von der Kreisverwaltungsbehörde genehmigt und bestätigt werden?
a) Nein
b) Ja, warum soll es da eine Ausnahme geben
c) Nur, wenn es mehr als 50 sind

---

659 b 660 a 661 b 662 a 663 a 664 a 665 b 666 a 667 b 668 b 669 a
670 a

671. Erlaubnisscheine werden für das Angeln in einem künstlich angelegten Fischteich ausgegeben. Müssen solche Erlaubnisscheine von der Kreisverwaltungsbehörde genehmigt sein?
a) Nein,
b) Nur, wenn es mehr als hundert sind
c) Ja, in jedem Fall

672. Wem sind Erlaubnisscheine zur Prüfung auszuhändigen?
a) Dem Fachberater für Fischerei
b) Mitgliedern der Landesanstalt für Fischerei
c) Der Polizei, Fischereiaufsehern, Fischereiberechtigten

673. Benötigt man für die Angelfischerei in einem privaten Gartenteich einen Staatlichen Fischereischein?
a) Nein, in keinem Fall
b) Nur wenn der Teich mit einem anderen Fischwasser in Verbindung steht
c) Ja, in jedem Fall

674. In welcher Rechtsvorschrift ist die Notwendigkeit der Staatlichen Fischerprüfung geregelt?
a) AVFiG
b) Fischereischeingesetz
c) Fischereigesetz

675. Wer ist für die Durchführung der Fischerprüfung verantwortlich?
a) Die Regierung
b) Die Kreisverwaltungsbehörde
c) Die Landesanstalt für Fischerei

676. Wer ist in Bayern sachlich zuständig dafür, daß der Fischereischein erteilt wird?
a) Die Gemeinde
b) Die Kreisverwaltungsbehörde
c) Die Regierung

677. Wer ist von der Fischerprüfung befreit?
a) Personen, denen nachweislich zwischen 01.01.61 bis 31.12. 70 im Inland ein Fischereischein ausgestellt worden war
b) Fischereibeamte
c) Vorstände von Fischereivereinen

678. Wer kann Fischereiaufseher werden?
a) Nur Polizeibeamte
b) Wer Inhaber eines Fischereischeines ist
c) Gewässerwarte von Fischereivereinen

679. Wem kann die Bestätigung als Fischereiaufseher versagt werden?
a) Personen über 65 Jahren
b) Personen, bei denen Bedenken bezüglich ihrer persönlichen und fachlichen Eignung bestehen
c) Personen, die den Fischereischein erst 3 Jahre besitzen

680. Was stellt die Kreisverwaltungsbehörde den bestätigten Fischereiaufsehern aus?
a) Einen Vermerk in seinen Fischereischein
b) Eine Unbedenklichkeitsbescheinigung
c) Dienstausweis und Dienstabzeichen

681. Zu den Aufgaben der Fischereiaufseher zählen
a) Beratung der Angler
b) Ausstellung von Erlaubnisscheinen
c) Die Einhaltung von Rechtsvorschriften, die dem Schutz und der Erhaltung der Fischbestände regeln, zu überwachen

682. Welche Aufgaben hat ein Fischereiaufseher?
a) Lehrgänge für die Fischerprüfung abzuhalten
b) Zuwiderhandlungen gegen Rechtsvorschriften, die die Fischerei regeln, festzustellen, zu verhüten, zu unterbinden und bei deren Verfolgung mitzuwirken
c) Lediglich den Besitz von Fischereischeinen zu kontrollieren

---

671 c 672 c 673 c 674 c 675 c 676 a 677 a 678 b 679 b 680 c 681 c 682 b

683. Wozu ist der Fischereiaufseher befugt, wenn er auf Personen trifft, bei denen ein Verdacht auf Zuwiderhandlungen gegen Rechtsvorschriften besteht?

a) Er kann die Person oder Personen vom Ort des Geschehens verweisen
b) Er darf verhaften
c) Er darf sich die sichergestellten Gerätschaften aneignen

684. Was ist zu tun, wenn Sie beim Fischen vom Boot aus, vom Fischereiaufseher angesprochen werden?

a) Sofort das nächstliegende Ufer ansteuern
b) Sich einverstanden erklären, daß nach anlanden Kontrolle erfolgen kann
c) Fahrzeug anhalten und auf Verlangen den Fischereiaufseher an Bord holen

685. Was muß der Fischereiaufseher bei dienstlichem Einschreiten auf Verlangen vorweisen?

a) Personalausweis und Fischereischein
b) Dienstausweis
c) Polizeiliches Führungszeugnis

686. Wie ist die Kontrolle ausgelegter Netze und Reusen geregelt?

a) Sie müssen regelmäßig und fischereigerecht kontrolliert und geleert werden
b) Bleibt dem Fischereiausübungsberechtigten überlassen
c) Spätestens alle 2 Tage muß nachgesehen werden

687. Können bereits erteilte Fischereischeine wieder eingezogen werden?

a) Ja, wenn der Fischere scheininhaber gegen fischereiliche Schutzbestimmungen verstoßen hat
b) Nein, selbst wenn der Fischereischeininhaber gegen fischereiliche Schutzbestimmungen verstoßen hat
c) Nein, in keinem Fall

688. Ist für die Zulassung zur Fischerprüfung der Besuch eines Vorbereitungslehrganges vorgeschrieben?

a) Nein, Besuch ist freiwillig
b) Ja
c) Nur für Bewerber, die noch keine Ahnung von der Angelfischerei haben

689. Dürfen in einem Fluß oder Bach Fische mit toten Fischen gefüttert werden

a) Nur wenn darunter die Wasserqualität nicht leidet
b) Nein, gesetzlich verboten
c) Ohne Einschränkung erlaubt

690. Was ist zu tun, wenn man Zeuge wird, wie sich jemand an Perlmuscheln vergreift?

a) Man hat den Frevel notfalls mit Gewalt zu beenden
b) Es besteht Pflicht zur Anzeige bei der Kreisverwaltungsbehörde
c) Man sollte sich nicht um andere Leute kümmern

---

683 a   684 c   685 b   686 a   687 a   688 b   689 b   690 b

Stichwortverzeichnis

Fettgedruckte Seitenzahlen sind Hauptverweise

252

254

Bildnachweis

R. Bach: 48

R. Beck: 22, 36, 44 (Nr. 3, 4), 50 u., 54, 55, 58/59, 61, 66, 67, 68, 70, 72, 73, 74, 75, 78, 80, 84, 86, 87, 88, 90, 91, 94, 95, 98, 100, 101, 103, 104, 106, 108, 110, 115, 116, 118, 120, 151 u.

Bayerische Landesanstalt für Fischerei, Starnberg: 38, 44 (Nr. 2), 140, 143 u., 145, 146, 148, 152 (r. o./u.), 52, 56, 57, 63, 69, 71, 77, 79, 81, 82, 83, 85, 89, 99, 105, 107, 113, 114, 117, 120, 121, 123

Eisenbeiss: 161, 162, 164, 166, 169, 170, 171, 172, 174, 176, 178

Fischgesundheitsdienst Bayern e. V.: 143 o., 144 u., 174 o., 148 o.

H. Hansen: 41

H. Herkner: 44 (Nr. 5, 6), 152 (l. o./u.)

B. Kahl: 93

A. Kölbing: 39, 40, 119, 130, 131, 137, 147 u., 148 u., 151 o. r.

K. H. Löhr: 125

K. Paysan: 96

H. Reinhard: 51, 60, 62, 64, 65, 92, 97, 102, 109, 111, 112, 126

W. Rohdich: 122, 127

K. Seifert: 44 (Nr. 1)

M. Winter: 50 o., 129